CB124598

Ninguém desvia o Destino

Américo Simões Garrido Filho
Ditado por Clara

Ninguém desvia o Destino

Barbara

Revisão
Kátia Patella

Capa e diagramação
Meco Simões

Foto capa: Elisa Lazo De Valdez/Corbis/Corbis (DC)/Latin Stock

Impressão e acabamento: Cromosete Gráfica e Editora Ltda.

Dados Internacionais de Catalogação na Publicação (CIP)
(Câmara Brasileira do Livro, SP, Brasil)
Garrido Filho, Américo Simões
Ninguém desvia o destino / Américo Simões - São Paulo:
Barbara Editora, 2010.

1. Espiritismo 2. Romance espírita I.Título.
09-6219 CDD-133.93

Índices para catálogo sistemático:
1. Romances espíritas: Espiritismo 133.93

BARBARA EDITORA
Av. Dr. Altino Arantes, 742 – 93 B
Vila Clementino – São Paulo – SP – CEP 04042-003
Tel.: (11) 5594 5385
E-mail: barbara_ed@estadao.com.br
www.barbaraeditora.com.br

Tudo o que nos pertence, se não está em nossas mãos, está guardado para um momento melhor. Acredite na sua capacidade e espere o melhor da vida, porque você ainda vai conseguir muitas coisas boas.

Mônica de Castro

Para os meus tios queridos Walter e Amélia,
Carlos e Arminda.

Capítulo 1

Europa, 1812

Ela estava de frente para ele.

Ela, uma moça bonita, de cabelos negros, cortados na altura do ombro gracioso e delicado. Os olhos eram de um escuro vivo e profundo. O olhar, de simpatia. As sobrancelhas, pinçadas, formavam uma linha fina e delicada. Sua voz fluía, sonora e agradável ao ouvido. Aos dezoito anos, era uma criatura encantadora, com um quê de princesa que se pode encontrar num mundo real e não somente num conto de fadas.

Era certamente o fascínio que seu rosto emanava, mais do que sua beleza, que impressionava a todos. Especialmente os homens. Um rosto difícil de esquecer. Seu nome: Heloise Cézanne.

Ele, um rapaz também de aparência bonita, com cerca de vinte e dois anos. Seu rosto irradiava simpatia e os honestos e bonitos olhos castanhos eram cordiais como os de um cão. Demonstrava ter bastante energia, nervos bem equilibrados, juízo preciso e muita força de vontade. Tinha ossos grandes, bem constituídos, costas eretas, ombros largos, um rosto bonito e bem aristocrático. Os cabelos eram abundantes, mas devidamente penteados. A pele tinha a transparência que, em geral, acompanha os cabelos claros. Era dono de uma personalidade extraordinariamente estimulante. Um rapaz com porte de homem maduro propriamente dito. Homem maduro e experiente.

Seu nome: Álvaro De Lucca.

Ambos apaixonados um pelo outro, desde o primeiro instante em que a vida os uniu. Com uma afinidade que os fazia pensar que já se haviam conhecido e encontrado outra vez. Afinal, como saber qual o gosto, o perfume dos beijos antes de beijar, como dizer o que um ia dizer para o outro muito antes de falar?

Ambos eram o que muitos chamam de alma gêmea, cara metade, o destino do outro.

Após três anos de namoro e um de noivado, faltava apenas um mês para o casamento dos dois, cerimônia aguardada com muita alegria e satisfação no coração de ambos.

Ele, nesse momento, declamava para ela, como de hábito, frases dos grandes escritores e pensadores que o encantaram:

"Falais baixo se falais de amor"

"O amor tem razões que a própria razão desconhece"

"Quando fala o amor, a voz de todos os deuses deixa o céu embriagado de harmonia."

"Lutar pelo amor é bom, mas alcançá-lo sem luta é melhor."(1)

– Shakespeare é admirável. Trágico, mas admirável.

– É porque, para certas pessoas, o amor é vivido de forma trágica. Há uma outra frase de Shakespeare que retrata muito bem essa realidade. Diz: "Por que o amor, aparentemente tão doce, é tão prepotente e tão brutal quando posto à prova?"

– Eu não sei, mas é algo para se pensar.

Ele sorriu. Ela sorriu. Ele recitou mais duas frases:

"À medida que o nosso amor progride, mais nos convencemos de que Deus existe e de que a alma é imortal."(2)

"O amor é a asa veloz que Deus deu à alma para que ela voe até o céu."(3)

Ele pronunciava cada palavra com vívida paixão na voz. E ela ouvia tudo com muita atenção, sentindo-se tocada na alma pelo jeito doce e apaixonante de ele declamar aquelas frases.

Álvaro De Luca era filho único do casal Benedicto e Antonita De Lucca, ambos de origem norueguesa. O pai vivia da renda dos muitos imóveis que tinha espalhados pelo país. Era um homem ponderado, sensato e apaixonado pelo filho, um orgulho para a família, pois desde menino se destacara nos estudos com empenho e amor, uma raridade para pais, já que alguns se veem obrigados a forçar seus filhos a se dedicarem aos estudos por meio de chantagem emocional ou material.

Conhecera Heloise Cézanne ao se mudar para a cidade onde ela vivia com sua família para cursar os estudos superiores. O encontro dos dois se deu de forma tão bonita e curiosa que deve ser mencionada. Numa tarde, ele caminhava em companhia de

(1) William Shakespeare (2) Dostoievski (3) Michelangelo Buonarroti (Nota do autor).

um amigo, e Heloise caminhava ao lado de uma amiga a uma certa distância de onde os rapazes se encontravam. Um vento repentino tirou o chapéu da moça e levou-o como que diretamente para as mãos do rapaz, provocando-lhe um susto e dando-lhe a oportunidade de conhecer a bela jovem que caminhava a poucos metros de distância dele e assim travar um diálogo. Foi como se o destino tivesse usado aquele vento inóspito e repentino para unir os dois. Se foi, teve êxito.

Heloise era a filha do meio do casal Hipólito e Alba Cézanne. Uma moça de primorosa educação. Sua família tinha posses, não tanto quanto a de Álvaro, mas uma quantia suficiente, que lhes permitia viver como nobres.

No entanto, era uma jovem simples. Não era de luxo, tampouco de fazer luxo. Para ela, nada era mais importante do que apreciar a vida nas suas múltiplas variedades de existência e para isso não era preciso ter *status* social, dinheiro, luxo ou posses materiais. A vida em si já era um luxo.

Álvaro voltou mais uma vez seus olhos bonitos para a noiva, admirou-os por instantes, sorriu e só então disse a frase que mais lhe tocava o coração:

"Temer o amor é temer a vida e os que temem a vida já estão meio mortos..."*

Heloise apreciou cada palavra pronunciada com paixão pelo homem amado.

– Gosto quando você declama – disse ela com sinceridade. – Seus olhos brilham, Álvaro, tornam-se quase luminescentes... Sua voz adquire uma tonalidade aveludada, gostosa de se ouvir... Causa-me calmaria.

Um novo sorriso reapareceu na face do bonito jovem, de rosto fino, com um leve furo no queixo. Ao invés de palavras, ele optou por beijá-la, sabendo que, muitas vezes, um beijo diz mais do que palavras.

O beijo dele estava terno como sempre, capaz de harmonizar qualquer desarmonia dentro dela.

– Eu adoro quando você me beija – confessou ela. – Não sei explicar em palavras o que seu beijo me faz sentir. É como se me

*Bertrand Russel (N. do A.)

desse asas para voar, voar bem alto, para longe, por terras onde nunca estive nem pensei existir... E voasse leve, ultraleve por entre nuvens de algodão... Nuvens que são seus braços e suas mãos a me afagar os cabelos, o rosto, o corpo inteiro.

– É incrível, não, o que um simples beijo pode causar no ser humano? A paz que ele nos transmite não se consegue por outro meio. Ele nos acende e nos faz tornar a própria luz. É a junção de todas as estrelas numa só... é o sopro do criador numa atitude repleta de amor...

Houve uma pausa para um novo beijo. Um beijo mais demorado dessa vez, quente e apaixonado. Quando as duas bocas se afastaram uma da outra, a respiração saía agitada e ondulada. Ele entrelaçou sua mão na dela e levou-a até os lábios, onde ficou a beijá-la repetidas vezes.

– Amanhã, faz quatro anos que nos conhecemos – disse Álvaro, a seguir.

– Quatro, já? Para mim parece até que foi ontem que nos conhecemos.

– Isso é um bom sinal. Se parecesse mais tempo, seria sinal de que você está enjoada de mim.

– Enjoar de você? Nunca, meu amor. Seria o mesmo que enjoar dos alimentos que mantêm o meu corpo saudável. Enjoar da água que mata a minha sede. Do prazer de poder enxergar tudo o que os meus olhos podem enxergar.

Ela o beijou, dessa vez, na bochecha, sentindo o doce prazer do contado de seus lábios com sua pele macia e bem escanhoada.

Houve um breve silêncio até que ela perguntou:

– Filhos... Nós nunca falamos de filhos... Você os quer?

– É lógico que sim, Heloise. Quero muito. Pelo menos dois. Um casal. Um casal seria o ideal. E você?

– Quero tanto quanto o ar que respiro.

– Pois eu lhe darei todos os filhos que quiser ter, meu amor.

– Só teremos aqueles que Deus nos conceder, como tudo mais que queremos na vida. Se Deus, por motivos que só Ele conhece, achar que não nos cabe ter filhos, não os teremos. Podemos querer muito, mas não teremos.

– Mas Deus há de nos conceder a graça de termos filhos lindos e saudáveis. Somos bons, somos honestos, respeitamos Deus. Por que haveria Ele de nos privar dessa graça?

– Você tem razão, meu amor, desculpe-me. Não há razão para que Deus nos prive dessa bênção.

– Nem dessa, nem de todas as outras que existem sobre a Terra, Heloise.

A moça sorriu. Ele cobriu o sorriso dela com um beijo. Depois, disse com grande entusiasmo:

– Amanhã vou levá-la à Riviera Francesa. O cenário é perfeito para um casal apaixonado como nós comemorar seus quatro anos de convívio e paixão.

– Eu vou adorar.

Ela se agarrou a ele, abraçou-o fortemente e, entre lágrimas, fez um desabafo:

– Você me faz tão feliz, Álvaro...

Ele apertou-a ainda mais contra seu peito e murmurou rente ao seu ouvido:

– Você também me faz feliz, Heloise.

O abraço se tornou mais apertado. Então, ele disse em tom de desabafo:

– Eu a amo, Heloise, a amo com toda força que o amor pode ter.

– Falta apenas um mês, simplesmente um mês para o dia do nosso casamento.

– Será um dia inesquecível. Um dia para se guardar para sempre, com carinho, na mente e no coração.

Heloise fechou os olhos para se deixar invadir de encanto e alegria por aquela sensação de paz e amor que só existia quando ela se via junto ao homem amado.

Foi então, subitamente, que uma visão assustadora atravessou seus pensamentos. Foi tão rápida que ela não soube definir o que viu, mas o pouco que viu a deixou totalmente arrepiada.

– O que foi? – quis saber Álvaro, diante do arrepio de sua amada.

– Nada – respondeu Heloise com voz profunda.

– Ultimamente você vem se arrepiando com frequência.

– Que nada.

– Vem sim. Ontem mesmo você se arrepiou do mesmo modo que se arrepiou agora.

– Deve ser de ansiedade... – balbuciou ela – ansiedade por causa do casamento.

– Seria melhor você consultar um médico.

– Eu já consultei um, esqueceu? Na verdade, dois, para tirar a cisma. Ambos afirmam que minha saúde está perfeita.

– É, talvez você tenha razão. Tudo não passa de ansiedade...

Ela recuou o rosto, ergueu a cabeça para poder olhar direto para os olhos dele e fez um pedido muito sério:

– Não quero vê-lo preocupado comigo, Álvaro.

– Preocupo-me com você, sim, Heloise. Eu a amo. É a mulher da minha vida. Não posso perdê-la. Não consigo imaginar minha vida sem você.

– Eu também o amo muito, Álvaro. Você é, de todas as coisas lindas que me aconteceram na vida, a mais bela, a mais comovente. Só não quero que se preocupe comigo, esses arrepios vão passar, você vai ver. Assim que nos casarmos, eles nunca mais me perturbarão, estarei ótima novamente.

– Se Deus quiser...

– E Ele há de querer.

Os dois se entregaram novamente a um sorriso e a um abraço apertado, repleto de amor.

Álvaro De Lucca sempre quis se formar antes de se casar. Ele não precisava do diploma para conseguir um emprego, pois iria administrar parte dos bens do pai. Entretanto, achou que se sentiria melhor casando-se depois de ter terminado os estudos.

Seu trabalho lhe permitiu escolher o lugar que melhor lhe conviesse para morar depois de casado, um lugar onde um casal pudesse viver toda sorte de alegria e harmonia com que sonha.

Côte D'Azur, sul da França, início do verão de 1812

Com certo esforço, Álvaro subiu um pequeno lance de escada feito de pedras até chegar a uma pedra monumental de onde podia se ter uma visão panorâmica do Mar Mediterrâneo banhando a cidade de Nice. Estendeu a mão para Heloise e disse:

– Venha, meu amor.

Assim que a mão da moça, pequena e delicada, foi envolvida pela mão grande e vigorosa do rapaz, ele a puxou para junto dele.

A seguir, abraçou a mulher amada por trás e disse com encanto:

– Veja, meu amor, como a vista daqui é linda.

Heloise ficou admirada com a bela vista que se tinha do Mar Mediterrâneo dali. Quem não se encantaria? Um dos pontos mais lindos da Terra.

– Que espetáculo! – disse ela.

– Não é?

Ele abraçou-a ainda mais e disse:

– Isso tudo me transmite uma paz, a mesma que sinto quando estou ao seu lado.

Ela suspirou e as palavras dela a seguir saltaram de seus lábios como que por vontade própria:

– Quando estou com você, estou nos braços da paz.

Ele puxou os cabelos dela para o lado e beijou-lhe a nuca.

– Sua paz faz a minha paz, meu amor – sussurrou ele, derramando sobre ela uma torrente de beijos.

O silêncio cobriu os dois como uma sombra projetada por uma nuvem que cobre o sol. Quase cinco minutos depois, ele disse:

– Toda vez que venho à Riviera, tenho a mesma impressão que já tive nas minhas visitas anteriores. Isso tudo aqui me parece a morada dos anjos.

– Morada dos anjos – murmurou ela, pensativa. Não havia expressão melhor para definir o lugar, concordou em pensamento.

– "...ainda que eu falasse a língua dos anjos, sem amor eu nada seria..." – acrescentou ele, com voz aveludada, a frase que está na Bíblia Sagrada, no capítulo 13 da Primeira Carta de São Paulo aos Coríntios.

Ela voltou-se para ele, olhou com paixão para os seus olhos e o beijou.

Um beijo que parecia estar de mãos dadas com a eternidade. Como um rio que corre pela alma humana e vai desaguar em Deus.

Quando ela recuou o rosto, a luz que havia se acendido dentro dos seus lindos olhos se apagou, houve um espasmo de terror, as pálpebras dela tremeram, ela se soltou dos braços dele e deu um passo para trás.

– O que foi? – assustou-se ele.

Os lábios dela chegaram a se mover, mas nada disseram. As pernas dela bambearam e, se ele não houvesse sido rápido, ela teria ido ao chão com tudo.

– Heloise – repetia Álvaro o nome dela em intervalos cada vez mais curtos.

Mas Heloise permanecia nos braços dele respirando ofegante, como se tivesse sido privada de ar por muito tempo.

– O que foi, meu amor?

Ela manteve-se em silêncio, parecendo ter perdido os sentidos.

Ele arrastou a jovem até um lugar onde pudesse sentá-la e, em seguida, envolveu-a em seus braços. Começou, então, a soprar-lhe a testa, na esperança de que o sopro levasse para longe o que tanto a afligia.

Olhos de coruja

Uma das moradoras de uma das casas do local estava observando o casal de longe com grande interesse.

– Celmira – chamou uma mulher que se encontrava no pequeno quintal da casa, pendurando as roupas no varal com grande esforço. – Quer fazer o favor de vir me ajudar, mulher.

– Vem cá, Fátima.

– Larga de vagabundagem, minha irmã.

– Vem cá, Fátima! Venha ver...

– Ver o quê, mulher?

– Ali, ó, aquele casal.

– Casal?

– Sim. Ali. Vê?

– Sim, vejo. Um belo casal apaixonado. Lembra-me até eu e o Valentim quando nos apaixonamos um pelo outro.

– A moça, por pouco, não foi ao chão. Teve o que pareceu ser uma tontura.

– É mesmo? Coitada.

– O rapaz a amparou em seus braços com rapidez.

– Ela deve ter sentido tontura por causa desse sol escaldante.

– Sol? Que sol que nada... Não seja inocente, minha irmã.

– O que está insinuando, Celmira?

– Isso mesmo que você está pensando.

– Está insinuando, por acaso, que a moça está grávida? Qual o problema, casais geralmente têm filhos.

– Eles ainda não se casaram.

– Como sabe?

– Ouvi os dois falando a respeito do casamento quando passaram por aqui. Falta ainda um mês para se casarem.

– O que importa se ela está grávida se eles vão se casar? Deus há de perdoar esse deslize praticado pelos dois.

– Só me pergunto se ela...

– Se ela...

– Se ela está realmente grávida dele? Desse rapaz com quem ela vai se casar.

– É lógico que sim!

– Como pode ter certeza? A única pessoa que realmente pode ter certeza de quem é um filho, Fátima, é a mãe. Ninguém mais.

– Bobagem... Agora tire sua mente dos devaneios e vem me ajudar nos afazeres da casa.

– Devaneios, é, sei...

– Venha me ajudar, mulher – insistiu Fátima.

– Daqui a pouco. Antes preciso fazer uma boa ação.

– C-como assim?

Celmira não respondeu, pegou um copo, encheu-o de água e saiu de sua casa em direção ao local onde se encontravam Álvaro De Lucca e Heloise Cézanne.

– Desculpe a intromissão – disse ela, sem cerimônia, ao se aproximar do casal. – Vi de longe o que aconteceu com a moça e achei que um copo de água faria bem a ela.

Estendendo a bandeja, Celmira acrescentou:

– Aqui está.

Álvaro sorriu para a estranha, agradecido.

– Muito obrigado, foi muito gentil da sua parte – disse ele, ao pegar o copo da bandeja.

Voltou-se para Heloise e disse:

– Beba, meu amor. Vai lhe fazer bem.

Heloise aceitou a sugestão. Bebeu toda água de golinhos.

– Você está melhor? – perguntou Celmira, quando o copo secou.

– Sim, estou – respondeu Heloise, com voz apagada. – Foi apenas uma indisposição. Obrigada pela água. Você foi muito gentil.

– Não há de quê.

Álvaro reforçou o agradecimento:

– Muito obrigado mesmo pela sua gentileza.

Celmira tornou a repetir:

– Não há de quê.

Álvaro comentou a seguir:

– Não é à toa que Heloise tenha passado mal, o sol está muito quente para ficarmos aqui sob ele a essa hora.

Celmira ignorou as palavras do moço, olhou bem para Heloise e sugeriu:

– Você deveria procurar um médico.

– Eu já fiz isso – respondeu Heloise, prontamente. – Estou bem.

Celmira balançou a cabeça em compreensão.

– Gravidez no início é assim mesmo... – acrescentou ela, aprofundando o olhar sobre a moça.

Celmira teve a impressão de que Heloise havia sentido um estranho arrepio, algo que fez o possível para não deixar transparecer. Teria sido causado por suas palavras? Ah, como ela gostaria de saber.

– Gravidez? – espantou-se Álvaro. – Ah não, minha senhora, Heloise não está grávida.

– Não? Tem certeza?

– Absoluta.

– Pensei que...

A mulher foi interrompida pelo chamado da irmã:

– Celmira!

– É minha irmã, preciso ir – explicou ela. – Estimo as melhoras.

– Grata – respondeu Heloise com afeto.

Assim que ela se foi, Álvaro comentou:

– Gentileza dela ter vindo aqui, preocupado-se com você. Poucas pessoas, hoje em dia, agem assim para com o próximo.

– Gentil...

Álvaro riu:

– Se você estiver grávida – brincou ele –, só pode ter sido fecundada pelo Espírito Santo.

Novo arrepio por parte de Heloise, mas o noivo não percebeu, estava distraído, rindo de suas próprias palavras.

Assim que Celmira entrou em sua casa, a irmã a repreendeu:

– Celmira! Você foi aborrecer aquele casal?

– Pelo contrário. Fui oferecer um copo d'água para a jovem.

– Ah, bom.

– Fátima.

– O que foi?

– Ela está grávida, sim, e não é do rapaz com quem ela vai se casar.

– Ora, ora, ora Celmira... Como pode saber?

– Eu li nos olhos dela.

– Desde quando se pode ler algo nos olhos de alguém?

– Desde sempre, minha irmã. Nunca ouviu dizer que os olhos são o espelho da alma?

– Larga de conversa furada e vem me ajudar nos afazeres da casa. Hoje, você está imprestável!

O comentário da irmã entrou mais uma vez pelo ouvido de Celmira e saiu pelo outro.

– Só fico pensando – prosseguiu Celmira – no que o noivo faria se soubesse da verdade. Se soubesse que a criança que cresce no ventre de sua futura esposa não é dele. Se bem que, apaixonado como está, é capaz de não acreditar em nada, até mesmo perdoar seu deslize, se é que foi um deslize. O amor cega as pessoas, não existe ditado mais certo do que esse: o amor cega as pessoas.

A voz de Fátima ecoou no recinto outra vez:

– A ignorância também cega as pessoas, Celmira. Cabeça vazia, infestada pela voz do demônio, também cega as pessoas, minha irmã. Faz ver coisas que não existem, interpretar fatos de forma completamente equivocada.

Celmira fez beicinho e lastimou:

– Pena que não vou poder provar para você que estou certa no que digo, pois receio nunca mais ver esse casal, mas eu queria muito revê-lo só para poder provar a você que estou certa. Certíssima. Para que você aprendesse a nunca mais duvidar de mim.

– Chega de papo furado e vem me ajudar, mulher.

– Tá bom, tá bom, estou indo.

"Cabeça vazia, oficina do diabo", murmurou Fátima, baixinho, para si mesma.

– O que foi que você disse? – explodiu Celmira.

– Quer fazer o favor de pegar o pano de chão e fechar essa matraca!

Celmira fez um muxoxo.

Uma semana depois dos últimos acontecimentos

Alba, mãe de Heloise, voltou-se para a filha e disse:

– Estou preocupada com você, Heloise.

O tom era sério, nunca até então a mãe havia se dirigido à filha com tanta seriedade. Heloise ficou visivelmente apreensiva.

– Você vem se arrepiando, sentindo calafrios, com muita frequência ultimamente, minha querida, o que há?

– Não é nada, mamãe, já conversamos sobre isso.

– Não queira me enganar. Não queira se enganar. Sei que há algo errado com você.

Levou pelo menos meio minuto até que a filha encarasse a mãe com seus lindos olhos negros, que estavam confusos e amedrontados, e perguntasse:

– A senhora acredita que um sonho possa provocar tamanho mal-estar numa pessoa?

– É lógico que sim, minha querida. E, nesse caso, não se trata de um sonho, e sim, de um pesadelo. Todo pesadelo nos causa mal-estar. Às vezes se impregnam na nossa mente e não querem mais sair. Certos pesadelos que tive, quando menina, acompanham-me até hoje.

Os olhos confusos e amedrontados de Heloise deram sinais de compreensão. Ela deu um longo suspiro e falou:

– Esses arrepios e esse mal-estar que às vezes sinto ocorrem toda vez que passa uma visão estranha por minha cabeça, uma visão relâmpago, uma visão de algo que eu não sei bem definir o que é. Não vejo as pessoas de corpo inteiro, somente do pescoço para baixo e elas estão manchadas de sangue. De muito sangue.

"Eu faço de tudo para evitar o impacto que essa visão me provoca, mas, por mais que eu tente, não consigo. Ela acontece tão rápido que, quando dou por mim, já estou arrepiada e, muitas vezes, zonza."

– Ora, meu bem, você está passando por tudo isso por causa da ansiedade que toda noiva sente com a aproximação do seu casamento.

– Sim, mamãe, deve ser isso mesmo.

– Não se apavore mais com isso, minha querida. Toda vez que essa visão assustadora voltar a importuná-la, lembre-se de que ela não passa de uma visão provocada pela ansiedade do casamento que está por vir, nada tem a ver com a realidade. Trata-se apenas de uma quimera.

– Vou tentar.

A mãe beijou a testa da filha e disse:

– Fique calma, minha querida, vai dar tudo certo no seu casamento e na sua vida. Você é como uma princesa que merece ser feliz ao lado de um príncipe encantado. Você e Álvaro formam um casal maravilhoso, vocês foram feitos um para o outro, como uma princesa para um príncipe num conto de fadas.

– Deus a ouça, mamãe. Deus a ouça.

– Deus já ouviu, minha querida. Deus está aqui conosco. Ele está o tempo todo ao nosso lado e, quando você descobre isso, a vida torna-se diferente, mais serena e mais tranquila. Sinta isso no seu coração, meu anjo. Bem aqui no seu coração.

A filha abraçou-se à mãe com carinho.

Quando os olhos de Álvaro De Lucca avistaram Heloise Cézanne entrando na capela escolhida para celebrar a cerimônia de casamento do casal, trajando um elegante e belo vestido de noiva, o coração do moço inflamou-se de emoção.

Todos se sentiram tocados na alma diante de tão graciosa figura movendo-se com graça e elegância pelo corredor central que levava até o altar da capela, ao som de uma dúzia de violinos tocados por músicos virtuosos.

Ao chegar ao altar, Álvaro recebeu a noiva com gestos de um legítimo cavalheiro. Então, o padre deu início à cerimônia.

Após a cerimônia religiosa, os convidados foram recepcionados na casa da família De Lucca com uma grande festa em homenagem à união do casal.

Assim que teve oportunidade, Aymeric, irmão de Heloise, foi até ela, ergueu-a nos braços e, com alegria, disse:

– Você é a mulher mais feliz do mundo, não é?

– Sou.

– Eu sempre invejei o amor de você e de Álvaro. É o amor que eu sonho viver, o amor que todo mundo sonha viver. O amor mais puro que deve existir na face da Terra.

– Não exagere.

– Não é exagero, Heloise. É a mais pura verdade. É raro encontrar um casal que se ama assim como vocês.

– Uma coisa é certa nisso tudo, Aymeric. Eu e Álvaro nos amamos muito mesmo. Amamo-nos por demais!

– E isso é admirável.

Aymeric tornou a beijar a testa da irmã e a colocou de volta no chão. Dos três irmãos de Heloise, Aymeric era o mais ligado a ela. Era um moço que demonstrava grande entusiasmo pela vida, tinha um ar sadio e viçoso e lembrava muito a irmã. Ambos tinham a mesma linha de maxilar, o mesmo tipo de cabeça e o pescoço longo e fino. Semelhantes também eram seus cabelos: pretos, fartos e ondulados.

Álvaro juntou-se aos dois nesse instante:

– Posso saber o que o meu cunhado conversa com tanta alegria com minha esposa amada?

Aymeric enlaçou o cunhado pelas costas e respondeu com euforia:

– Estava dizendo a Heloise o quanto eu admiro o amor de vocês dois. O afeto que vocês têm um pelo outro é imensurável, inexpressivo em palavras.

– É verdade, Aymeric. Eu amo sua irmã mais que tudo. Mais que a mim mesmo. Ainda que eu falasse a língua dos anjos, sem o amor de Heloise eu nada seria...

Aymeric sorriu, orgulhoso de ser seu cunhado. Fez beicinho, quando disse:

– É uma pena que vocês tenham de morar tão distante de nós.

– Se você pensar bem, não é tão distante assim.

– Cerca de dois dias de viagem é um bocado, meu caro.

– Mas não é o fim de mundo.

– É... – concordou Aymeric um tanto incerto. – E quanto à casa? Um passarinho me contou que a casa de vocês é colossal.

– Não chega a tanto, mas é sim uma casa espaçosa e confortável.

– Espero poder conhecê-la o quanto antes.

– As portas de nossa casa estarão sempre abertas para você, meu cunhado. Não é mesmo, meu amor?

– Sempre – confirmou Heloise, com alegria.

O irmão beijou novamente a testa da irmã com afeto e carinho.

Nisso, uma amiga de Heloise chegou perto deles e pediu licença para levar Heloise com ela. Licença concedida. Assim que as duas moças se foram, Aymeric voltou-se para o cunhado e fez um pedido muito sério:

– Pode parecer tolo da minha parte fazer-lhe tal pedido, meu cunhado, mas eu preciso fazer.

– Diga, Aymeric, o que é?

– Cuide bem da minha irmã.

– Você não precisa me fazer tal pedido, Aymeric. Quem ama, cuida.

– Eu sei, mas é que nunca me distanciei de Heloise antes, receio que ela se sinta só, longe de mim, de nossa família, entende?

– Só?

– Que bobagem a minha, Álvaro, desculpe-me. Heloise jamais se sentirá só estando ao seu lado. Jamais. Nunca.

– Eu vou cuidar da sua irmã do mesmo modo que venho cuidando dela desde que a conheci. Ou melhor, desde que a vida nos uniu.

– Pareço um estúpido por ter lhe feito tal pedido. Mas é que me preocupo tanto com Heloise.

– É natural que se preocupe com ela, vocês são irmãos, irmãos que se amam muito.

– Sim, é verdade... Nós nos amamos muito...

O diálogo dos dois foi interrompido com a chegada de Enzo Fávero, o melhor amigo de Álvaro.

Tratava-se de um rapaz de porte fino, cabelo castanho, bem aparado e devidamente penteado. Os olhos eram da mesma cor do cabelo, as sobrancelhas eram grossas e se uniam uma à outra por uma fina camada de pelos. Passavam a impressão de que ele era um homem sério e de pouca paciência, mas isso não era verdade. Enzo Fávero era uma das mais gentis criaturas que Deus pôs na Terra. Sempre compreensivo, sempre disposto a ajudar quem precisasse dele. alma de pai e mãe.

Tão próximo havia se tornado da família De Lucca, tão querido e confidente de todos que o pai de Álvaro não hesitou em oferecer-lhe o emprego de administrador de boa parte de seus imóveis para locação, cargo de altíssima confiança. Não havia ninguém, além dos membros de sua família, em que o velho De Lucca confiasse mais do que no rapaz.

– Álvaro, meu amigo – elogiou Enzo. – Você é um homem de sorte! Heloise é uma mulher linda. Um brilhante sem valor de tão valioso que é. A sorte o persegue e não é à toa. Ninguém que conheci até hoje merece ser mais feliz e sortudo do que você, meu caro.

– Ora, Enzo, não exagere.

– Não é exagero algum.

O amigo passou o braço em torno de Álvaro e o puxou para si, dizendo:

– Prometa-me que me fará padrinho de um de seus filhos, por favor.

– Está prometido.

– Se não for abuso da minha parte, gostaria de lhe pedir para ser o padrinho do primeiro filho que vocês tiverem. Escolho o primeiro para garantir, vai que vocês optem por ter apenas um.

– Um filho só é pouco, meu caro Enzo! Eu e Heloise queremos ter muitos. Mas, por via das dúvidas, para garantir, como você mesmo disse, você batizará o primeiro filho que tivermos. E isso é uma promessa.

Um sorriso abrilhantou a face rosada de Enzo Fávero.

A seguir, os recém-casados juntaram-se ao grupo de casais que dançava graciosamente no meio do salão ao som de harpas, violinos e violões.

A música e o bailado eram tão envolventes e fascinantes que os fazia pensar estarem eles em meio a uma festa Real.

Para Álvaro e muitos dos convidados, parecia um sonho ver Heloise trajando aquele belo vestido de noiva, dançando por entre os demais convidados.

Enzo Fávero observava os noivos com um certo brilho no olhar.

Aymeric Cézanne olhava o casal com certa fascinação e alegria, a mesma fascinação e alegria que agitava todos os presentes à cerimônia.

Naquele dia, quando o casal se recolheu para o quarto na casa da família De Lucca, reservado especialmente para eles passarem a noite de núpcias, Álvaro sussurrou no ouvido da mulher amada:

– "... ainda que eu falasse a língua dos homens, que eu falasse a língua dos anjos, sem amor eu nada seria..."

Ele respirou fundo antes de acrescentar:

Sem o seu amor, Heloise, eu nada seria...

Capítulo 2

Assim que raiou o novo dia, o casal seguiu viagem rumo à Vila Del Plata, cidade onde viveria. Foi uma viagem longa e ligeiramente cansativa, mas necessária.

Quando a carruagem parou em frente à casa escolhida por Álvaro para ser a morada do casal, ele desceu do veículo, admirou a casa por alguns segundos e só então ajudou a esposa a sair da carruagem.

Havia um sorriso bonito nos lábios de Heloise, quando ela se viu, pela primeira vez, em frente à casa.

– E então, meu amor, o que achou? – perguntou Álvaro, sem esconder a ansiedade.

Ela demorou alguns segundos para responder:

– É linda.

– Você gostou mesmo?

– Sim, amei, se bem que, para mim, pouco importa a casa onde vamos morar, Álvaro, desde que você esteja ao meu lado, qualquer uma serve. Até mesmo uma casinha de sapé.

Ele a beijou e disse:

– Nessa casa viveremos até os últimos dias da nossa vida. Nessa casa criaremos nossos filhos... faremos dela o nosso paraíso particular. Só nosso e dos nossos filhos.

Ela voltou-se para ele e deu-lhe um beijo na bochecha.

Ele puxou-a pela mão, dizendo:

– Venha ver agora o interior da casa. Estou louco para saber se é tudo do seu gosto.

Heloise espantou-se com o interior da casa, parecia bem maior por dentro do que por fora. O pé direito era alto, cerca de quatro metros de altura. As pilastras que decoravam o interior davam um toque romano ao ambiente.

– Falta somente escolhermos o nosso quarto – observou Álvaro, minutos depois. – Faremos isso já ou depois?

– Já, meu amor – empolgou-se Heloise, esquecendo-se do cansaço da viagem.

Depois de visitarem todos os quartos, os dois chegaram a um consenso: o quarto do casal seria o que ficava na ala norte da casa, com as janelas voltadas para as colinas que ficavam ao longe.

Minutos depois, Álvaro De Lucca observou;

– Haverá ainda muito tempo até que possamos pôr toda a casa em ordem, mas chegaremos lá. Quero fazer tudo sem pressa e com grande dedicação para que fique registrado em minha memória, para sempre, o começo da nossa vida em Vila Del Plata.

Ele levou seu rosto até o dela, brincou, roçando a ponta de seu nariz no dela e depois a beijou.

Heloise sentiu seu peito se incendiar mais uma vez. Era bom demais o jeito carinhoso e moleque de Álvaro a tratar. Sua respiração misturando-se à dela, a quentura do seu corpo combinando com o seu. Era quase um nirvana.

Naquela noite, ainda que em meio a toda desordem em que se encontrava a casa, Álvaro e Heloise fizeram amor. Um amor que parecia libertá-los de seus corpos físicos para voarem por entre nuvens muito acima do arco-íris, num céu dourado e encantado.

Nos dias que se seguiram, Heloise, com a ajuda dos empregados contratados, foram pondo a casa em ordem, decorando cada cômodo como ela e Álvaro achavam que deveria ser. A exaustão era tanta que ambos, assim que se deitavam na cama, dormiam, muitas vezes, entrelaçados um ao outro.

Um mês e meio depois, a casa estava pronta, impecável e finamente decorada. Um primor. A casa em que qualquer casal apaixonado adoraria viver.

– Está pronta – disse Heloise, satisfeita com o resultado.

– Finalmente, meu amor. Precisamos comemorar.

Álvaro foi até uma mesa de canto que havia na sala, uma espécie de recipiente de bebidas alcoólicas, onde apanhou um vinho, abriu-o e o serviu em duas taças de cristal. Entregou uma para Heloise e a dele ergueu para o alto, dizendo:

– Um brinde a nós. Por estarmos juntos, unidos para sempre, Heloise.

Os dois fizeram um brinde e beberam o vinho sem tirar os olhos um do outro.

Depois, ele envolveu a esposa amada em seus braços e começou a dançar com ela pela sala, enquanto cantarolava uma canção que dizia:

"Doses de paixão em excesso ecoam pelo salão
Palavras que encontram um verso do que foi solidão
Você me convida para dançar
When the beguine the beguine
Um embalo de não, sei lá,
Você vem assim e rodamos no salão
Parece o fim, mas não é, é só o começo e só
Bate a noite e o desejo transborda em nós
Parece verão e como é bom estarmos a sós...
De rosto colado, num abraço apertado...
Vagando entre os lábios, apaixonados
Dizendo coisas de amor..."

– Eu a amo, Heloise. Amo muito você.

– Eu também, Álvaro. Amo-o profundamente, nunca se esqueça disso.

A noite terminou com os dois se entregando mais uma vez de corpo e alma ao amor. A um amor que parecia estar escrito nas estrelas.

Aos primeiros dias de outono de 1812...

Já fazia dois meses que o casal De Lucca se mudara para Vila Del Plata e a vida, para os dois, não podia ser melhor. Tanto Heloise quanto Álvaro estavam surpresos com a facilidade com que se acostumaram ao lugar, se bem que poderiam morar em qualquer lugar do planeta. Uma vez que estivessem ao lado um do outro, tudo lhes seria sempre muito fácil.

Era a primeira noite fria depois do findar do verão e o relógio já marcava duas horas da madrugada quando Álvaro despertou do sono e, ao procurar a esposa na cama, percebeu que ela não se encontrava ali.

– Heloise? – chamou ele.

Nenhuma resposta.

Aturdido, o moço saltou da cama, acendeu uma luminária, vestiu seu roupão e saiu do quarto à procura dela. Encontrou o corredor vazio, sem sinal algum da moça.

– Heloise? – tornou ele, mais uma vez.

Tudo o que continuava a ouvir era o som do silêncio, nada mais. Sua preocupação aumentou.

– Amor? – chamou ele, baixinho, para não a assustar.

Nenhuma resposta. Álvaro, a seguir, espiou cada cômodo do andar de cima da casa, mas nenhum sinal de Heloise

Com cuidado, ele desceu as escadas, procurando controlar a apreensão que parecia cada vez mais afugentar-lhe a calma.

– Heloise – tornou ele, erguendo um pouco mais a voz.

E, outra vez, houve somente o silêncio como resposta. A casa, àquela hora iluminada somente por uma vela, tornava-se sombria e assustadora.

Nisso, uma corrente de vento vinda de algum lugar passou por ele e, por pouco, não apagou a vela que ele levava consigo. Álvaro arrepiou-se estranhamente.

A apreensão começava a cozinhar seus nervos.

– Heloise – chamou ele, mais uma vez, com voz trépida.

O silêncio continuava mortal. Ele aguardou ali por instantes até ter a ideia de procurar pela esposa na cozinha. Desesperado, finalmente chegou ao local. Para seu alívio, Heloise estava lá, sentada à mesa, de frente para uma xícara fumegante de chá.

– Heloise? – disse ele, ao entrar.

Ela estremeceu ao vê-lo entrando, iluminando o caminho com aquela vela.

– Você está bem? – perguntou ele, indo ao seu encontro.

Heloise procurou se explicar.

– Estou. Vim apenas tomar um chá para relaxar e ter um sono tranquilo.

– Não me diga que você teve novamente um daqueles pesadelos?

– N-não!

Ao tocar seu ombro, Álvaro percebeu que a esposa estava suando frio.

– Você está suando frio, meu bem.

– É por causa do chá.

Ele olhou bem para ela, mergulhando fundo em seus olhos pretos, cor de opala, e disse:

– Não minta para mim.

– Ora, Álvaro, eu...

– Você perdeu o sono mais uma vez por causa de um maldito pesadelo, não foi?

Ela desviou os olhos dos dele. Ele puxou a cadeira e sentou-se à mesa. Com sua mão pousada sobre a dela, Álvaro De Lucca disse seriamente:

– É a terceira semana consecutiva que você se vê atormentada por pesadelos. É melhor você consultar um médico amanhã.

– Não é preciso, meu amor. Não se preocupe... Tudo não passou de um sonho...

– Se tivesse sido um sonho, você não teria acordado assim. Um médico pode lhe receitar algo para tomar antes de dormir para dar fim a esse infortúnio.

– Isso passa.

A resposta de Heloise parecia estar sendo dita mais para si mesma do que para o próprio marido.

– Amanhã você verá o médico e não se fala mais nisso. Eu mesmo irei com você à consulta.

– Não quero que se preocupe comigo, meu amor, você já tem tantas preocupações.

– Preocupar-me com você é prioridade, Heloise.

Ela sorriu triste e melancólica para ele.

Ele retribuiu o sorriso da mesma forma.

– Beba mais do chá – sugeriu ele, a seguir. – Ele deve lhe fazer bem.

Ela aceitou a sugestão.

O silêncio pairou no ar por alguns segundos antes que ele lhe perguntasse:

– Do que se tratava esse pesadelo?

A pergunta provocou um novo arrepio em Heloise.

– Bobagem – respondeu ela, tentando dar um tom natural à voz. – Era algo, como sempre, havia com um monstro...

Ele olhou bem fundo nos olhos dela para ver se ela realmente falava a verdade. No entanto, Álvaro não soube precisar, naquele momento, se a esposa amada dizia a verdade ou não. Quis acreditar que sim. Mesmo porque Heloise nunca fora de mentir para ele. Quanto a isso, ele podia pôr a mão no fogo por ela.

– Venha, meu bem – disse ele, levantando-se e estendendo a mão para ela. – Vamos voltar para a cama.

– Eu já vou... Pode ir na frente, vou assim que terminar de tomar o chá.

– Eu espero.

– Nada disso, não é justo, você está morrendo de sono, vá, que eu vou logo atrás.

– Está bem.

Ele curvou-se sobre ela e beijou-lhe a testa.

– Estou esperando você. Não dormirei, enquanto não chegar.

Ela tornou a sorrir, um sorriso triste e forçado. Sem mais delongas, o marido deixou a cozinha e voltou para o aposento do casal. Heloise voltou os olhos para o líquido contido na xícara e, sem querer, passou a pensar no pesadelo que tivera. O mesmo se repetia havia várias semanas e parecia-lhe tão real, como se fosse um presságio, um mau presságio. Como se alguém do Além estivesse tentando preveni-la quanto a algo que viria lhe acontecer com a aproximação do futuro. O que deveria ela fazer? Essa era a pergunta que não queria calar dentro dela. O que deveria ela fazer? Só restava pedir ajuda às forças superiores.

Uma consulta médica

O doutor Mordag era um homem de constituição grande, pele bastante enrugada e olhar infeliz. Tinha aparência de quem entrara na reta final da vida e não fazia esforço algum para reverter esse caminho. No entanto, era um excelente profissional.

Examinou Heloise com atenção redobrada, mas nada nela parecia fora do normal, a não ser seu emocional.

– Quando foi que esses sonhos, ou melhor, esses pesadelos começaram a importunar seu sono, madame?

Heloise refletiu por instantes. Por fim, disse:

– Eles começaram a se repetir com mais assiduidade nas últimas três semanas.

– E antes, há algum registro deles?

– Não.

– Antes eram apenas...

Ela parou. O homem agravou seu olhar sobre ela.

– Antes era apenas – ajudou ele.

– Diga, meu bem – acudiu Álvaro.

Com muito esforço, Heloise falou:

– Antes eram apenas visões.

Ela baixou os olhos assim que a frase atravessou seus lábios.

– Visões, Heloise? Você não me disse nada a respeito de visões, meu amor – falou o marido, deveras surpreso com a revelação.

A moça mordeu os lábios, insegura.

– Não quis perturbar você com isso, Álvaro – explicou a esposa.

– Preocupar-me?

– É, você já tem os seus problemas do trabalho para resolver...

– Tudo que a afeta é mais importante do que qualquer coisa que eu faça, meu amor. Não quero que você sofra por nada.

– Visões – repetiu o médico, prestando melhor atenção à paciente.

– S-sim, visões – repetiu Heloise, entrecortadamente.

– Que visões eram essas?

– Eram muito rápidas, questão de segundos, milésimo de segundos, creio eu. Ainda que surgissem e desaparecessem tão rapidamente quanto o estalar de um raio, elas me assustavam muito, a ponto de me causarem náusea e tontura.

– Por isso que você, volta e meia, vinha se arrepiando toda, Heloise. Por que não me falou a respeito, meu amor?

Heloise sentiu-se intimidada novamente. O médico tomou a palavra:

– Quer dizer que as visões deram lugar a esses pesadelos perturbadores?

– Sim e não exatamente. As visões ainda continuam a me atormentar.

A resposta soou insegura. O médico perguntou a seguir:

– O que a senhora vê nessas visões que a perturbam tanto, madame?

A pergunta deixou Heloise visivelmente desconcertada.

– Acontece tudo de forma tão rápida que... É tudo tão indefinido.

O homem procurava incentivá-la com o olhar.

– E nos pesadelos, com o que ou com quem são eles?

– São também indefinidos, parecem muito com as visões que me perturbam.

– A senhora disse que os pesadelos começaram há cerca de três semanas, certo?

Ela concordou com a cabeça.

– Sim, foi logo depois de terminarmos de pôr a nossa casa em ordem.

Álvaro pediu licença para falar:

– Mudamos para cá faz apenas dois meses, doutor, logo após nos casarmos. Meu pai tem negócios por essas terras, sou administrador desses negócios.

– Compreendo.

Houve uma pausa, o médico pareceu refletir por instantes. Por fim, disse:

– Na minha opinião, essas visões que vêm atormentando a senhora se deram por causa da ansiedade que cercou o seu casamento. Todo casamento é cercado de ansiedade, especialmente para a mulher. É ela, mais do que ninguém, que se preocupa mais com os detalhes, se tudo vai correr bem, às mil maravilhas, a senhora sabe como é...

Um sorriso de concordância surgiu nos lábios de Álvaro.

– Pensei o mesmo – comentou.

– Se os pesadelos surgiram após vocês colocarem a casa em ordem, devem ser certamente fruto da exaustão do trabalho que foi necessário para isso. Vou receitar um tranquilizante para a senhora tomar à tarde e à noite. Acredito que em menos de um mês a senhora se tornará uma nova pessoa, quem sempre foi, sem nunca mais ser atormentada por visões ou pesadelos.

Álvaro sentiu-se mais tranquilo após ouvir a solução apresentada pelo médico. Voltou-se para Heloise e procurou tirar um sorriso dos lábios dela. Ela sorriu, parecendo também mais aliviada. Ele beijou-lhe a testa e disse, enquanto o homem prescrevia o tranquilizante:

– Você vai ficar ótima, meu amor. Nada mais vai perturbá-la de agora em diante.

Heloise procurou sorrir. Álvaro estava tão empolgado com a promessa do médico que nem percebeu a dúvida que brilhava no fundo dos olhos de Heloise, a qual ela, com grande esforço, procurava ocultar do marido.

O tranquilizante prescrito pelo médico começou a ser tomado naquela noite e Heloise dormiu tranquila, sem nenhuma interferência de sonhos, fossem eles bons ou maus. Acordou, parecendo de bem com a vida como havia muito não acordava.

Antes de partir para o trabalho, Álvaro fez um pedido muito sério à copeira:

– Mantenha o olho sobre a sua patroa, por favor. Ela não anda muito bem.

– Sim, senhor – respondeu a mulher, toda solícita.

Álvaro tomou a carruagem àquela manhã, sentindo-se mais calmo.

No entanto, a serenidade durou pouco. Na madrugada seguinte, Heloise acordou mais uma vez atormentada por pesadelos, só que dessa vez ela gritava e transpirava. Álvaro se viu mais uma vez horrorizado e preocupado com o estado perturbador da esposa.

Dois dias depois, repetia-se a mesma cena em meio à madrugada. Álvaro acordou na manhã seguinte deveras preocupado. Recusava-se, terminantemente, a deixar a esposa só em casa.

– Pode ir fazer seu trabalho, meu amor – insistia Heloise, diante da incerteza do marido quanto a deixar a esposa sozinha naquele estado. – Eu juro que vou ficar bem. – reforçou Heloise, querendo muito acreditar no que dizia.

– É melhor eu ficar, Heloise, você mal dormiu durante a noite.

– Que nada, dormi sim.

– Não finja para mim, suas olheiras não mentem.

– Isso vai passar, meu amor, acredite-me. Agora vá, por favor. Vou sentir-me péssima se você não for para o trabalho por minha causa.

– Está bem, mas, se precisar de alguma coisa, não hesite em chamar uma das criadas.

– Chamarei, fique tranquilo.

Heloise permaneceu na frente da casa até que a carruagem levando o marido para o trabalho atravessasse os muros que cercavam a propriedade onde vivia o casal.

– Madame – disse a copeira.

– Sim, Vera.

– Se a senhora precisar de mim, é só me chamar com o sinhinho.

– Chamarei sim, meu bem, obrigada.

A criada entregou para ela o pequeno sino de prata e, assim que ela se foi, Heloise, admirando o objeto, comentou consigo mesma:

– Controle-se, Heloise, controle-se. Assim você vai pôr tudo a perder. Vai estragar tudo...

Um passarinho pousou nas proximidades, despertando sua atenção. Ela ficou admirando a ave até ela bater asas e voar. Acompanhou seu voo até ela passar por cima do portão que dava acesso à propriedade do casal e desaparecer na velocidade de uma estrela cadente.

Heloise estremeceu, quando seus olhos prestaram melhor atenção no portão. Havia alguém parado junto a ele, mas foi apenas impressão, pois, ao voltar os olhos para o local, encontrou somente o portão, nada mais. Se houvesse realmente alguém parado ali, esse alguém havia partido e na velocidade de um raio.

Ainda assim, Heloise seguiu até o local para se certificar. Abriu o portão com certo esforço e pôs a cabeça para fora. Nenhum sinal de vida, nem humana, nem animal.

– Você está vendo coisas – comentou consigo, com certo aborrecimento.

Voltou, então, para a casa, em busca de algum afazer para entreter seu tempo.

Uma visita surpresa

Aquela tarde, quando Álvaro De Lucca voltou para sua casa, teve uma grande surpresa.

– Enzo! – exclamou ele, ao encontrar o melhor amigo sentado na poltrona de sua sala de visitas.

O rapaz levantou-se e abraçou o amigo com grande entusiasmo.

– Que surpresa agradável, meu amigo – confessou Álvaro.

– Nem vou perguntar como você está porque, pela sua aparência, você está ótimo – disse Enzo, observando, com seus vivos olhos castanhos, o amigo.

Álvaro sorriu. Enzo acrescentou:

– O casamento lhe fez muito bem, meu caro.

– Nem faz ideia o quanto.

– Estimo.

– Já viu Heloise? É lógico que sim, que pergunta estúpida a minha.

Enzo riu.

– Ela estava sentada aqui agora mesmo conversando comigo.

Álvaro apreciou o comentário.

– Essa é uma visita formal ou informal?

– Informal. Queria muito vê-los. Saber se estão precisando de alguma coisa...

– Precisando de alguma coisa?! – espantou-se Álvaro, com certo sarcasmo. – Desde quando alguém precisa de alguma coisa vivendo ao lado de Heloise?

Enzo apreciou as palavras do amigo, exibindo um sorriso bonito na face.

– É verdade. Que Deus conserve vocês por muitos anos para que possam desfrutar desse sentimento bonito e sincero que um tem pelo outro.

– Vai conservar, meu caro Enzo, sem dúvida alguma.

Novo sorriso iluminou a face de ambos.

Álvaro voltou-se para a porta, chamando pela esposa:

– Heloise?! Heloise?!

Não demorou muito para que ela aparecesse acompanhada da copeira.

– Amor?! – exclamou ela. – Que bom que chegou! Não ouvi o relincho habitual dos cavalos.

O marido beijou a esposa nos lábios.

– Estava morto de saudades de você, Heloise.

Os lábios dela tremeram.

– E-eu também – gaguejou, pouco antes de ser beijada novamente pelo marido apaixonado.

– Como foi seu dia? – perguntou ele a seguir.

– Ótimo.

Ele afastou os olhos para vê-la melhor.

– É mesmo?

Ela balançou a cabeça positivamente.

– Bom, muito bom.

Álvaro voltou-se na direção de Enzo e perguntou:

– Já prepararam o quarto de hóspedes para você, meu amigo?

– Já – adiantou-se Heloise. – Está tudo preparado.

– Que bom.

– Só vou passar uma noite – explicou Enzo. – Amanhã, logo pela manhã, eu parto.

– Que parte que nada. É final de semana, você não tem compromisso algum. Pode muito bem passar o sábado e o domingo conosco.

– Não quero atrapalhar a vida de vocês...

– Atrapalhar?! Que atrapalhar que nada. Será um prazer tê-lo conosco pelo final de semana. Não é mesmo, Heloise?

– S-sim – respondeu Heloise, um tanto incerta.

– Quem sabe você não conhece uma jovem bonita por essas bandas, meu caro Enzo. Uma mulher à sua altura, capaz de tirá-lo dessa vida desregrada de solteirão.

Enzo avermelhou-se como um pimentão.

Álvaro soltou-se da esposa, foi até o amigo, pegou firme nos ombros dele e brincou:

– Você sabe o que dizem, não sabe, meu caro? Que para toda tampa há uma panela.

A frase terminou coberta por uma gostosa gargalhada por parte de Álvaro.

– Ainda assim, meu caro Álvaro – observou Enzo, em tom brincalhão –, certas tampas servem muito bem para cobrir diferentes panelas.

Álvaro riu ainda mais.

Passos pela madrugada...

O jantar transcorreu em clima agradável. Após a refeição, os dois grandes amigos terminaram a noite jogando bridge. Heloise permaneceu ao lado deles, sentada no sofá, bordando um pano de prato.

Após o boa-noite, cada qual se recolheu a seu aposento.

– O Enzo é um grande homem – comentou Álvaro, assim que se fechou com a esposa no quarto do casal. – Sinto muito orgulho por ser seu amigo.

Heloise acolheu o comentário com certa introspecção.

– Pena que a nossa mudança para cá tenha feito você se distanciar de suas amigas, Heloise. Elas devem fazer-lhe falta.

A resposta de Heloise soou séria e precisa:

– Nada nem ninguém faz falta para mim quando estou com você, Álvaro. Nada nem ninguém, entende?

Ela abraçou o marido e o beijou nos lábios, terna e demoradamente.

A madrugada seguiu iluminada de forma excepcional. O luar sobre a paisagem fazia parecer com que ela houvesse sido banhada por uma fina camada de prata.

Por volta das três da madrugada, Álvaro despertou e surpreendeu-se mais uma vez ao ver que a esposa não se encontrava na cama.

– Heloise – murmurou ele.

Silêncio.

Álvaro vestiu seu roupão, acendeu uma luminária e deixou o quarto à procura da esposa. Ao chegar ao hall que dava acesso à escada, respirou aliviado. Heloise descia a escada em lenta movimentação. Ele estava prestes a chamar por ela, quando Enzo tocou seu braço. Álvaro por pouco não gritou.

– Shhh – fez o amigo. – Acalme-se! – sussurrou. – Não é bom acordar um sonâmbulo.

– Sonâmbulo? – espantou-se Álvaro.

– Sim. Heloise está andando dormindo.

Álvaro voltou os olhos para o lance de escadas, mas Heloise não se encontrava mais por lá. Já havia chegado ao andar térreo e tomado alguma direção, pois dali já não se podia mais vê-la.

Álvaro suspirou pesado, tenso. Encostou-se contra a parede, respirando com dificuldades.

– O que foi? Acalme-se. Não há motivo para alarme... Sonambulismo é muito natural nas pessoas – explicou Enzo, sem faltar à verdade.

– Heloise não está bem, Enzo – desabafou Álvaro assim que conseguiu estabilizar a respiração.

– Não?! O que há com ela?

– Pesadelos, visões... Frequentemente, ela acorda assustada por causa de um mau sonho ou passa a noite em claro por causa de uma visão pavorosa que teve durante o dia.

– Pesadelos, visões?

– Sim.

– Com o quê?

– Ela diz que sonha com monstros...

– Monstros?

– Sim. Uma espécie de monstro... Ela mesma não sabe definir bem o que é.

Enzo ficou pensativo por instantes. Por fim, perguntou:

– Quando foi exatamente que Heloise começou a ter esses pesadelos?

– Um mês e meio depois de nos mudarmos para cá, depois que conseguimos mobiliar e decorar toda a casa. Na minha opinião, esses sonhos não a atormentaram antes por ela estar engajada nos afazeres da casa. Íamos dormir pregados, exaustos até mesmo para sonhar.

Houve outro momento de reflexão por parte de Enzo Fávero até que ele perguntasse:

– Por que não procura ajuda médica?

– Já fizemos isso.

– E o que o médico disse?

– Ele disse que as mudanças na vida de Heloise podem estar causando esses pesadelos e visões.

– Mudanças?

– Sim. As preparações para o casamento, o abandono da casa dos pais, as expectativas com o casamento, com a vida conjugal, a mudança de cidade, de casa...

– Talvez...

– Talvez...

– Talvez seja bobagem minha...

– Diga.

– Você disse que esses tormentos se intensificaram depois que vocês se mudaram para essa casa, certo?

– Certo. Continue.

– Você já ouviu falar, não ouviu, de pessoas que começam a se sentir mal, de uma hora para outra, após se mudarem para uma casa, não? Há muitos casos relatados, inclusive ao longo dos séculos.

Álvaro refletiu por alguns segundos, por fim perguntou:

– O que levaria essas pessoas a se sentirem mal nessas casas?

A resposta de Enzo foi imediata:

– A própria casa.

– Não compreendo.

– As casas, pelo que ouvi alguns metafísicos dizerem, têm o poder de absorver a energia daqueles que vivem ali e, quando os moradores mudam, a energia deles permanece no local por um período de tempo, podendo comprometer negativamente os novos moradores, principalmente uma alma sensível e delicada como a de Heloise.

– Energias?

– Sim. Por isso muitas pessoas chamam padres para benzerem a casa antes de se mudarem para ela.

Álvaro gostou do que ouviu.

– Boa ideia, Enzo, posso chamar um padre para benzer a casa.

– Sim – concordou o rapaz em tom reservado.

Após um minuto de silêncio, Enzo Fávero observou:

– Alguns metafísicos, porém, explicam que as pessoas que começam a se sentir mal assim que se mudam para uma casa sentem a presença de espíritos perturbados com algo vivendo ali.

– Espíritos? Como se ouve falar nas historinhas de fantasmas?

– Exato.

– Isso é inconcebível, Enzo.

– Há mais mistérios entre o céu e a Terra do que supõe a nossa vã filosofia, meu caro Álvaro.

Álvaro bufou:

– Vou chamar um padre para benzer Heloise e a casa e isso deve bastar, meu bom Enzo. Nada é mais forte do que o benzimento de um padre.

Ouviu-se um estalo.

– Ela está voltando – sussurrou Enzo.

– Vou voltar para o meu quarto.

– Boa-noite.

Álvaro já dera um passo, quando se voltou e perguntou ao amigo:

– O que estava fazendo você acordado a essa hora da noite, perambulando pela casa, meu amigo?

– Ouvi um barulho, um ruído, na verdade. Achei estranho, levantei-me para ver o que era. Era Heloise que vinha caminhando pelo corredor. Assim que percebi que ela estava sonâmbula, parei, sem me manifestar.

Álvaro balançou a cabeça em sinal de compreensão e tornou a desejar boa-noite ao amigo.

– Boa noite – respondeu Enzo, tomando o rumo do seu quarto.

Assim que Álvaro se fechou no aposento do casal, apagou a vela e embrenhou-se debaixo do lençol e das cobertas.

– Barulho, ruído... – murmurou baixinho consigo, ao recordar as palavras de Enzo Fávero. – Deveria estar dormindo muito pesado, pois não ouvi nada...

Foi um alívio para ele quando Heloise voltou para a cama, deitou-se ao seu lado e aquietou-se. Só assim ele pôde voltar a dormir em paz.

O sábado amanheceu esplendoroso. Logo após o café da manhã, Álvaro partiu em busca de um padre para benzer a casa.

– Volto já – disse ele para Enzo. – Cuide de Heloise, enquanto isso.

Enzo assentiu com o olhar. Voltou para dentro da casa somente quando a carruagem levando o amigo desapareceu do seu campo de visão.

Álvaro seguia ansioso dentro da carruagem puxada por dois cavalos velozes e imponentes.

O padre recebeu o novo morador do vilarejo com alegria forçada e, após as devidas explicações, atendeu à solicitação de Álvaro, não porque quisesse, mas porque era importante ser solícito com o casal que havia se mudado para a cidade, se quisesse receber deles um bom dízimo.

Após as devidas apresentações, o padre benzeu Heloise.

Enzo e Álvaro permaneciam lado a lado, aguardando em silêncio, até que o homem terminasse as devidas orações.

– Pronto, minha filha – disse o padre, ao terminar o benzimento. – Nada mais vai perturbá-la de agora em diante. Deus vai protegê-la pelas 24 horas do dia.

Enzo limpou a garganta e disse:

– Padre, seria possível o senhor benzer a casa. É sempre bom benzer uma casa quando nos mudamos para ela, quando não sabemos ao certo quem morou nela anteriormente, não é mesmo?

– Sem dúvida.

Álvaro surpreendeu-se com o padre. Jamais pensou que ele haveria de concordar com a sugestão do amigo.

A seguir, o padre, acompanhado de Enzo, visitou todos os aposentos da casa, benzendo um a um enquanto fazia orações em voz alta. Quando terminou, juntou-se mais uma vez a Álvaro e Heloise, que aguardavam por ele na sala com lareira.

– Pronto, minha filha, a casa está abençoada. Nada mais vai atrapalhar seu sono – disse o padre com forçosa alegria.

– Agradeço muito sua atenção, padre – agradeceu Álvaro, tomando as mãos do homem entre as suas.

O homem deixou a casa, pedindo, logicamente, uma generosa contribuição para a sua paróquia.

Heloise pareceu sentir-se melhor ao longo daquele dia. Todos ali pareciam sentir-se mais leves e mais contentes com tudo o que lhes cercava. A noite transcorreu sem surpresas, Heloise dormiu como um anjo, para alívio geral de Álvaro.

Na manhã do dia seguinte, logo após o café da manhã, Enzo Fávero partiu, deixando saudades no casal apaixonado.

Nas semanas que se seguiram, Álvaro De Lucca passou a acreditar que estava tudo bem com a esposa, que nada mais a perturbava, uma vez que ela parecia tranquila e equilibrada, sem mais despertar em meio à madrugada por causa de pesadelos e visões.

No entanto, toda aquela tranquilidade e equilíbrio eram só aparências. Heloise continuava a ser perturbada pelo mesmo pesadelo repetitivo que a fazia acordar na madrugada com uma sensação desagradável, sentindo um frio na espinha, deixando-a literalmente em pânico.

Entretanto, ela escondia isso do marido, fingindo-se tranquila e equilibrada, porque queria muito fazer com que Álvaro não se preocupasse mais com ela.

Saudades de irmãos...

Aymeric Cézanne chegou à casa da irmã e do cunhado trazendo um lindo buquê de flores de presente para Heloise.

– Aymeric! – gritou Heloise, alegre por vê-lo.

Ele correu até a irmã e a tomou nos braços.

– Que saudade, mana.

– Eu também estava morrendo de saudades de você, mano – confessou Heloise, com sinceridade.

– É para você – disse o moço, estendendo-lhe o buquê de flores.

– São lindas.

– Sabia que você iria gostar.

– Como vão papai, mamãe, nossa irmã, cunhado, sobrinhos?

– Todos bem. Todos lhe mandam lembranças. E você, como vai?

– Bem – respondeu ela, sem tirar os olhos do buquê de flores.

O rapaz tomou o braço da irmã, fazendo-a voltar-se para ele:

– O que há?

– N-nada, Aymeric.

– Então, olhando nos meus olhos, diga-me que está tudo bem com você e Álvaro.

Ela olhou firme para o irmão e, em meio a um sorriso teatral, disse:

– Está tudo bem entre nós.

– Mesmo?

– Sim, por que não haveria de estar? Eu é que às vezes me sinto indisposta.

– Será que não está grávida? Indisposição pode ser sinal de gravidez.

– Gravidez, eu, não! – espantou-se ela, voltando os olhos para o buquê e mergulhando o rosto por entre as flores, para sentir bem o perfume que elas exalavam.

Aymeric tomou um minuto para dizer:

– Prestando melhor atenção, notei que você está bastante abatida.

– Abatida, eu? Não...

– Sim, você está batida.

– Eu fico assim em todo outono.

– Isso não tem nada a ver com o outono, Heloise.

– É lógico que...

Ele a interrompeu:

– O que há? Pensava encontrá-la irradiando felicidade e, no entanto, não me parece nada feliz.

– É lógico que estou feliz.

– Arrependeu-se de ter se casado?

– É lógico que não. Eu amo Álvaro. Amo-o de paixão, você sabe disso.

– Não tenho dúvidas quanto a isso, mas algo não está certo com você.

– Bobagem.

– Já fez um teste de gravidez?

– Não.

– Deveria. Você pode estar grávida e não sabe...

– Não estou grávida, Aymeric. Pare com isso.

– Não custa fazer um teste.

– Esqueça. Farei um quando achar que devo. Uma mulher sabe quando deve fazê-lo.

– Se é assim que você quer! Eu só estou querendo ajudar.

Naquele dia, assim que Aymeric teve oportunidade de ficar a sós com o cunhado, ele perguntou:

– O que há com Heloise?

Álvaro mostrou-se surpreso com a pergunta.

– Você também percebeu?

– Sim. O que há? Por acaso vocês andaram brigando?

– Não, Aymeric, é lógico que não. De onde foi que você tirou essa ideia?

– É a única explicação que eu encontrei para entender o estranho comportamento dela.

As palavras do cunhado atingiram Álvaro em cheio. Sua voz se elevou em protesto:

– E você acha que eu seria capaz de fazer alguma coisa contra Heloise?

A resposta fugiu dos lábios do moço.

– Acha? – tornou Álvaro, olhando para o cunhado, tomado de indignação.

– Ouvimos falar de maridos que acabam agredindo suas esposas mesmo amando-as de paixão.

– Ora, Aymeric, por favor...

– O que há, então, de errado com ela?

– Ela realmente não anda nada bem, Aymeric.

– Por quê?

– Pesadelos...

– Pesadelos?

– Sim. Ao menos é o que ela me diz.

– Heloise foi sempre uma jovem equilibrada, não me lembro de tê-la visto doente uma vez na vida. Ela também nunca reclamou de pesadelos que atrapalhassem seu sono.

– No entanto, ela vem sendo perturbada por esses pesadelos. Há também as visões, mas não comenta mais a respeito delas.

– Visões?

– Sim. Creio que ela não fala mais a respeito delas para mim para não me aborrecer.

– Vou tocar no assunto com ela. Um desabafo pode lhe fazer bem.

– Faça isso, por favor, Aymeric. Qualquer coisa que possa ajudar Heloise a lidar com esses tormentos e ver-se livre deles é bem-vinda.

Aymeric chegou-se à irmã num momento oportuno e perguntou-lhe:

– Soube, por intermédio de Álvaro, que você vem tendo pesadelos constantes, a ponto de conturbar seu sono. É verdade?

Heloise concordou com a cabeça.

– Há algo que eu possa fazer para ajudá-la?

– Isso vai passar, como tudo na vida passa, Aymeric, por isso, não se preocupe.

Ele observou agudamente a irmã por instantes antes de perguntar:

– Com quem são esses pesadelos que a apavoram tanto, Heloise?

Ela mordeu os lábios, acometida de certa dúvida. Por fim, procurou sorrir ao responder:

– Com um monstro, pode? – ela parecia se esforçar para dar um tom despreocupado à voz. – Pareço uma menina boba que tem medo do bicho-papão.

Aymeric achou graça. Heloise procurou, no mesmo instante, mudar de assunto. Dias depois, Aymeric Cézanne partiu de volta para a sua morada, convencido pela irmã de que não devia se preocupar mais com aqueles pesadelos que a importunavam tanto, pois logo passariam. A própria Heloise queria acreditar naquilo, acreditar muito. No entanto, eles não passaram. O pesadelo se repetia quase que diariamente. Era sempre o mesmo e toda vez ela despertava suando frio, arrepiando-se inteira.

Uma sugestão...

Semanas depois, Enzo Fávero estava novamente visitando o casal De Lucca.

– Desculpe voltar para cá assim tão rápido, mas não consegui deixar de ficar preocupado com vocês. Como anda Heloise?

– Do mesmo modo, Enzo – respondeu Álvaro, melancólico. – Suando frio, às vezes, e arrepiando-se toda, como se fosse repentinamente tocada por uma mão gelada e invisível.

– E os pesadelos?

– Ela diz que eles cessaram, mas eu não acredito, sei que ela só fala isso para me tranquilizar.

– Quer um conselho?

– Diga.

– Mude para outra casa.

– Mudar de casa?

– Sim. Mude não só de casa como de lugar. Mude para um lugar de ar mais arejado, de frente para um rio ou mar, um lugar que encante os olhos de qualquer um, que espante qualquer mal-estar.

– Acha mesmo que devo?

– Sim. Você pode, você tem dinheiro suficiente para alugar ou comprar uma bela casa em qualquer região do mundo, você sabe disso.

Álvaro refletiu por alguns instantes. Por fim, sorriu e disse:

– Meu bom Enzo, vou aceitar a sua sugestão.

Um sorriso bonito cobriu a face rosada de Enzo Fávero.

A estranha senhora...

Álvaro havia ido até o centro da cidade na companhia de Enzo Fávero comprar alguns suprimentos na venda de secos e molhados, quando teve um encontro fora do normal. Enquanto Enzo perguntava sobre vinhos, Álvaro saiu para a calçada a fim de ver algo que lhe chamou a atenção. Trava-se de um cão, um Yorkshire lindo. Foi nesse momento que ele esbarrou, sem querer, numa senhora que seguia em direção a uma carruagem que parecia estar aguardando por ela.

– Desculpe – disse ele, pegando na ponta da aba do chapéu e baixando ligeiramente a cabeça para o lado.

A mulher nada respondeu, permaneceu olhando para ele de forma curiosa.

Um sorriso inseguro bailou nos lábios de Álvaro.

– A senhora está bem? – perguntou ele, incomodado com o modo como a mulher olhava para ele.

– Não vai adiantar, meu senhor – disse ela, repentinamente.

– O quê? – estranhou ele.

– A mudança – respondeu a senhora, seriamente.

– Mudança?

– Sim, a mudança que o senhor pretende fazer.

– Não estou compreendendo... De que mudança a senhora está falando?

A mulher não respondeu, parecia estar aguardando que ele percebesse aonde ela queria chegar.

– A senhora por acaso está se referindo a...

– Sim, refiro-me à mudança de casa que o senhor pretende fazer nas próximas semanas.

– Por quê?

– Porque não está na casa o problema.

– Não?

– Não. Está...

Álvaro completou a frase por ela:

– Está nela, é isso o que a senhora está querendo dizer, não é? Que o problema está nela, em minha esposa...

– Não também.

– Não?

– Não.

– Ora, onde está o problema então?

A mulher abrandou o tom ao responder:

– Está no passado...

– No passado? Que passado?

– Aquele do qual ninguém parte sem levar consigo seus efeitos.

– Efeitos, passado... Desculpe não estou...

Ela o cortou:

– Ninguém desvia o destino, cavalheiro.

– Ninguém desvia o destino – repetiu ele para si mesmo de forma analítica.

– Ninguém – reforçou ela.

Ela tomou alguns segundos para dizer:

– E o senhor estava lá. Como a maioria das pessoas que conhecemos. Elas sempre fazem parte do passado que vivemos, bem como nós fazemos parte do passado que elas viveram.

As sobrancelhas de Álvaro se arquearam de forma espantosa.

– Como sabe que eu e minha esposa estamos de mudança? Quem é a senhora?

Não houve tempo para responder, a mulher entrou na carruagem e, ao seu sinal, o cocheiro fez o veículo seguir caminho.

– Espere, não me disse seu nome – observou Álvaro, elevando a voz.

Nesse momento, Enzo saiu da loja.

– Álvaro?

Álvaro estremeceu ao seu chamado.

– Está tudo bem? – perguntou o amigo, aproximando-se dele.

– S-sim está.... mais ou menos...

O amigo franziu o cenho.

– O que foi? Você parece contrariado com algo.

– Aquela mulher.

– Mulher? Que mulher?

– A que estava aqui ainda há pouco, conversando comigo.

– O que tem ela?

– Ela me assustou. Disse-me coisas estranhas. Assustadoras, eu diria.

– Trata-se apenas de uma velha, nada mais.

– Ainda assim ela me meteu medo.

– O que ela lhe disse de tão perturbador?

Álvaro repetiu as palavras da mulher. Enzo soltou um risinho de escárnio antes de opinar sobre o caso:

– A mulher não passa de uma senhora perturbada pela idade, Álvaro, só isso. Deve ser desequilibrada.

– Não sei... Ela me pareceu tão lúcida, tão certa quanto ao que falou.

Enzo apertou o antebraço do amigo:

– Venha, vamos tomar algo para relaxar os nervos.

– Boa ideia.

Álvaro passou pelo amigo e seguiu caminho. Enzo permaneceu no mesmo lugar, parado, olhando com curiosidade na direção que a carruagem levando a estranha mulher havia seguido. Seus olhos estavam enviesados e reflexivos.

– Você vem ou não vem? – perguntou Álvaro, já a alguns passos distante dele.

Enzo voltou-se para o amigo, imprimiu um sorriso na face e foi ao seu encontro.

A sós com seus pensamentos...

A misteriosa senhora que conversara havia pouco com Álvaro estava imersa em seus pensamentos, enquanto a carruagem que ocupava a levava de volta para a sua casa.

– Quero pedir ao Senhor Bom Deus – dizia ela, baixinho – que proteja aquele casal. Que ilumine suas vidas. Que dê forças a eles para enfrentarem o que tiverem de enfrentar. Romper os erros cometidos no passado. Cicatrizar de vez as marcas do que se foi... Apagar o temor do coração, apagar o ódio, o rancor, a revolta...

Uma novidade

Enzo Fávero partira da casa de Álvaro e Heloise com a incumbência de encontrar uma nova morada para o casal, uma casa, como o próprio Enzo havia sugerido, de frente para o mar ou para um belo e sereno rio. Álvaro preferia que fosse de frente para o mar, pois não há nada mais repousante para os olhos e tranquilizante para a alma do que acordar e avistar o mar pela janela de casa.

Enzo não deveria poupar esforços para encontrar o lugar, ainda que ele custasse uma boa quantia de dinheiro. Dias depois, chegou, finalmente, uma carta do amigo, contando as novidades:

Querido Álvaro:

Encontrei a casa ideal para você se mudar com Heloise. Fica num dos pequenos vilarejos da costa litorânea. Um lugar que vive basicamente da pesca. Na verdade, já tinha uma casa em mente quando você aceitou minha sugestão para mudar daí, só não lhe falei nada, pois não sabia se ela estava disponível ou não.

*É uma bela casa sobradada, em excelente estado de conservação, no melhor estilo georgiano**, *uma maravilha. Os fundos têm vista para o mar, como você tanto queria. Vocês vão adorar, especialmente Heloise.*

Tenho absoluta certeza de que a mudança será totalmente benéfica para vocês, para Heloise em especial. Com a graça de Deus, ela nunca mais haverá de ser atormentada.

Já providenciei um padre para benzer a casa como você sugeriu. A residência já estava praticamente mobiliada. Se não apreciarem a mobília e a disposição dela, basta apenas mudarem de lugar ou comprarem uma nova, creio, porém, em absoluto, que vão apreciar tudo que há nela.

Contratei uma excelente cozinheira, uma copeira, uma camareira, um cocheiro e um jardineiro para cuidar dos belos jardins ao redor da casa. Há, também, muita vegetação exuberante em volta dela.

Será boa a mudança de vocês para cá, pois, assim, poderei ficar mais próximo de vocês. Deve se lembrar de que a cidade onde moro fica a apenas dezessete milhas daqui.

Você vai agradecer por haver aceitado a minha sugestão.

Espero que Heloise esteja bem, assim como você.

Aguardo vocês.

Um grande abraço.

Com carinho,

Enzo Fávero.

Álvaro fechou a carta com um sorriso estampado no rosto. Disse:

– Enzo é formidável! Sempre foi formidável. Não poderia ter amigo melhor que ele.

Em seguida, partiu em busca da esposa.

– Querida, tenho uma novidade – disse ele com alegria assim que a viu.

– Novidade? – surpreendeu-se Heloise.

– Sim. Uma grande novidade. Vamos nos mudar daqui.

---

*Define-se "georgiano" como estilo arquitetônico e de decoração que se difundiu na Inglaterra durante o século XVIII e início do XIX. (N. do A.)

– Mudar?

– Sim. Para uma casa de frente para o mar.

– Mas nós acabamos de mudar para cá, meu amor. Não se passou nem sequer meio ano.

– Não importa. Mudaremos daqui para um lugar onde você possa se sentir melhor.

– Não precisa ter todo esse trabalho para comigo.

– É lógico que sim. Eu quero que você se sinta bem ao meu lado. Que nossa vida conjugal seja a melhor possível.

– Nossa vida conjugal já é formidável, Álvaro.

– Quero que seja ainda melhor.

– Gostaria de poder retribuir tudo de bom que me faz.

– Só de estar ao meu lado já é uma grande recompensa.

Ele a envolveu em seus braços e a beijou.

– Enzo – disse ele a seguir. – Foi sugestão dele a mudança.

– Enzo?

– Sim. Ele nos quer muito bem. Lembra-se da última vez que ele esteve aqui, pois bem, ele voltou porque estava preocupado conosco, com você em especial, aquela história de que precisava conversar comigo sobre os negócios foi apenas desculpa.

– É mesmo? Nossa, ele disfarçou tão bem que eu, por momento algum, pensei que ele estivesse inventando tudo aquilo.

– Enzo sempre foi um bom dissimulador. Principalmente de seus sentimentos, nunca, nem eu mesmo que fui sempre tão ligado a ele, sei dizer o que se passa em seu coração. É um lugar a que ninguém tem acesso, nem mesmo a mulher, que, porventura, o deixar apaixonado.

Álvaro riu. Heloise permaneceu séria, reflexiva.

– Nós vamos recomeçar a nossa vida de casados – acrescentou Álvaro De Lucca minutos depois, apertando a esposa carinhosamente contra seu peito. – E, dessa vez, nada mais vai perturbar você, minha adorada. Nada mais...

Ele tornou a cobrir de beijo a esposa, o destino de sua vida.

☙Capítulo 4❧

A casa que Enzo Fávero encontrou para Heloise e Álvaro morarem era de fato linda. Um espaçoso e aconchegante sobrado com uma linda varanda na frente, construído sobre um terreno que, ao leste, findava num rochedo escarpado e extenso que ia dar no mar.

O mar, azul e reluzente, podia ser visto na sua vasta extensão pelas janelas dos aposentos do andar superior da casa. O lugar era o que se poderia chamar de um primor da natureza, uma bênção dos céus, realmente perfeito para encher os olhos de alegria e a cabeça, de paz.

Enzo estava presente na casa, aguardando pelo casal, quando Heloise e Álvaro chegaram.

– Bem-vindos à nova morada – disse ele, com alegria.

Álvaro e Heloise sorriram, cumprimentaram o amigo e depois voltaram a atenção para a nova casa.

– E então, o que acharam?

Álvaro ia responder à pergunta, mas preferiu que Heloise respondesse por ele.

– É tão delicada e encantadora – disse ela – e o lugar, meu Deus, é divino. Parabéns, Enzo, você não poderia ter escolhido lugar melhor.

O moço sentiu-se lisonjeado diante do elogio e satisfeito por ter agradado.

– Agora, venham, vou levá-los para conhecer o interior da casa.

E assim Enzo mostrou cada aposento da morada com tanta empolgação e orgulho que mais parecia estar mostrando a própria casa que escolhera para viver ao longo da vida ao lado de sua mulher amada.

– Nem sei como lhe agradecer, meu amigo – disse Álvaro, após visitarem o último aposento do sobrado.

– Se ainda tiverem fôlego, quero lhes mostrar os jardins, o desfiladeiro e a praia que se tem aos pés do penhasco.

E foi o que os três fizeram a seguir.

– Aprovado? – perguntou Enzo, no final.

– Aprovadíssimo, meu bom Enzo – respondeu Álvaro, seguido de Heloise.

– Que bom. Eu sabia que iriam gostar. O mais importante, para mim, é que a mudança os trouxe para mais perto de minha companhia, o que é uma maravilha.

– Para nós também, Enzo – completou Álvaro.

E, voltando-se para Heloise, acrescentou:

– Nada mais agora vai perturbá-la, meu amor. Hoje é o início de uma nova etapa para você, Heloise. Só haverá paz e amor.

Um sorriso suave cobriu a face da moça e de Enzo Fávero também.

Três semanas após Heloise e Álvaro haverem se mudado para a nova casa, Heloise se encontrava mais uma vez na praia que findava no desfiladeiro onde se localizava sua nova morada. Podia se chegar ao lugar por um caminho de chão batido, ligeiramente íngreme, que havia por entre a vegetação exuberante do lugar.

Heloise estava de frente para o mar, admirando o oceano com sua beleza encantadora e sua magia única e infinda. Queria, intimamente, que as ondas que estouravam nos seus tornozelos levassem dela, quando voltassem para o mar, todo aquele mal que a vinha apunhalando nos últimos meses.

Ela, novamente, voltou seus pensamentos a Deus, suplicando a Ele que intercedesse a seu favor, que fizesse com que ela não fosse mais atormentada pelo pesadelo repetitivo e perturbador. Ela e o marido já haviam se mudado de casa, cidade, região, tudo enfim para fugir dele e, no entanto, ele continuava a perturbar-lhe o sono, fazendo-a despertar no meio da madrugada, sentindo-se aflita e aturdida.

Heloise estava tão mergulhada em seus pensamentos que levou alguns instantes para ouvir as palavras que lhe eram dirigidas, pela terceira vez, por um estranho parado a poucos metros de onde ela se encontrava.

– A senhora...

Ela voltou-se, assustada, para trás.

– Desculpe – disse o estranho rapidamente –, não queria assustá-la.

Os lábios dela moveram-se, mas nenhuma palavra conseguiu atravessá-los.

– A senhora é a nova moradora da casa do farol, não?

– Sou, sim.

– Muito prazer. Chamo-me Abel...

Ela aprofundou o olhar sobre o estranho mais uma vez, como se quisesse penetrar-lhe a alma.

– Desculpe-me mais uma vez, minha intenção não era assustá-la.

– Está desculpado.

Um sorriso tímido despontou nos lábios do homem, que deveria ter por volta dos trinta anos de idade. Seu corpo atlético tinha um bronzeado forte, sinal de que passava boa parte do tempo na praia, sob o sol.

– O que faz por aqui? – perguntou Heloise, em seguida.

– Vivo da pesca, minha senhora.

– Ah...

Aquilo explicava o forte bronzeado que cobria sua pele. O pescador aprofundou seus olhos esverdeados em Heloise e perguntou:

– A senhora está bem?

– Estou sim.

– Seja bem-vinda... Seria pretensão da minha parte dizer que não há lugar mais bonito do que esse em canto algum do planeta?

– Acho que não. De fato, o lugar é muito lindo.

Ambos voltaram os olhos para o mar.

– Há uma bela caverna na encosta do desfiladeiro – informou ele, apontando naquela direção. – Se quiser, posso levá-la até lá.

– Obrigada. Outro dia quem sabe... Com licença, preciso ir.

Abel ficou prestando melhor atenção à jovem mulher que partia, estugando os passos, quase desesperada para deixar o local.

"Bonita..." comentou consigo. "Só gostaria de saber o que escurece seus olhos de tristeza".

O pescador voltou a pegar os apetrechos de pescaria e retomou o caminho que levava à grande pedra rente ao desfiladeiro, onde se sentou, preparou o anzol e o arremessou dentro do mar. O silêncio cobriu o lugar. Havia somente o barulho das ondas interferindo nele.

A imagem de Heloise voltou a aparecer na mente serena de Abel Goldfarb. Algo se agitou dentro dele, algo indefinido, que o deixou extremamente curioso e, ao mesmo tempo, apreensivo.

As palavras dele, ditas há pouco, voltaram a ecoar na sua mente:

"Bonita... Só gostaria de saber o que escurece seus olhos de tristeza".

Heloise voltou para a casa recém-inaugurada pelo casal e seguiu direto para a cozinha.

– Preciso de um refresco – disse ela para a cozinheira.

– Aqui está, senhora.

– Obrigada.

A criada notou algo de estranho na patroa.

– Está tudo bem?

– S-sim, é que subi muito rápido o caminho que liga a praia à casa.

– Quer mais um pouco de refresco?

– Obrigada, esse já é suficiente.

– O jardineiro queria falar com a senhora.

– Outra hora, por favor. Vou para o meu quarto agora, repousar um pouco.

– Está bem, eu digo para ele.

A criada ficou olhando de forma curiosa para a nova patroa, enquanto ela deixava o cômodo. Já tivera muitas patroas, mas nenhuma lhe fora tão gentil quanto Heloise. Seu modo de tratar os serviçais era raro, de uma delicadeza difícil de se encontrar.

Heloise fechou-se no seu quarto e deitou-se na sua cama por sobre a colcha que a cobria. Estava tremendo da cabeça aos pés, como se sentisse muito frio, percebeu ela. Mas o dia estava quente, estupidamente quente...

– Deus – disse ela em tom de suplica. – Proteja-me. Proteja-me, eu lhe suplico. Se Álvaro souber...

Heloise só foi deixar o quarto quando percebeu que o sol já estava para se pôr. Ela não perdia, por nada desse mundo, esse momento, pois nada conseguia acalmar mais seu coração do que admirar aquele espetáculo da natureza.

Ela seguiu até o farol, o lugar perfeito para ter uma bela visão do sol se escondendo nas colinas ao longe. Minutos depois, ela voltou novamente seus pensamentos a Deus, suplicando a Ele que a protegesse do que ela, cada dia mais, temia que lhe acontecesse.

Abel seguia o caminho que levava para fora da praia, quando avistou, ao longe, Heloise admirando o pôr-do-sol.

O pescador parou para admirá-la. Não podia vê-la em detalhes, somente sua silhueta. Ainda assim, ele podia contemplar seus olhos negros, bonitos e assustados, olhos de quem aguarda a chegada de algo grave e perturbador, aterrorizante. O que a ameaçava tanto? Estaria ele imaginando coisas, vendo algo nela que no fundo não existia?

Abel Goldfarb murmurou em seguida: "Sim, a preocupação dela só pode estar relacionada ao marido, algo que ela teme que lhe aconteça, ou que ele possa fazer de ruim contra ela. Mas o quê?"

Dias depois...

Heloise, ao tomar o caminho que levava à praia, encontrou o marido ao lado de Abel.

– Heloise, meu bem! – exclamou Álvaro, empolgado. – Veja os peixes que comprei. Ficarão muito apetitosos depois de preparados.

Heloise balançou a cabeça em aprovação. Quando seus olhos se encontraram com os do pescador, a moça percebeu que ele estivera aguardando por seu olhar.

– Olá, senhora – cumprimentou Abel, com polidez.

– Olá – respondeu Heloise, timidamente.

Voltando-se para Álvaro, Abel disse:

– Muito obrigado, senhor, quando precisar de mais peixes, estou a sua disposição.

Álvaro agradeceu com um meio sorriso. Abel já se afastava do casal, quando Álvaro chamou por ele:

– Como é mesmo o seu nome?

– Abel – respondeu o pescador, voltando-se para ele.

Álvaro estudou a face bronzeada do homem com atenção. O pescador despediu-se novamente com aceno e retomou seu caminho.

– O que foi? – perguntou Heloise, estranhando o modo como Álvaro olhava para o pescador.

– O pescador... Tenho a impressão de já tê-lo visto antes em algum lugar, ou ele se parece muito com alguém que conheci.

– Alguém quem?

– Eu não sei, mas ainda vou lembrar.

Enquanto isso, Abel Goldfarb seguia seu caminho, confabulando consigo próprio.

"Então, aquele é o marido dela. Pareceu-me um bom sujeito, um tipo de homem incapaz de aterrorizar uma mulher... Não faz sentido, não pode ser dele que ela tem tanto medo, deve ser de outra pessoa ou de algo, mas quem ou o quê?"

O mistério, envolto em ansiedade, seguiu na companhia do pescador.

Assim que Álvaro e Heloise tomaram o caminho da casa, Álvaro comentou:

– Tive a impressão de que vocês já se conheciam. Digo, você e o pescador.

– E é verdade.

– De onde? Quando?

– Da praia, outro dia, à tarde, quando dava minhas voltas. Encontrei-o por lá a caminho da sua pescaria. Seu nome é Abel. Parece ser um bom sujeito.

– Parece. No entanto, é um estranho para nós, Heloise. Cuidado.

– Ele me passa confiança.

– Quantas e quantas pessoas nos passam confiança e, depois, descobrimos que não valem nada?

– É verdade.

Heloise arrepiou-se a seguir.

– O que foi? – assustou-se Álvaro, retesando o passo e voltando-se para a esposa.

Heloise voltou seus olhos assustados para o marido e perguntou, seriamente:

– Você acha mesmo que uma pessoa pode ser, no íntimo, completamente diferente do que aparenta ser?

– Sim, com certeza. Por quê?

– Por nada, apenas curiosidade.

Álvaro achou estranha a pergunta da esposa, mas preferiu não prolongar o assunto. Apenas disse:

– Estive com Enzo essa manhã e ele mandou-lhe lembranças.

– Estimo.

– Enzo se preocupa muito conosco, Heloise. Como um pai e uma mãe se preocupam com os filhos. Pobre Enzo, gostaria muito que ele se casasse e fosse feliz como nós.

Heloise assentiu com um olhar distante.

Uma alteração repentina de humor...

Era uma tarde bonita de sábado e o cocheiro estava preparando o cavalo para Heloise dar uma volta, quando se ouviu um tiro de espingarda nas imediações. Assustado, o animal empinou, soltou-se da mão do cocheiro e saiu galopando em disparada.

Se Álvaro não tivesse sido rápido, Heloise teria caído do cavalo. Assim que Álvaro se certificou de que a esposa estava bem, dirigiu-se ao serviçal e chamou sua atenção. Por mais que o rapaz pedisse desculpas, Álvaro não se continha. Parecia fora de si, tamanha era a raiva.

– Calma, meu senhor, eu não tive culpa.

– Calma nada. Está demitido.

– O animal se assustou com o estampido... – tentava explicar o moço.

– Nem mais uma palavra. Está demitido.

Álvaro acompanhou Heloise até o interior da casa, onde ela pudesse sentar-se e relaxar.

– Eu estou bem – disse ela, pálida.

– Poderia não estar.

– Mas estou, isso é o que importa.

– Não quero nem pensar no que teria lhe acontecido se tivesse caído do animal.

– Calma.

Lágrimas começaram, repentinamente, a escorrer dos olhos de Álvaro De Lucca. Ele agora tremia todo, parecendo à beira de um colapso nervoso. Heloise estava literalmente surpresa com sua reação, pois nunca, até então, o vira daquele jeito, tampouco suspeitou que ele fosse capaz de perder o equilíbrio sobre a sua pessoa como perdia naquele momento.

– Eu nunca o vi se desesperar dessa forma, Álvaro.

– Só em pensar no que poderia ter lhe acontecido, Heloise, meu sangue sobe. Dá-me vontade até de dar uns tabefes naquele inútil.

– Ele não fez por querer.

– Se fez ou não fez, para mim pouco importa. A obrigação dele era ter segurado o animal com firmeza.

– Perdoe o rapaz. Ele precisa desse emprego. Errar é humano.

– Não! – explodiu Álvaro com os nervos à flor da pele.

Heloise encolheu-se toda ao grito do esposo.

– Desculpe – disse ele, voltando-se imediatamente para ela. – Alterei-me sem razão.

– Você nunca gritou comigo antes.

– Desculpe. Já lhe pedi desculpas, não pedi?

– Sim, você já me pediu desculpas, Álvaro.

Ele rompeu num choro agonizante. Entre lágrimas, desabafou:

– Só em pensar em perdê-la, eu sinto meu peito se rasgar como se uma faca houvesse sido cravada ali e sido puxada para baixo, sem dó nem piedade. Eu não sei o que faria se a perdesse, Heloise. Acho que seria capaz de cometer uma loucura. Estou tão acostumado com você ao meu lado...

Ele tomou ar antes de prosseguir, enxugou as lágrimas num lenço de cetim e disse:

– Temo, às vezes, que você seja levada de mim por alguém, alguém que não sei bem quem é. É uma sensação esquisita... Outro dia, soube de uma mulher que abandonou o marido por causa de outro. O marido, segundo me contaram, aceitou a situação de bom grado, apesar de amar a esposa com ardor. Se fosse comigo, pensei...

Álvaro percebeu a tênue hesitação antes que Heloise lhe perguntasse:

– O que você faria?

– Eu não sei... Só sei que não suportaria vê-la com outro homem que não fosse eu, Heloise. Simplesmente, não suportaria.

Heloise recuou o corpo e o comprimiu contra o encosto do sofá. Ele sentou-se ao lado dela, pegou em suas mãos e, num tom triste e melancólico, disse:

– Perdão, meu amor, perdão por ter ousado cogitar essa possibilidade de abandono, eu sei que isso nunca vai acontecer conosco.

– Nunca... – murmurou ela, longe.

– Nunca – repetiu ele, puxando-a para junto de si, afagando seus cabelos, beijando-lhe o rosto.

– Nada nunca vai nos separar, Heloise, nada... simplesmente nada – reforçou ele, suspirando fundo.

Heloise manteve-se calada.

A noite caiu serena naquele dia, com uma gostosa brisa vinda do mar a refrescar o ar. Havia, no entanto, algo tenso se espalhando pelo interior de Heloise, como se fosse a força que agita os ventos e provoca os furacões.

Uma semana depois dos últimos acontecimentos...

Heloise estava mais uma vez de frente para o mar, com os olhos pregados no ponto em que o mar e o céu se juntam e parece não haver divisão alguma. Uma voz a despertou de seus pensamentos:

– Olá.

Heloise reconheceu a voz de imediato. Era Abel, o pescador.

– Olá – respondeu ela, num tom inseguro.

– Como está? Parece mais abatida hoje.

– Não dormi muito bem essa noite.

Ele estudou atentamente o semblante da moça antes de perguntar:

– Desculpe perguntar, mas o que a atormenta tanto, minha senhora?

– Não é nada...

– Pode confiar em mim.

Ela prendeu novamente as mechas que o vento havia desprendido de trás de suas orelhas, enquanto ele repetia o que dissera há pouco:

– Pode confiar em mim. Um desabafo faz sempre bem para a alma.

Ela voltou os olhos para o céu e suspirou fundo antes de dizer:

– Não sei o motivo, mas você me passa confiança. Parece até um velho conhecido meu.

– Todos nós somos velhos conhecidos, se a senhora levar em conta que já vivemos nesse planeta anteriormente, que já tivemos outras vidas.

– Acredita mesmo nisso?

– Sim.

– Por que acredita nisso? É uma teoria absurda.

– Acredito porque para mim é lógico.

– Eu não compreendo...

– Um dia, quem sabe...

Houve uma breve pausa. Ele insistiu:

– Diga-me o que a perturba tanto? Quem sabe não posso ajudá-la.

– Sou uma mulher perseguida...

– Explique-se melhor...

– Sou uma mulher perseguida pelo mundo dos sonhos.

– Pesadelos, a senhora quer dizer.

– Sim. Pesadelos...

– Que pesadelos são esses que a assustam tanto?

– Trata-se de um pesadelo, apenas um, que se repete uma noite sim, outra não, incansavelmente.

– E o que há nele que a apavora tanto?

– Sempre que me perguntam a respeito, eu digo que é um monstro, mas é mentira. Não há monstro algum no pesadelo.

– O que ou quem, então, a atemoriza tanto nesse pesadelo?

– Um homem. Um homem cruel e assustador, que parecia, a princípio, ter uma índole e, depois, revela outra completamente diferente.

– Um homem? E a senhora o conhece?

– Sim.

– Quem é ele?

– Ele é meu marido.

Capítulo 5

O espanto na voz do pescador era evidente.

– Seu marido?

– Sim.

A voz de Heloise soava agora como uma chama em desalinho.

– Por que haveria a senhora de se preocupar com um pesadelo desses? Conhece bem seu marido para saber que ele nada tem a ver com a personalidade desse homem que aparece em seu pesadelo, não?

– Por mais que eu conheça meu marido, eu não o conheço por completo, entende? Poucos são os que se mostram transparentes para aqueles que vivem ao seu lado, ainda que estes os amem muito. Muito do que há em nós vive guardado no nosso íntimo, trancado a sete chaves, ninguém tem acesso. Em muitos casos, nem nós mesmos. Há muito instinto bestial dentro de nós e nós só descobrimos isso quando somos provocados e irados, aí esse instinto vem à tona e, muitas vezes, de forma assassina.

"Como posso saber se esse pesadelo não é na verdade uma premonição, um aviso do Além para que eu me proteja, tome cuidado, resguarde-me de meu marido?"

– A senhora acredita mesmo que o Além, como a senhora mesma diz, pode se comunicar conosco por meio dos sonhos ou pesadelos?

Ela deu um suspiro e continuou em tom de desabafo:

– Que razão, além dessa, existiria para que esse pesadelo me perseguisse por tanto tempo?

– É algo, realmente, a ser pensado.

– Esse pesadelo começou a me atormentar assim que nos casamos. Antes, um mês antes do nosso casamento, esse pesadelo aparecia para mim por meio de visões ao longo do dia. Não podia ver ao certo quem aparecia na visão. Só sei que o que via, ainda que indefinido, era o suficiente para fazer-me passar mal, tirar-me o fôlego, transpirar frio, arrepiar-me toda.

– A senhora já falou a respeito disso com seu marido?

– Sim, mas nunca a respeito da presença dele no pesadelo em questão.

– Não seria melhor a senhora deixá-lo a par desse detalhe importante? Quem sabe assim não se sentiria mais aliviada em relação a tudo isso?

– Ele pode me ter como louca. Além do mais, não quero aborrecê-lo com isso. Ele não merece. Eu o amo, sabe, o amo mais que tudo.

– Tem certeza de que é realmente seu marido quem aparece nesse pesadelo assustador?

– Absoluta.

– E o que ele faz contra a senhora exatamente?

– Ele...

Um arrepio cortou-lhe a frase ao meio. Foi preciso muito controle sobre si mesma para completá-la:

– Ele me mata! Eu acordo bem no momento em que o ar vai me faltando, meus sentidos se perdendo... É horrível...

As sobrancelhas do pescador arquearam-se de espanto.

– Como anda a fé da senhora? – perguntou ele a seguir. – A fé em Deus, em Cristo, ajuda muito nesses casos.

– Eu faço minhas orações, mas elas não parecem surtir efeito.

– Vou orar pela senhora.

– Eu agradeço.

Nisso, o ouvido apurado de Abel captou o som de passos vindos naquela direção. Ao olhar por sobre o ombro de Heloise, ele avistou a silhueta de um homem caminhando naquela direção.

– Há um homem vindo para cá. Acho que é seu marido.

Heloise voltou-se e avistou Enzo vindo na direção dos dois.

– Não é ele. Trata-se de Enzo Fávero, amigo de meu marido. Ele cuida de boa parte dos negócios da família.

Antes que Enzo chegasse até os dois, Heloise fez um pedido muito sério:

– Por favor, não comente com ninguém a respeito do que lhe disse, principalmente com meu marido.

– Fique tranquila – respondeu Abel, com seriedade.

– Obrigada. Muito obrigada.

– Heloise! – chamou Enzo, aproximando-se do local onde ela se encontrava na companhia do pescador. – Está tudo bem? – perguntou, olhando de forma suspeita para Abel.

– Sim, está. – respondeu Heloise, procurando sorrir para o moço.

Apresentações foram feitas. Heloise despediu-se de Abel e partiu na companhia de Enzo Fávero. Os dois subiram pelo caminho rente ao desfiladeiro que levava até a casa de Heloise.

Abel permaneceu parado no mesmo lugar, observando Heloise e Enzo ao longe, repassando na mente tudo o que Heloise havia lhe dito.

Teria ela razão para se preocupar tanto com o pesadelo? Não seria exagero por parte dela? Seria, de fato, uma premonição? Seria Álvaro De Lucca realmente um homem com instinto assassino? Ele o conhecera e, a seu ver, nada nele lembrava um homem capaz de matar uma mulher, ainda mais uma mulher que ele aparentava amar tanto. Sim, Álvaro De Lucca amava sua mulher, amava-a profundamente, qualquer um poderia ver em seus olhos, perceber por seus gestos.

Ainda sim, muitos homens que amavam suas mulheres perdidamente foram capazes de cometer crimes hediondos. Como Heloise mesma disse: "Por mais que eu conheça meu marido, eu não o conheço por completo, entende? Poucos são os que se mostram transparentes aqueles que vivem ao seu lado, ainda que estes os amem muito. Muito do que há em nós vive guardado no nosso íntimo, trancado a sete chaves, ninguém tem acesso. Há muito instinto bestial dentro de nós e nós só descobrimos isso quando somos provocados e irados, aí esse instinto vem à tona e, muitas vezes, de forma assassina."

Ela tinha razão, toda razão quanto àquilo. Teria Heloise De Lucca o dom da premonição? Abel sentiu-se inquieto, desde a conversa com a moça. Por diversas vezes no dia, pegou-se pensando na mulher de olhos assustados e melancólicos, temerosa de que o marido, mais dia menos dia, acabasse usando de violência contra ela, provocando-lhe uma morte sangrenta e prematura.

– Você não deveria andar por aí sozinha, Heloise – disse Enzo, enquanto seguia caminho ao lado da moça.

– Álvaro disse-me a mesma coisa.

– É mesmo?

– Sim.

– Por que não atendeu a seu pedido?

– Porque não gosto de me sentir prisioneira, Enzo. Nunca gostei. Sinto-me sufocada.

– Eu entendo, mas é para o seu próprio bem.

– Eu sou cuidadosa, jamais piso onde não se deve.

– Ainda assim deveria ter mais precaução. Esse homem, esse pescador que acabou de me apresentar, você nem o conhece direito. Não deveria dar-lhe trela, não deveria nem sequer deixá-lo se aproximar de você, ainda mais num lugar onde não se tem alguém por perto.

– Obrigada por se preocupar comigo, Enzo, mas qualquer um na cidade conhece Abel, o pescador. Tudo o que se ouve falar dele é positivo, nada negativo. Por isso, não tenho o que temer.

– As pessoas nem sempre são o que aparentam ser, Heloise.

– Eu sei e é justamente isso que me preocupa.

Aquela noite, depois do jantar, Enzo falou com Álvaro a respeito de Abel.

– S-sim – gaguejou Álvaro – o homem é realmente um pescador, eu mesmo compro peixe dele.

Álvaro parou, refletiu por instantes, por fim disse:

– Ele não me transmite perigo algum. Mas vou falar com Heloise a respeito. Não fica bem uma mulher casada ficar de *tête-à-tête* com um estranho por aí. Daqui a pouco, as pessoas vão começar a falar. Sabe como é cidade pequena, não?

Enzo assentiu com uma careta. Em meio a um sorriso de gratidão, Álvaro acrescentou:

– Obrigado por sua preocupação com Heloise, Enzo. Obrigado, na verdade, por se preocupar com nós dois. Você se preocupa tanto conosco que mais parece o nosso pai.

– Que isso, Álvaro.

– É sim, meu caro. Sua preocupação conosco é a mesma que um pai e uma mãe sentem por um filho.

O moço ficou rubro.

Na madrugada, noites depois...

Heloise teve um pesadelo diferente do que aquele que a vinha perturbando até então. Por sorte, Álvaro não acordou com o seu abrupto despertar. Com isso, Heloise permaneceu na cama, quieta, procurando se acalmar e esquecer-se do que a assustara tão profundamente. Entretanto, por mais que tentasse, não conseguia. O pesadelo continuava a lhe apunhalar a alma.

Nele ela havia visto Abel escorregar numa pedra e ferir gravemente a perna, a ponto de não conseguir mais se manter em pé sobre ela. Ele estava no que parecia ser uma gruta à beira-mar e a água subia cada vez mais rapidamente. Em breve, muito em breve, haveria de cobri-lo dos pés à cabeça. Ele morreria, indubitavelmente, afogado.

No pesadelo, Heloise queria chegar à gruta para salvar o homem, tirá-lo de lá, antes que a água do mar invadisse o lugar e o afogasse. No entanto, de nada adiantava o seu querer, visto que ela não sabia onde ficava o local.

Repassando o pesadelo em sua mente, Heloise lembrou-se de que Abel havia mencionado a existência de uma gruta aos pés do desfiladeiro. Chegou até a convidá-la a visitar o lugar, mas ela se recusou. Agora, depois do pesadelo, seria melhor conhecer o local, saber como chegar lá, no caso de qualquer eventualidade.

Heloise se ouviu mais uma vez perguntando a si mesma: "teria sido o pesadelo apenas um pesadelo ou uma premonição? Que não passasse de um pesadelo", implorou ao céus, pois seria muito triste se aquilo acontecesse na vida real. Ela via Abel com bons olhos. Apesar de conhecê-lo há tão pouco tempo, queria-lhe tão bem como a um velho amigo.

Heloise, por mais que tentasse, não conseguia se esquecer do pesadelo que tivera com Abel. Ele permanecia dentro dela, latejando como uma forte dor de cabeça, aumentando a sensação de que era um aviso do Além, uma premonição, e que ela deveria fazer alguma coisa para evitá-lo. Mas o quê?

Três dias após o pesadelo com o pescador, por volta das 15h30, Heloise foi acometida de um súbito mal-estar, que a deixou com os nervos à flor da pele. Tão desagradável foi a sensação que a moça decidiu tomar um chá fora do horário para acalmar-lhe os nervos.

Ela mal conseguia segurar a xícara de porcelana entre os dedos. Por um momento, ela quase se soltou de seus dedos e se espatifou sobre a mesa.

Aquilo chamou a atenção da criada.

Heloise procurou se controlar, mas seu esforço foi em vão. Seu corpo agora tremia por inteiro.

– A senhora está bem? – perguntou a cozinheira, preocupada.

Por mais que Heloise tentasse, ela não conseguiu responder. Era como se tivesse sido privada da fala.

– Não seria melhor a senhora tomar um tranquilizante, madame? – sugeriu a boa mulher.

Heloise permaneceu calada.

Então, subitamente, ela saltou da cadeira onde estava sentada. Tão abrupto foi seu movimento que a xícara de chá caiu de seus dedos e se espatifou no chão.

O acontecimento assustou a cozinheira a ponto de fazê-la prensar sua mão contra o peito, como se pudesse atravessá-lo para conter seu coração acelerado.

Heloise agora olhava para o nada, com lábios trêmulos, aflitos.

Receosa de que sua patroa sofresse um desmaio repentino, a cozinheira foi até ela.

– Sente-se, madame, por favor – sugeriu ela, puxando a cadeira para a patroa.

– A gruta – murmurou Heloise, repentinamente.

– Gruta?! – espantou-se a mulher.

– A gruta que fica na encosta do desfiladeiro, por acaso a senhora sabe onde ela se localiza?

– Acho que sim. Por que isso agora, minha senhora?

– Preciso ir lá, agora!

– Agora! Fazer o quê? A essa hora, pelo que sei, ela começa a ser inundada pelo mar.

– É exatamente por isso que eu preciso ir lá agora, urgente.

– Espere o patrão chegar.

– Não posso! Será tarde demais. É caso de vida ou morte!

– A senhora está me assustando.

– Venha, Carola. Por favor, me leve até lá...

– Eu não tenho bem certeza do local... Estive lá somente uma vez, há muitos anos, quando ainda era uma adolescente.

– Você precisa se lembrar, é muito importante...

– Está bem, mas ainda acho que a senhora deveria esperar o patrão chegar.

Sem mais delongas, a mulher tirou seu avental e partiu, apertando os passos atrás da patroa que seguia apressada em direção do caminho que levava à praia.

– Por que precisa ir lá, agora, minha senhora? – perguntou a cozinheira, em meio a uma respiração agitada.

– Porque alguém pode estar em perigo.

Lembrando que a patroa, havia tempos, vinha sofrendo das ideias, Carola acreditou que aquele era o indício mais nítido de que ela estava realmente à beira da loucura. Afinal, onde já se viu sair assim, de uma hora para outra, em busca de uma gruta?

– Acho que é por ali – disse Carola, assim que chegou ao pé do desfiladeiro.

– Então, vamos.

– Mas eu não estou bem certa, minha senhora.

– Vamos tentar.

As duas mulheres arriscaram. Seguiram por um caminho feito de pedras, umas atrás das outras, muitas delas molhadas pelo arrebentar das ondas.

– Cuidado, senhora, não pise onde há camadas de alga, pois são extremamente escorregadias.

– Fique tranquila.

– A senhora tem certeza de que quer continuar? É perigoso.

– Temos de tentar. Uma vida está em risco.

Um minuto depois, a criada disse:

– Veja, minha senhora, a gruta está logo ali. Mas temos de ser rápidas, a maré está subindo, logo o caminho que tomamos para chegar até aqui estará submerso. Será impossível voltarmos por ele.

– Eu sei.

A mulher continuava a olhar desconfiada para a patroa, crente de que ela havia definitivamente perdido o juízo.

As duas entraram na gruta. O lugar era realmente magnífico, uma obra-prima da natureza. Não levou mais que alguns segundos para que elas duas avistassem Abel caído ao chão, com a perna machucada.

– Veja, minha senhora! – exclamou Carola, surpresa – há um homem caído ali. É o tal pescador. A senhora tinha razão, minha senhora, toda razão ao dizer que havia alguém em perigo.

Carola estava arrepiada.

– Precisamos ajudá-lo a sair daqui! – exclamou Heloise, indo ao encontro de Abel.

– A senhora! – espantou-se Abel, ao ver Heloise aproximando-se dele.

Ela curvou-se sobre ele e perguntou:

– Como está?

– Escorreguei e não consegui mais me levantar. Acho que quebrei a perna.

– Nós vamos tirá-lo daqui.

– Vamos rápido, senhora! – interrompeu Carola. – A maré está subindo.

– Ela tem razão, madame. A maré está subindo e rápido. É melhor vocês me deixarem aqui.

– Nada disso. – protestou Heloise. – Vamos lá, Carola, ajude-me a levantá-lo.

Com grande esforço, as duas mulheres conseguiram pôr Abel de pé.

– Dói muito! – lamentou ele, com o rosto contorcido pela dor.

– Eu faço ideia. – afirmou Heloise, com pena do pescador.

E, dando seu ombro para o pobre homem apoiar, Heloise conseguiu fazer com que ele andasse, apoiando-se na perna que não havia sido ferida. Ele arrastava a perna ferida e procurava se controlar para não gritar de dor. Assim, as duas mulheres conseguiram tirar o pobre homem da caverna, que começava a ser inundada pela chegada da maré alta.

– Por Deus! – exclamou Abel, emocionado. – Que bom que vocês duas apareceram. Tomem muito cuidado, minhas senhoras – lembrou ele –, alguns trechos dessas pedras são escorregadios como sabão.

– Eu sei. É só prestarmos bem atenção onde pisamos.

Dessa forma, Heloise e Carola conseguiram conduzir Abel de volta à praia. Assim que pisaram na areia, ouviram Álvaro chamando por Heloise.

– É o patrão – observou Carola.

– Ai – gemeu Abel.

– Calma, nós vamos cuidar desse ferimento.

Assim que Álvaro avistou os três, correu na direção deles.

– O que houve? – perguntou, tomado de aflição.

– Ele caiu na caverna e feriu a perna – explicou Heloise. – Tivemos de ajudá-lo.

Álvaro ocupou o lugar de Carola, passou seu braço direito pelas costas do rapaz, enquanto Abel pousou por sobre seu ombro o braço esquerdo.

– Pode soltá-lo, Heloise, eu dou conta dele sozinho.

E, voltando-se para Carola, Álvaro ordenou:

– Carola, vá chamar um dos criados para nos ajudar aqui. E mande o cocheiro ir preparar a carruagem para levarmos esse homem para o hospital.

– Sim, senhor.

A mulher atendeu à ordem imediatamente. Subiu o caminho que levava até a casa, impondo nas pernas toda a força de que dispunha. Em menos de dois minutos, um dos criados descia ligeiro para ajudar a levar o homem com a perna ferida para a casa do patrão.

Assim que ajeitaram Abel num dos bancos de madeira próximo ao jardim tomado de narcisos, Álvaro pediu ao criado que fosse ver se a carruagem já estava pronta para levarem Abel para o hospital.

Abel, procurando conter a dor, disse:

– Não precisa se preocupar comigo, meu senhor.

– Não é preocupação alguma.

Abel voltou os olhos para Heloise, que mantinha um olhar abobado sobre ele.

– Como é que isso foi acontecer? – indagou Álvaro.

– Pisei em falso – explicou Abel, com voz trêmula.

– E isso são horas de vocês visitarem uma caverna – exaltou-se Álvaro. – Perderam o juízo?

Assim que a carruagem se aproximou do local, Álvaro correu até a casa para apanhar seu sobretudo e sua carteira.

Foi nesse momento, bem quando os dois criados carregavam Abel para a carruagem, que ele perguntou à Heloise:

– C-como foi que a senhora soube o que tinha me acontecido?

Não houve tempo para que Heloise lhe respondesse, pois, naquele exato momento, Álvaro chegava até eles. Não era preciso que ela emitisse uma resposta labial, os olhos de Heloise responderam por ela. Para Abel, foi surpreendente saber que Heloise tomara conhecimento do que havia lhe acontecido por meio de um pesadelo. Era surpreendente e, ao mesmo tempo, preocupante. Afinal, aquilo era a prova definitiva de que os pesadelos que atormentavam Heloise eram de fato premonições, avisos do Além.

Abel arrepiou-se diante do que descobriu. A carruagem partiu.

Assim que Álvaro se viu a sós com a esposa, exigiu dela explicações.

– O que você estava fazendo naquele lugar com aquele homem em companhia da criada, Heloise? Onde já se viu ficar andando por aí na companhia de um estranho?

– Você está se precipitando nas suas conclusões, Álvaro.

– Não há precipitação alguma.

– Há sim.

Os olhos febris de Álvaro arderem-se ainda mais quando ele usou de mais sinceridade para com a esposa:

– Você conseguiu estragar minha noite, Heloise...

– Álvaro...

– Que isso não se repita.

– Álvaro, deixe-me explicar.

– Explicar o quê? Não precisa me explicar nada. Eu simplesmente não quero mais vê-la andando na companhia desse pescador.

– Você nunca me tratou assim.

– Você nunca cometeu uma estupidez como essa.

– Eu não estava passeando com ele.

– Não?!

– Não!

– Então como explica o que aconteceu hoje?

– Se eu disser, é capaz de você não acreditar em mim.

– Tente.

– Eu tive um pesadelo dias atrás.

– Outro?

– Sim. Nele eu vi o pescador caído na caverna com a perna ferida.

– O que tem isso a ver...

– Deixe-me terminar.

– Desculpe.

– Hoje, por volta das três horas da tarde, comecei a suar frio, sentir-me inquieta, deveras perturbada. Decidi tomar o chá das cinco às três e meia, na esperança de que ele me acalmasse os nervos. Não me acalmou. Foi então que tive uma visão rápida e fulminante do pescador caído na caverna. Achei que era um aviso. Insisti para que Carola me levasse até lá. Foi assim que fomos parar na caverna.

– Visão...

– Sim, uma visão...

– Isso tudo parece tão fantasioso.

– Mas foi o que verdadeiramente aconteceu.

– E o pescador estava lá no mesmo lugar em que você o viu no pesadelo e na visão?

– Estava.

– Sei... Pensei que esses pesadelos e essas visões haviam abandonado você, Heloise, haviam deixado você terminantemente em paz desde que nos mudamos para cá.

– Infelizmente, não...

– Quer dizer que você ainda continua sendo atormentada por eles?

– Às vezes, muito raramente – mentiu ela.

– Ah bom... Porque eu já estou cansado dessa história. Já mudamos de casa, já fiz tudo o que estava ao meu alcance para ajudá-la diante desse problema, agora chega, não?

Álvaro sentiu um oceano se interpor entre eles. E, antes que fossem engolidos por esse oceano, Álvaro falou em tom de desabafo:

– É melhor eu ir me banhar. Nada como um bom banho para acalmar os nervos.

Álvaro deixou Heloise na sala, imersa em pensamentos. Estava mais uma vez preocupada com a reação do marido diante daquele triste episódio, reação que jamais esperou que ele tivesse um dia. Estava preocupada e agoniada também por haver descoberto que seus pesadelos eram definitivamente um aviso do Além, uma premonição. E, se o eram, o que ela via naquele pesadelo e visão aterrorizante com o marido haveria certamente de acontecer. Heloise gelou aflita.

Duas semanas depois dos últimos acontecimentos...

Heloise estava sentada sobre uma espécie de divã que ficava no canto esquerdo da maior sala da casa, quando a camareira entrou, pedindo licença:

– Senhora, o senhor Abel Goldfarb quer lhe falar.

– Abel?

Uma súbita alegria contagiou Heloise ao ouvir o nome do pescador. Não tinha notícias dele desde o acontecido na gruta. Ela estava prestes a pedir à criada que o mandasse entrar, quando se lembrou do pedido do marido em relação a Abel: que ela não mais desse atenção para o homem. Ainda que temerosa do que poderia lhe acontecer se Álvaro descobrisse que ela havia conversado com Abel, ainda mais dentro da casa dela, Heloise recebeu o pescador.

Abel entrou na sala, mancando.

– É muito bom vê-lo se recuperando – disse Heloise, com satisfação.

– Obrigado – agradeceu Abel, com sinceridade.

– Sente-se – disse ela, indicando-lhe a poltrona.

O pobre sujeito sentou-se. Houve um breve silêncio, até que ele lhe dirigisse palavras escolhidas a dedo para se expressar.

– Depois do que aconteceu, estou mais do que certo de que os pesadelos e visões que a senhora tem são definitivamente premonições.

– Você acha mesmo?

– Só podem, caso não fossem, a senhora não teria chegado até mim e me tirado daquela situação tão delicada. Eu poderia ter morrido, a senhora bem sabe.

– O importante é que você está bem.

– Sou eternamente grato pelo que me fez.

Ela sorriu como quem diz "não há de quê". Houve uma pequena pausa até que Abel dissesse num tom de voz preocupado:

– Contudo, estou muito preocupado com a senhora, porque, se os pesadelos e visões que a senhora tem são realmente premonições, então...

Heloise fugiu dos olhos dele.

Ele ia dizer alguma coisa, mas ela o interrompeu:

– O mesmo que você pensou eu pensei, mas isso não faz sentido, Álvaro me ama, ama-me de paixão, ele nunca haveria de...

Um arrepio cortou-lhe a frase ao meio.

– Eu sei que ele ama a senhora, a senhora mesma já me disse, posso até mesmo ver em seu olhar. No entanto, quantas e quantas pessoas que amam perdidamente seu namorado, noivo ou cônjuge não acabam perdendo o controle um dia e cometem uma barbaridade contra quem tanto amam? Milhares. O amor parece torna-se ódio num estalar de dedos, um ódio abissal...

– Eu sei de tudo isso, mas Álvaro jamais seria capaz de...

– É nisso que a senhora quer acreditar, não?

– Eu já nem sei mais no que acreditar. Só não quero morrer... porque, se eu morrer da forma que mostram as minhas visões e pesadelos, Álvaro acabará indo para a guilhotina. Destruirá não só a minha vida como a vida dele e isso eu não quero, não posso permitir.

– Com que frequência a senhora vem tendo aqueles pesadelos com seu marido? Recentemente, eles diminuíram ou aumentaram?

– Continuam na mesma intensidade de sempre.

– E a senhora já falou com ele a respeito, como lhe sugeri?

– Mais ou menos. Não quero aborrecê-lo com isso. Não mais. Ele não merece. Mudamos para cá, para essa casa, porque ele acreditou que o lugar me faria bem, ajudar-me-ia a parar de ter pesadelos e visões. Seria uma grande decepção para ele, uma tremenda frustração se ele soubesse que seu esforço foi em vão.

– Eu compreendo...

Abel teve a impressão de que os lindos olhos negros de Heloise tornaram-se ainda mais confusos e amedrontados. Seu estado desolador deixou o pescador também desolado.

– Mas a senhora precisa fazer alguma coisa diante dessa situação – sugeriu ele, em seguida.

– O que posso fazer eu diante de uma situação dessas, Abel? O quê?

Ele percebeu que a rispidez de sua voz vinha de um ponto obscuro de suas entranhas.

– É preciso refletir – aconselhou o pescador.

Os olhos dela voltaram a encontrar os dele antes de ela dizer:

– Eu, sinceramente, não me preocupo com o que pode me acontecer, sabe, preocupo-me mesmo com o que pode acontecer ao meu marido. Se ele fizer o que o vejo fazendo contra mim nos pesadelos e visões, sua vida será destruída. E isso eu não quero de jeito algum. Álvaro não merece.

– Eu compreendo... Gostaria muito de poder ajudá-la.

Os olhos de Heloise marejaram. A amargura que havia neles agora partiu o coração de Abel, despertando nele uma vontade enorme de consolar aquela mulher tão jovem em seus braços, como se o abraço pudesse libertá-la daquilo que lhe roubava a paz de espírito.

Naquele dia, quando Álvaro voltou para casa e reencontrou Heloise, ele lhe pediu perdão:

– Quero me desculpar pelo modo como falei com você naquele dia.

Os olhos dela, inundados de tristeza, voltaram-se para Álvaro e ele acrescentou:

– Exaltei-me. Creio mesmo que tive uma crise de ciúmes. É quase impossível amar sem sentir ciúmes de quem se ama, não é mesmo?

Ele foi até ela e a envolveu em seus braços. Heloise, por mais que tentasse, não conseguiu evitar o arrepio que sentiu ao ser abraçado pelo marido.

– Você estremeceu novamente...

Heloise não soube o que responder.

O rosto do marido cobriu-se de amargura. A mesma amargura que contagiou sua voz, quando ele comentou a seguir:

– Não há uma vez que eu a abrace que você não estremeça, o que há?

– N-nada.

– Como nada?

Fez se quase um minuto de silêncio até que Álvaro dissesse:

– Quer dizer então que malditos pesadelos continuam.

Heloise manteve-se quieta. Ele acrescentou, elevando a voz:

– Esqueça esses pesadelos Heloise, lute contra eles.

– Eu não consigo – defendeu-se ela, em tom de lamento.

– Tente.

– Eu já tentei.

– Tente mais uma vez. Com mais ímpeto.

– Eu não consigo. É mais forte do que eu.

Álvaro balançou a cabeça, demonstrando desagrado. Então, passou à frente a única conclusão a que chegou em pensamento.

– Não nos resta outra solução, Heloise, senão procurar um médico apropriado para o seu caso.

Ela olhou horrorizada para ele.

– Eu não sou louca! – protestou, assombrada.

– Não estou dizendo que seja.

– Está sim!

– Calma, eu só estou querendo ajudá-la.

Álvaro estava assombrado com a reação da esposa. Heloisa esfregava agora suas têmporas com as pontas dos dedos num movimento rotativo e desesperador.

Levou um minuto até que Álvaro dissesse com determinação:

– Você precisa de ajuda psíquica, Heloise. É a única solução que vejo para o seu caso.

– Já ouvi falar dessa espécie de médico, do que eles são capazes de fazer nessas clínicas para loucos. Eles vão querer me internar...

– Eu não permitirei.

Um grito histérico atravessou a garganta de Heloise no mesmo instante em que ela se afastava do marido.

– Afaste-se de mim! – bramiu.

– Heloise.

– Afaste-se de mim! – tornou ela a gritar. – É assim, é assim que você vai me matar!

– Matar? Onde já se viu?! Eu só quero ajudá-la, meu amor. Só ajudar!

Ela se pôs a correr.

– Heloise, espere!

Ele saiu correndo atrás dela.

– Heloise, pelo amor de Deus, pare.

Ela atravessou a porta da frente da casa e correu pelo gramado na direção do pico do desfiladeiro. Corria cada vez mais rápido, impondo toda força que dispunha em suas pernas.

– Heloise, pare, pelo amor de Deus, pare! – gritava Álvaro, com toda força que podia impor à voz.

Heloise só parou quando se viu a apenas um palmo da borda do pico do desfiladeiro. Um passo em falso e ela cairia desfiladeiro abaixo, direto no mar.

Álvaro abraçou a esposa por trás e, com cuidado, foi puxando-a para longe dali.

– Calma, meu amor, está tudo bem.

Ela voltou-se para ele e rompeu-se em lágrimas. Ele a confortou em seu peito.

– Teria sido melhor – declarou ela, em meio ao pranto.

– Não diga uma coisa dessas, Heloise, e quanto a nós, e quanto à vida com que tanto sonhamos?

– Ela nunca vai acontecer, Álvaro. Tudo não passou de um sonho, um sonho delirante.

– Não, Heloise, nós ainda podemos viver tudo o que sonhamos ao lado dos nossos filhos e netos.

As palavras filhos e netos fizeram Heloise estremecer ligeiramente e se agarrar ao marido ainda com mais força.

Ele tornou a acariciar seus cabelos, enquanto dizia em tom consolador:

– Vamos voltar para casa. Precisamos fazer uma viagem, sair um pouco desse lugar, respirar outros ares, ver lugares diferentes... Nada melhor que uma viagem para reanimar nossos ânimos.

Heloise dormiu aquela noite envolta nos braços do marido. Foi um sono tranquilo, como havia tempos não tinha. Antes fosse para sempre. Infelizmente, na madrugada do terceiro dia decorrente, um novo pesadelo voltou a atrapalhar seu sono. Nele, Heloise via Álvaro arrastando-a pelo braço, contra a sua vontade e pronunciando palavras num tom ácido, palavras ditas numa língua que não era a sua, pois ela não as podia compreender. Em seguida, ele a trancava numa espécie de sótão, deixando-a entregue ao desespero e ao pranto. Em seguida, ela se via morta aos pés de Álvaro e de uma criança, um menino de aproximadamente nove anos de idade. Era uma cena dantesca e extremamente dolorosa.

No pesadelo, ela via também um senhor, por volta dos sessenta anos de idade, olhando seriamente para eles. Era um homem de expressão grave e demoníaca no rosto.

Mais tarde, ao refletir sobre o pesadelo, Heloise chegou à conclusão de que o homem de olhar severo deveria ser, sem sombra de dúvida, o psiquiatra que o marido acabaria chamando para cuidar dela, o qual acabaria convencendo Álvaro a interná-la numa clínica para loucos, quisesse ela ou não. Em tal clínica, ela acabaria morta, como via no pesadelo.

O pesadelo em questão não mais conseguiu abandonar a mente de Heloise, roubando os últimos resquícios de paz que havia em seu interior.

Quanto a Álvaro, ele não mais conseguiu abandonar a ideia de levar a esposa até um médico que cuidasse de problemas mentais. A seu ver, era a única solução para ajudar Heloise a se ver livre de uma vez por todas daquele tormento mental. Seria mesmo?

Aymeric revê a irmã

A pedido da irmã, Aymeric foi visitá-la. Era a primeira vez que o rapaz punha os pés na nova casa de Heloise e Álvaro.

– Não vim antes, pois estava muito ocupado, mana – explicou ele. – O trabalho tem me consumido muito.

O irmão beijou a irmã na face e fez uma observação:

– Você continua pálida.

Ela desviou os olhos do dele.

– O que há? – perguntou ele a seguir, prestando melhor atenção à irmã. – Você me parece apreensiva e ansiosa. Aconteceu alguma coisa?

Heloise deixou de encarar o irmão, inspirou fundo e expirou lentamente enquanto se punha a caminhar pela sala.

– Não me diga que você ainda está sendo atormentada por aquelas visões e pesadelos? – perguntou Aymeric em seguida.

Heloise parou de andar, voltou-se para o irmão e seus olhos responderam por ela.

– Quer dizer, então, que você continua sendo perturbada por aqueles pesadelos e visões?

Os olhos dela quedaram, tristemente. Procurando dentro de si coragem para pôr o medo e a vergonha de lado para revelar para o irmão o que acreditava ser necessário. Heloise disse:

– Não quero ficar só nessa casa.

– Mas, Heloise, você está cercada de criadagem.

– Ainda assim, tenho medo, muito medo.

– Medo de quê? De quem?

– De Álvaro.

– Álvaro?! Como pode temer um homem que a ama tanto e a trata com tanto carinho?

Ela não respondeu à pergunta, apenas disse:

– Estou com um pressentimento, Aymeric. Um pressentimento horrível de que Álvaro vai acabar me matando.

Heloise pensou em contar ao irmão a respeito do pesadelo com Álvaro, que a perseguia havia meses. Quis contar também sobre o episódio com Abel na gruta, o que lhe deu certeza de que pesadelos e visões eram premonições, mas preferiu não falar nada. Aquilo só serviria para deixar o irmão pensando que ela estava realmente enfraquecida das ideias.

– Minha irmã, isso não tem cabimento.

– Será tarde demais quando você acreditar em mim. Tarde demais.

– Oh, minha irmã, algo está errado com você. Seria melhor procurar um médico, um médico para...

Ela afastou-se dele abruptamente e disse, elevando a voz:

– Você também está me tomando por louca, não?

– Não!

– Está sim, meu próprio irmão.

– É que você me parece cada vez mais fora do normal.

– Pensei que pudesse contar com você, Aymeric.

– E pode. É minha irmã querida.

– Não, não posso.

– É claro que pode.

– Não, não posso, pois você também acha que estou enlouquecendo.

– Eu não disse isso.

– Não foi preciso.

A resposta da irmã doeu em Aymeric como se tivesse levado um soco no estômago. O rosto de Heloise turvou-se a seguir e sua laringe ardeu como se tivesse sido golpeada. Quando finalmente ela recuperou a voz, ela soou embotada e vazia:

– Você sempre foi o meu irmão querido. A pessoa em que mais confiava na vida até conhecer Álvaro, agora eu já não confio mais em você, nem em você, nem em mais ninguém.

– E quanto a Álvaro?

– Nem em Álvaro eu confio mais. Ele também acha que eu devo ser examinada por um médico especialista em problemas mentais. Se isso acontecer, esse médico vai querer me internar numa clínica para loucos.

– Não vai. Álvaro não permitirá.

– Permitirá sim. O médico vai acabar convencendo-o de que essa é a única solução para o meu caso. Se isso acontecer, Aymeric, eu morrerei. Morrerei em questão de semanas. Não só pelo tratamento que essa gente aplica aos pacientes com problemas mentais, mas também de decepção e revolta.

Aymeric não soube mais o que dizer. Quedou pensativo.

Assim que Aymeric se viu a sós com o cunhado, ele falou a respeito do estranho comportamento de Heloise.

– Heloise confidenciou-me que está com medo de que você a interne numa clínica para loucos.

– Eu pensei em chamar um médico especialista em problemas mentais para examinar sua irmã, Aymeric, para que ele dê fim a esses pesadelos e visões que a apavoram e perturbam tanto. Não penso em interná-la.

"Heloise ficou revoltada comigo. Indignada seria a palavra mais certa para descrever seus sentimentos em relação a minha sugestão. Mas eu só sugeri o que sugeri porque quero ajudá-la, entende? Ajudá-la a melhorar, fazê-la voltar a ser quem era antes de nos casarmos."

– Ela também se exaltou comigo quando lhe sugeri o mesmo. Admito que não é fácil se pensar que alguém pensa que você está louco.

– Pode fazer ideia do quanto estou sofrendo por isso.

– Faço sim, meu cunhado. Não é fácil.

Houve uma pausa até que Aymeric dissesse:

– Ela está apavorada – disse-me que, se ela for internada numa clínica para doentes mentais, ela não sairá viva de lá.

– Eu sei. Ela me disse o mesmo. No entanto, algo deve ser feito, pois, semanas atrás, ela, por pouco, não se jogou do penhasco.

Aymeric estava surpreso e chocado ao mesmo tempo com a revelação.

– Agora me diga, Aymeric, o que devo fazer diante dessa situação?

Aymeric mordeu os lábios, reflexivo. Procurou por uma resposta para dar ao cunhado, mas, para seu desgosto, não encontrou nenhuma.

Aymeric e Heloise estavam novamente a sós quando o irmão disse para a irmã:

– Estava pensando, Heloise.

– No que, Aymeric?

– Muitas mulheres se desencantam com o marido após o casamento. Amavam-no antes de se casarem, mas, depois que se casam, descobrem, por meio do convívio diário, que não o amavam tanto assim, que ele não corresponde a nada do que elas sonhavam para si. Pode ser seu caso. Os pesadelos que atormentam tanto você são uma forma de expressar, pôr para fora o seu desencanto em relação a Álvaro. Será que você não se precipitou, casando-se com ele?

– Eu amo Álvaro, Aymeric.

– Tem certeza.

– Absoluta.

– E ele a ama, disso você pode estar certa.

– Eu sei.

O irmão ponderou antes de sugerir:

– Não se ofenda novamente com o que vou lhe dizer, mas reconsidere quanto a sua recusa em procurar um médico que possa realmente ajudá-la, um especialista em problemas como o seu.

A irmã não respondeu, apenas desviou os olhos, enquanto seu semblante se esvaía em pesar.

No dia seguinte, Aymeric partiu.

Dois dias depois, Heloise estava sentada na sala de estar bordando, como de hábito, quando o relincho dos cavalos que puxavam a carruagem do marido chegaram aos seus ouvidos. Aquilo era sinal de que Álvaro havia chegado a casa e, naquele dia, para sua surpresa, mais cedo que o habitual. Não demorou muito para que ela ouvisse a porta da frente da casa se abrir e passos ecoarem pelo hall. Uma onda de calor ecoou por dentro de Heloise, junto dela uma sensação de inquietude, de um perigo iminente.

Ela estava alerta, com o coração pulsando forte no peito, quando o marido apareceu na soleira da porta que dava acesso ao cômodo onde ela se encontrava,

Álvaro carregava o chapéu e o sobretudo na mão, algo fora do normal, pois sempre deixava ambos pendurados atrás da porta, antes de adentrar a casa.

– Heloise – disse ele, num tom ponderado.

Ela ia responder "sim", mas reprimiu a palavra quando um homem grandalhão, com uma longa barba branca, apareceu atrás de Álvaro.

– Heloise, esse é o doutor Furmanovitch – apresentou Álvaro, com certa insegurança na voz.

– Como está passando, minha senhora – cumprimentou o médico, com um forte sotaque alemão.

– Doutor – murmurou ela, olhos arregalados.

– Sim, doutor – respondeu o homem, procurando fazer-se de simpático. – Como vai?

Heloise não respondeu. Apenas voltou os olhos para o marido, olhando fundo para ele dessa vez. Álvaro sentiu um nó na garganta, quando seus olhos se encontraram com os da esposa.

Ele, então, foi até ela, ajoelhou-se num joelho só, junto ao sofá em que ela se encontrava sentada e disse baixinho, numa altura de voz que só ela pudesse ouvir:

– Não tenha medo, meu amor, ele é um médico bastante conceituado e respeitado. Converse com ele, exponha seus temores, ele pode ajudá-la.

Dos olhos dela escorriam lágrimas agora.

– O que é isso, Heloise, não precisa chorar.

– Eu lhe pedi tanto para não...

– Meu bem, acredite em mim, este senhor nada pode fazer de mal contra você, eu estou aqui ao seu lado.

A garganta dela secou. O nó na garganta dele se apertou.

Ela voltou os olhos para o médico e sentiu um arrepio na espinha.

O profissional mantinha-se sério, olhando para ela.

"Aqueles olhos", murmurou Heloise para si mesma, "Aqueles olhos, eu já os vi em algum lugar... Onde?"

Por fim, Heloise permitiu que o médico conversasse com ela. Os dois permaneceram na sala por quase duas horas. Álvaro aguardou do lado de fora da casa, caminhando por entre a plantação de narcisos, na esperança de que a caminhada apaziguasse seus nervos.

"Eu fiz a coisa certa", dizia para si, a cada cinco minutos, "sei que estou fazendo a coisa certa".

Quando Álvaro se viu a sós novamente com o médico, perguntou:

– E então, doutor, o que achou dela?

– Quer a minha opinião sincera, não quer? – disse o médico, com seu forte sotaque alemão.

– Por favor.

– Seria melhor interná-la, meu senhor, para que eu pudesse estudá-la melhor e para que ela pudesse ser melhor assessorada.

– Não! – exaltou-se Álvaro. – Isso não! Não quero vê-la longe de mim...

– A internação será importantíssima para o tratamento a que ela precisa se submeter para se ver livre do que a atormenta tanto. Somente sob os meus cuidados na clínica, é que sua esposa terá muito mais condições de se livrar dessa moléstia mental.

– Não. Interná-la, não! Ainda mais numa clínica para... o senhor sabe.

– Uma clínica para doentes mentais.

– Isso mesmo. Minha esposa não é louca, por isso não pode ir para lá.

– É difícil encarar e aceitar o fato de que uma pessoa que se ama não está bem mentalmente, mas é preciso aceitar, se quiser realmente ajudar a quem tanto ama.

– Ela não é louca... – reagiu Álvaro, parecendo não ter ouvido uma palavra sequer dita pelo médico.

O homem pegou firme no braço de Álvaro e disse, seriamente:

– O senhor tem razão, sua esposa não é louca, mas pode ficar se não for tratada a tempo.

Álvaro encarou o homem, tomado de horror.

– E-eu – gaguejou – eu preciso pensar.

– Eu compreendo sua angústia, mas lembre-se de que essa é a única solução para o caso de sua esposa.

Álvaro franziu a testa, analisando a sugestão. Por fim, perguntou:

– Que espécie de tratamento se faz na clínica do senhor?

O homem tornou a encará-lo com severidade antes de responder:

– Todo tipo de tratamento, meu senhor, que for necessário para devolver a sanidade aos pacientes, dar um ponto final a sua loucura.

– Eu já ouvi falar coisas horríveis a respeito dessas clínicas para doentes mentais. Ouvi dizer que os métodos usados nelas são cruéis e desumanos.

– Boa parte do que ouviu é exagero. Ainda que haja alguns métodos que possam parecer ligeiramente torturantes, não se esqueça de que sua esposa ficará sob os meus cuidados, não permitirei por momento algum que algo de mal lhe aconteça, tampouco que ela receba um tratamento indevido, que agrida a sua pessoa.

As palavras do médico pareceram abrandar a pressão que Álvaro sentia naquele instante sobre o seu coração.

– Eu vou pensar – disse ele, verdadeiramente disposto a refletir sobre a sugestão do médico.

– Pense, rápido. Amanhã, pode ser tarde demais para reverter o quadro clínico de sua amada esposa.

Álvaro voltou a sentir a pressão aumentar sobre o seu coração.

Os dois homens não perceberam que Heloise estava parada junto à porta que dava acesso ao aposento, escutando tudo o que fora dito entre os dois. Havia uma expressão de pavor deformando, agora, seu belo rosto.

Enquanto Álvaro acompanhava o médico até a carruagem, Heloise voltou para o seu quarto, trancafiou-se dentro dele e rompeu-se em lágrimas.

Por mais que Álvaro parecesse incerto quanto a interná-la, ela sabia que ele acabaria cedendo à opinião do médico. O hospital para doentes mentais seria o fim para ela, uma grande decepção, uma grande humilhação.

Se ao menos o médico tivesse lhe transmitido confiança, ela poderia sentir-se segura por lá, mas, ao contrário, ele transmitiu-lhe total insegurança.

E, novamente, ela viu o rosto do médico alemão estampar-se na sua memória, com seus olhos pequenos, vivos e atentos, olhos que ela já havia visto em algum lugar, só não se lembrava onde.

Heloise sentiu a curiosidade nascer dentro dela, curiosidade de saber onde e quando ela já havia visto aquele homem de aparência assustadora.

Álvaro tentou conversar com a esposa naquele dia, mas ela mal respondeu a suas perguntas. Não provou nada no jantar, tomou apenas o chá tranquilizante de hábito e foi se deitar mais cedo. Ele tentou abraçá-la, fazer-lhe um carinho, mas bastava tocá-la para que ela se arrepiasse e se encolhesse toda, como se sentisse repugnância do seu toque e, até mesmo, da sua presença.

Dois dias depois da visita do médico, Carola foi até o patrão e comentou:

– Meu senhor, a senhora mais uma vez não provou nada da comida.

Álvaro, pálido, voltou seus olhos entristecidos para a mulher sem dizer uma só palavra. A criada acrescentou:

– Meu senhor, a patroa não fala mais com ninguém. Não sai do quarto para nada, passa o dia inteiro deitada em sua cama. Para mim, ela está doente, meu senhor, gravemente doente física e mentalmente.

O homem mordeu os lábios, desolado. Alguns segundos depois, desabafou:

– Eu vou fazer o que já deveria ter feito há muito tempo. Pôr essa casa à venda e procurar uma outra para morarmos.

A criada tomou coragem para dar sua opinião:

– Meu senhor, não creio que uma mudança de casa possa fazer com que a patroa melhore, o problema que aflige madame Heloise não está na casa onde ela mora e sim dentro dela. Isso significa que, para onde quer que o senhor se mude com ela, o problema de dona Heloise continuará existindo, pois ela o levará consigo dentro dela.

– Eu sei, infelizmente, eu sei. O que me resta a fazer, então, senão aceitar a sugestão do médico de internar Heloise numa clínica para doentes mentais?

A mulher não soube mais o que opinar. Disse apenas:

– Se precisar de mim, meu senhor, é só me chamar. Com licença.

Álvaro ficou imerso em seus pensamentos por alguns minutos, até que foi sacudido por uma ideia.

– Enzo! – exclamou.

Saiu imediatamente da casa, tomou a carruagem e partiu atrás do amigo e confidente.

Quando regressou a casa naquele fim de dia, Álvaro trazia o amigo querido consigo.

– Carola – disse ele, assim que entrou na casa.

– Sim, senhor.

– Onde está sua patroa?

– No quarto, como sempre, meu senhor.

– Vá até lá e diga-lhe que o senhor Fávero está aqui e quer vê-la.

– Sim, senhor.

A mulher partiu.

– Acha mesmo que a minha vinda vai alegrá-la? – perguntou Enzo, olhando ressabiado para Álvaro.

– Vai. Heloise sempre gostou muito de você, Enzo.

– Acha mesmo, Álvaro?

– Sim.

Três minutos depois, a criada informava que a patroa não se sentia disposta para descer.

– Não?

– Eu sinto muito, meu senhor.

Álvaro ficou desolado. Profunda ruga barrava a testa de Enzo, quando ele perguntou para o amigo:

– Desde quando Heloise está assim, Álvaro?

– Desde que o médico esteve aqui.

Enzo refletiu por instantes antes de perguntar:

– E ela já sabe que ele pretende interná-la numa clínica para ajudá-la diante de seu problema?

– Sim. Conversamos a respeito. Ela não quer ir, eu também não quero que ela vá, mas que escolha tenho eu, Enzo, senão consentir que ela seja internada?

– Deve estar sendo muito difícil para você tudo isso, não?

– Se está, jamais pensei que viveria uma coisa tão desagradável quanto essa pela qual estou passando agora.

– Calma, meu amigo.

– Às vezes, tenho vontade de sair por aí correndo, gritando.

– É compreensível que se sinta assim.

Um lampejo de seriedade surgiu no olhar e na voz de Álvaro, a seguir.

– Heloise precisa ser tratada, Enzo.

– Eu sei, mas esse tratamento pode também deixá-la pior do que já está.

– É um risco que temos de correr.

– Eu gostaria tanto de poder ajudá-los. Pensei que a mudança para essa casa seria o suficiente para fazê-la sentir-se melhor, deixar de ser atormentada por aqueles infortúnios, mas...

– Valeu sua intenção.

Álvaro suspirou pesadamente antes de acrescentar:

– Ainda nessa segunda-feira levarei Heloise, sem falta, para a clínica.

– E se ela se recusar?

– Serei obrigado a levá-la à força.

– Tem certeza de que deve agir assim?

– Que escolha tenho eu, meu caro? Que escolha tenho eu?

Naquela noite, após o jantar, com a permissão de Álvaro, Enzo foi até o quarto visitar Heloise.

– Heloise – chamou ele, baixinho, assim que se aproximou do leito.

Ela não respondeu, tampouco deu sinais de tê-lo ouvido. Permaneceu inerte na cama.

– Sou eu, Heloise, Enzo, quem está aqui, vim visitá-la. Quero saber se está precisando de alguma coisa?

Só então ela voltou os olhos para ele e Enzo pôde ver, mesmo sob a luz fraca das velas, a tristeza infinda que havia dentro deles. O moço estremeceu.

– Ele vai me matar, Enzo – desabafou Heloise, num lamento.

– Não diga isso, Heloise, Álvaro só quer ajudá-la.

– Você não compreende, eu sei que ele vai me matar, eu pressinto por meio dos sonhos.

– Álvaro ama você, Heloise, a ama muito, ele jamais lhe faria mal...

Ela cortou-lhe a frase ao meio:

– Seus olhos...

As palavras dela assustaram o moço.

– Meus olhos? O que têm eles, Heloise?

– Eu já vi seus olhos...

– Sim, Heloise, você já os viu...

– Antes, bem antes de vê-los pela primeira vez.

– Antes...

– Nunca lhe disse isso, não é mesmo? Não sei o porquê... mas deveria ter lhe dito que já os havia visto em algum lugar, só não sei precisar exatamente onde.

O silêncio pairou entre os dois. Um silêncio grave e desconcertante. Enzo curvou-se sobre a moça acamada e disse:

– Se houver alguma coisa que eu possa fazer por você Heloise, diga-me.

– Não há. Ninguém pode fazer nada por mim.

– Não diga isso, não é verdade.

Ela voltou os olhos para a janela. Ele olhou para lá também. Heloise disse a seguir:

– É incrível, não é? Como fazemos planos e, de repente, de uma hora para outra, nossos planos são alterados pelo destino.

– Não existe destino, Heloise.

– O que, afinal, existe nisso tudo chamado vida, Enzo?

– O amor, Heloise, o amor que une as pessoas. O amor de um homem por uma mulher, de uma mulher por um homem...

O moço sentiu uma fisgada no peito assim que pronunciou a última palavra. Sentiu também uma vontade louca de chorar e, em meio ao pranto, declarar todo o amor que sentia por ela desde a primeira vez em que a viu ao lado do amigo, Álvaro De Lucca.

Sim, Enzo Fávero amava Heloise, amava de paixão. Um amor proibido, impossível de acontecer. Ela era de Álvaro, fora sempre dele e haveria de ser para o resto da vida, se algo não alterasse os planos do casal.

Havia agora uma pressão sobre o pescoço, como se duas mãos invisíveis estivessem ali, pressionando-o a forçá-lo a se declarar para Heloise, porque, se não se declarasse naquele instante, algo lhe dizia, intimamente, que ele não haveria de ter outra chance.

Enzo respirou fundo, afrouxou o colarinho, procurou se controlar e disse:

– Torno a repetir minhas palavras, Heloise. Se houver algo que eu possa fazer por você, não hesite em me pedir.

A cabeça dela pendeu para o lado e seus olhos repousaram no nada.

Enzo deixou o quarto, sentindo-se tão triste quanto a mulher que se encontrava dentro dele. Parou por alguns segundos e, no corredor, deixou-se chorar baixinho para que ninguém ouvisse o seu lamento. A estranha sensação de que ele nunca mais veria Heloise voltou a lhe apunhalar a alma. Talvez ele devesse falar a respeito com Álvaro. Não, era melhor não, aquilo só serviria para deixá-lo ainda mais devastado de preocupação.

Enzo partiu da casa aquela noite, levando consigo uma sensação esquisita de perigo e perda iminente em relação à mulher que tanto amava.

Tarde do dia seguinte...

Carola, respirando ofegante, entrou na sala onde se encontrava seu patrão, sem pedir licença. Álvaro estava ali, só, procurando se entreter com a leitura de um livro. Ao ver a mulher esbaforida, levantou-se imediatamente e perguntou:

– O que houve, Carola?! Você está branca. Aconteceu alguma coisa?

Os músculos do canto da boca da mulher tremiam terrivelmente.

– Meu senhor – disse ela, com grande esforço.

Álvaro foi até a criada, segurou firme seus braços e disse, elevando a voz:

– Diga-me, mulher, o que houve?

Ainda que tomada de desespero, Carola conseguiu pôr para fora o que se prendia em sua garganta.

– A senhora, meu senhor, sua esposa. Ela não está nada bem, meu senhor, parece possuída...

Nesse exato momento, algo chamou a atenção da criada, algo que se passava do lado de fora da casa e podia ser visto por meio da imensa janela de vidro que havia no aposento. Era Heloise. Ela seguia pelo gramado que cercava a casa, seu modo de andar lembrava o de uma pessoa embriagada. Ela trajava um vestido de veludo longo e bonito em tom de verde musgo, contrastando belamente com seus cabelos negros e fartos, com algumas mechas a ondular com o vento.

Seu espanto chamou a atenção de Álvaro, fazendo com que ele voltasse os olhos para o local.

– É Heloise – apavorou-se.

– Sim, meu senhor, é ela – confirmou a mulher, aflita. – E ela está seguindo na direção do desfiladeiro.

– O desfiladeiro – balbuciou Álvaro. Nesse instante, ele se lembrou do dia em que a esposa correu para lá e por pouco não se jogou no mar. – Oh, meu Deus – arrepiou-se Álvaro – ela vai se jogar de lá.

A mulher deu um grito. Sem mais delongas, Álvaro soltou os braços da criada e correu desesperado para fora da casa. Carola correu atrás dele.

– Oh, meu Deus, ela vai se matar! – trovejou o moço, enquanto impunha às pernas toda força de que dispunha.

Heloise continuava seguindo na direção da ponta do desfiladeiro, agora, porém, correndo. Infelizmente, por mais que Álvaro corresse, a distância entre ele e a esposa permanecia grande.

Ele queria gritar com toda força o nome da esposa para, quem sabe, despertá-la daquele transe horrível, mas a voz lhe faltava.

Carola corria atrás do patrão, parando vez ou outra para tomar fôlego.

Heloise continuava correndo de costas para os dois, parecendo agora mais segura por sobre suas pernas. Seu vestido longo esvoaçava com o vento, um vento repentino, frio e arrepiante.

– Não vai dar tempo... Não vai dar tempo – lamentava Álvaro, em meio a sua respiração oscilante.

E, de fato, não deu tempo mesmo para que aquele homem, ligado àquela jovem mulher pela misteriosa mão do destino, impedisse-a de tirar a própria vida. Sem hesitação, assim que os pés de Heloise tocaram a ponta do desfiladeiro, ela se jogou no mar. Foi uma queda de cerca de cinquenta metros de altura.

Um grito rouco atravessou a garganta de Álvaro.

– Não!

Ele pensou em pular atrás dela, mas de que adiantaria, não poderia salvá-la, tampouco se salvar. Morreriam os dois afogados. Nem ele, nem ela sabiam nadar. Ainda assim o desespero o fez correr o risco.

Sem perder um segundo a mais em reflexões, Álvaro arrancou o paletó, depois a gravata, a seguir o colete e depois a camisa. Parou somente para arrancar os sapatos e as meias.

– Eu tenho de salvá-la – repetia incansavelmente para si. – Eu tenho de salvá-la.

Estava prestes a pular, quando Vanville, o cocheiro, segurou-o pelo braço com toda força.

– Não, meu senhor – disse o empregado, num tom autoritário.

– Solte-me, solte-me – protestou Álvaro, tentando se libertar das mãos firmes que o seguravam.

– É tarde demais – acrescentou o criado.

– Não! Não é! Eu tenho de salvá-la!

Nesse momento, Carola chegou até os dois homens e, ainda que esbaforida, implorou ao patrão que se acalmasse.

– Calma, meu senhor, muito calma.

Álvaro debulhava-se em lágrimas. Caiu de joelhos no chão e escondeu seu rosto entre as mãos, tomado de desespero.

– Por que, meu Deus, por que ela foi fazer uma coisa dessas? – perguntava, em meio ao pranto.

O cocheiro estava atento ao patrão, qualquer movimento suspeito ele o agarraria, não permitiria que ele se jogasse do desfiladeiro em busca da esposa. Um salto dali seria o mesmo que um salto para a morte. A pessoa seria tragada pelas ondas ou esmagada contra as pedras por elas.

Enquanto Carola procurava consolar o patrão, o cocheiro olhou para o mar em busca de algum sinal da patroa. Não viu nada além das fortes ondas estourando contra as rochas deitadas ao pé do desfiladeiro.

– Meu senhor – disse Vanville –, vamos até a praia, o corpo de dona Heloise será levado pela correnteza. Lá teremos mais chances de ajudá-la, caso ela inda esteja viva.

– Você tem razão – concordou Álvaro, lacrimoso. – É só o que nos resta.

O criado ajudou o patrão a se levantar e seguiu com ele para a praia que ia dar na extremidade leste do desfiladeiro. Carola seguia os dois homens, calada, apertando os lábios e as mãos num tique nervoso.

– Por que, por que Heloise foi fazer uma coisas dessas?

Era a pergunta que não queria calar dentro do coração de Álvaro De Lucca.

– Não perca as esperanças, meu senhor – dizia Carola, na tentativa de confortar aquele homem tão jovem e desesperado.

Cinco minutos depois, os três chegavam à praia.

Os olhos de Álvaro estavam tão embaçados pelo desespero que levou alguns segundos para que ele pudesse enxergar o mar com nitidez. Para onde quer que olhasse, não via sinal algum de Heloise.

– Ela se foi... – lastimou, em meio a lágrimas.

Vanville tirou os sapatos e entrou no mar para poder ver melhor à distância.

– Faça alguma coisa, pelo amor de Deus! – suplicou Álvaro.

Era o pedido de um marido desesperado, lutando para salvar a pessoa que mais amava na vida.

– Não há o que fazer, meu senhor. O mar está revolto, entrar nele seria morte certa.

– Isso não pode estar acontecendo, por Deus, não pode! – explodiu Álvaro, rompendo-se mais uma vez num pranto agonizante.

– Calma, meu senhor... – suplicou Carola, amargurada.

A pobre mulher jamais havia visto tanta tristeza nos olhos de alguém como via agora nos olhos do patrão.

Vanville saiu de dentro d'água e foi até eles.

– Meu senhor, eu sinto muito. Por enquanto, não há sinal algum de sua esposa.

– Não adianta... Heloise está morta.

Os dois empregados se olharam, tomados de pena.

– Volte para a casa, meu senhor, sirva-se de um pouco de chá para acalmar-lhe os nervos – sugeriu Carola.

– Carola tem razão, meu senhor – ajudou o cocheiro. – Fará muito bem para o senhor servir-se de uma boa xícara de chá.

– Venha, meu senhor – pediu a criada, pegando com delicadeza no braço do patrão.

Álvaro não se moveu, apenas disse:

– Tudo o que eu sonhei viver... Todos os sonhos que eu tanto planejei viver ao lado de Heloise morreram com ela hoje no mar. Maldito o dia em que eu decidi me mudar para essa casa.

– Venha, meu senhor, por favor – insistiu Carola, com voz materna.

Álvaro voltou seus olhos lacrimejantes para ela e assentiu. Nem bem se moveram, Vanville disse:

– Ficarei aqui, meu senhor. O corpo de dona Heloise pode ser trazido para cá pela correnteza a qualquer momento e será melhor que alguém esteja aqui para tirá-lo de dentro do mar, quando isso acontecer.

Álvaro concordou com um aceno de cabeça.

– Carola – acrescentou Vanville –, peça a Lucrécio que venha até aqui juntar-se a mim e que traga consigo uma corda bem longa. Podemos precisar de uma para entrar no mar. Peça também para alguém ir chamar um médico. Se dona Heloise ainda estiver viva, ela pode precisar de um.

Sem mais delongas, Carola partiu na companhia do patrão.

– O senhor precisa ser forte, meu senhor – disse a mulher, minutos depois. – Só nos resta procurar forças dentro de nós para superar uma tragédia como essa.

– Eu sei – respondeu Álvaro com a voz partida.

Assim que ambos entraram na casa, Álvaro dirigiu-se para a sala de estar e deixou seu corpo cair no sofá que havia por lá. Carola correu para a cozinha e, enquanto explicava o que havia acontecido para os demais empregados da casa, preparou o chá.

– Tome, meu senhor – disse ela, ao se ver novamente em frente ao patrão, trazendo consigo agora uma bandeja de prata e, sobre ela, uma xícara bonita de porcelana, cheia de chá.

Álvaro pegou a xícara com líquido fumegante com suas mãos trêmulas e umideceu a boca.

– Beba mais, meu senhor, vai lhe fazer muito bem.

Ele tentou, mas não conseguiu. Repôs a xícara sobre a bandeja e voltou a chorar.

A camareira que acompanhara Carola chorou com ele. Carola também se derramou em lágrimas. A tristeza pairava, agora, no ambiente, de forma cruel.

As horas foram passando e nem um sinal de Heloise no mar. Todos tinham de encarar a verdade, por mais dolorosa que ela fosse: Heloise Cézanne De Lucca estava morta, morrera afogada ou prensada contra as rochas aos pés do desfiladeiro.

Nesse ínterim, o médico chegou à casa acompanhado do delegado da cidade. Examinou Álvaro, enquanto o delegado foi posto a par da tragédia. Álvaro estava num profundo estado de choque. O médico tentou fazê-lo falar, perguntando:

– Senhor De Lucca, estou aqui para ajudá-lo...

No entanto, Álvaro permaneceu mudo, olhos vidrados, petrificado. O máximo que fez foi mergulhar seus olhos nos olhos do médico, deixando que eles falassem por si.

Após examinar o local de onde Heloise De Lucca havia se jogado no mar e colher dados dos empregados que testemunharam o acontecido, o delegado foi ter uma palavra com o marido da suicida. Assim que se sentou em frente a Álvaro, abriu um sorriso e disse, com voz de contente:

– Senhor De Lucca, é um prazer estar aqui na sua casa, nessa belíssima casa, por sinal, como tem passado?

A pergunta despertou Álvaro daquele estado letárgico. Ele voltou-se para o homem com seus olhos vermelhos e lacrimejantes e disse num tom voraz:

– Minha esposa acaba de ser engolida pelo mar e o senhor me pergunta como estou passando?

– Estava apenas querendo ser gentil com o senhor, desculpe-me.

– O senhor é que deve me desculpar. Minhas palavras foram um tanto quanto indelicadas.

A dor retomou o lugar na face de Álvaro, retorcendo totalmente seu rosto.

– O que houve, exatamente, aqui, senhor De Lucca? – foi a pergunta seguinte do delegado.

– Uma tragédia – respondeu Álvaro. – Uma grande tragédia.

A seguir, ele contou detalhadamente o que havia se passado naquela tarde fatídica.

Tanto o delegado quanto o médico ouviram tudo com grande atenção e interesse. Quando Álvaro pareceu não ter mais nada a dizer, o delegado perguntou em tom profissional:

– Se me permite perguntar, meu senhor, por que sua esposa fez uma coisa dessas?

– Porque ela estava possuída, meu senhor. Possuída por um pesadelo pavoroso há meses, um pesadelo que a estava levando à loucura. Estava não, levou-a de fato.

Os dois homens se entreolharam, discretamente.

Aquele dia triste e melancólico, marcado para sempre na memória de todos pela tragédia hedionda, terminou com Lucrécio na praia, aguardando que o corpo de Heloise fosse levado para lá pela correnteza do mar.

Vanville retornou à praia e pediu ao colega de trabalho que fosse para casa com ele. De nada adiantaria ele continuar ali, à noite. Tornava-se impossível enxergar alguma coisa no mar, ainda mais numa noite sem luar. Eles retomariam seus postos no dia seguinte, logo pela manhã. Assim, os dois criados deixaram o local.

Ao criado foi servida uma sopa quente, para assentar o estômago e os nervos.

Aquela noite transcorreu de forma penosa para Álvaro, como se ele estivesse atravessando um inferno.

Por volta das nove da manhã do dia seguinte, Enzo Fávero chegou à casa dos De Lucca.

– Diga a seu patrão que Enzo Fávero está aqui – disse o moço, assim que encontrou a camareira.

O rosto da moça se contraiu de forma abominável.

– O que houve? – perguntou Enzo, estranhando a reação da criada.

Ainda que a voz se prendesse em sua garganta, a moça conseguiu responder:

– Houve um acidente.

– Acidente?

– Sim. Com dona Heloise, ela caiu do desfiladeiro.

– Caiu?!

– Sim.

– Como?

– Converse com o patrão a respeito.

– E ela está bem?

A mulher levou a mão à boca para conter o choro.

– Diga, mulher, sua patroa está bem, onde ela está?

– Dona Heloise está morta.

– Morta?!

A palavra atravessou os lábios do moço em meio a um grito de horror. Sem perder mais tempo, Enzo atravessou a porta da casa e correu desesperadamente em busca de Álvaro.

– O patrão está no quarto dele, meu senhor – informou a criada, lacrimosa.

Enzo dirigiu-se para lá, subindo a escada, pisando de dois em dois degraus.

Bateu à porta e entrou antes de receber permissão.

– Álvaro?! – disse ele, assim que viu o amigo deitado na cama, retrato da própria infelicidade.

Nenhuma palavra conseguiu atravessar os lábios do dono da casa, a amargura não permitia, nem o pranto. Enzo ajoelhou-se rente à cama.

– O que houve? – perguntou, aflito.

Seus olhos, agora, estavam vermelhos de desespero e dor.

– O que houve, meu amigo? – tornou ele, trêmulo.

– Heloise, Enzo... Heloise está morta.

– Como isso pôde ter acontecido com ela?

– O desfiladeiro Enzo, o desfiladeiro...

– Como ela pôde ter caído de lá, Álvaro? C-como?

– Ela não caiu, Enzo, ela se jogou de lá.

– Jogou-se? Por quê?

Álvaro não conseguiu emitir uma resposta labial, no entanto, seus olhos responderam por ele.

– Alguém já entrou no mar para procurar por ela?

– De que adiantaria, Enzo?

– Como assim de que adiantaria? Ela pode estar lá, viva, boiando sobre as águas...

– O mar está revolto, Enzo. Se alguém entrar nele, corre o risco de ficar dentro dele para sempre. Além do mais, Heloise está morta...

– Como pode saber, Álvaro?

– Eu sei, eu sinto. Ninguém sobreviveria a uma queda daquelas. Tampouco sobreviveria dentro de um mar revolto como o de ontem. Ainda mais uma mulher frágil e delicada como Heloise, que não sabia nadar.

Enzo levantou-se, cravou as mãos nos cabelos e começou a andar pelo quarto.

– Isso não pode ser verdade – desabafou. – Heloise, morta, tão jovem...

Ele parou repentinamente, sacudido por um calafrio e, em seguida, rompeu num pranto agonizante.

– Meu Deus, que tragédia – desabafou, entre lágrimas.

O moço franziu os lábios diante da dor repentina e aguda que ecoou por seu interior naquele momento.

– E o corpo, algum sinal do corpo?

– Não! Pelo que sei, até agora não!

Enzo mergulhou mais uma vez a mão nos seus cabelos num gesto desesperado, enquanto voltava a andar pelo quarto de um lado para o outro. O silêncio caiu sobre os dois de forma torrencial. Aquilo parecia um pesadelo do qual se quer acordar e não se pode, um pesadelo como aquele que atormentava Heloise.

– Estou arrependido – confessou Enzo, minutos depois.

– Arrependido? – espantou-se Álvaro, prestando melhor atenção no amigo, agora.

– Sim. De ter sugerido a vocês que se mudassem para cá. Afinal, vocês só se mudaram para esse lugar porque eu sugeri e insisti muito. Antes não tivessem aceito minha sugestão.

– Você só quis ajudar, meu caro Enzo. E eu concordei com você porque também acreditei que a mudança para cá poderia ajudar Heloise a se livrar daqueles pesadelos que a atormentavam tanto.

– Hoje, no entanto, somos nós que estamos tendo esse pesadelo. A única diferença é que nosso pesadelo é real e veio para ficar.

Houve uma breve pausa, até que Álvaro dissesse:

– Aquela mulher estava certa.

– Mulher, que mulher?

– Aquela senhora que encontrei por acaso em Vila Del Plata, na calçada em frente à loja de secos e molhados onde eu e você havíamos ido fazer compras. Lembra?

– Sim, lembro. O que foi que ela lhe disse?

– Disse algo mais ou menos assim: "De nada vai adiantar a mudança de casa que o senhor pretende fazer nos próximos dias, cavalheiro... Ninguém desvia o destino. Ninguém..."

– Ninguém desvia o destino... – murmurou Enzo, pensativo.

– Sim, Enzo. Foi o que ela me disse: "Ninguém desvia o destino".

– Será mesmo?

Álvaro não soube responder.

Enzo Fávero parou em frente à janela do quarto de onde podia se ter uma bela vista do mar e conteve-se para não chorar novamente de tristeza e de raiva. Tristeza por ter pedido a mulher amada, raiva por jamais ter declarado seu amor a ela. Sua mãe estava certa quando lhe dizia: "não deixe para amanhã o que pode fazer hoje." Ele deveria tê-la ouvido. Agora, era tarde demais.

Assim que Álvaro se sentiu mais disposto para deixar a cama e o quarto, ele foi agradecer a Vanville pelo que ele havia feito por ele naquele momento tão trágico e delicada de sua vida.

– Sou muito grato pelo que fez por mim, meu caro, muito grato mesmo, pelo seu esforço em encontrar minha mulher no mar e por ter me impedido de saltar do penhasco em busca dela, o que só serviria para complicar as coisas. Teria morrido assim como ela.

– Fiz apenas a minha obrigação, meu senhor. A obrigação que todos nós temos diante do próximo.

Naquela mesma tarde, o delegado regressou à casa para interrogar o morador e seus empregados a respeito da tragédia.

– Há quem diga que sua esposa estivesse num estado de nervos desolador – disse o homem da lei para Álvaro.

A resposta de Álvaro foi precisa:

– De fato, minha esposa não andava nada bem. Ela tinha crises de depressão e mudava de disposição muito rapidamente.

– Sua esposa alguma vez chegou a falar em acabar com a própria vida?

– S-sim, certa vez... No entanto, jamais pensei que chegasse às vias de fato. Ela não me parecia uma mulher do tipo que se suicidaria. Não Heloise. Ela amava a vida. Apesar das contrariedades que a vida traz para o ser humano, ela sempre dizia que, ainda assim, valia a pena viver, que a vida era um presente de Deus, o presente mais precioso. Tolo aquele que atentasse contra a sua própria vida, pois estaria menosprezando o que Deus lhe deu de bom, como também ofendendo-O e machucando-O. Além, é lógico, de perder a chance de ser feliz ao lado de quem se ama.

“Por isso, estou surpreso e chocado diante do que ela fez. Mal acredito que tudo isso tenha realmente acontecido. Para mim, tudo não passou de um delírio, um truque mágico. Quem nos dera que fosse apenas um truque mágico.”

A seguir, o delegado conversou com Carola, a cozinheira da casa.

– Queria uma opinião sincera da senhora a respeito do estado emocional em que se encontrava sua patroa ontem, pouco antes da tragédia.

– Eu não tive oportunidade de conversar com a patroa ontem, só a vi quando a avistei pela janela da sala de estar, caminhando pelo gramado, indo em direção ao desfiladeiro.

– Quando foi a última vez que a senhora a viu antes disso?

– Na noite do dia anterior. E ela me parecia menos melancólica que o habitual, o que me alegrou muito. Gostava muito de dona Heloise e pedia a Deus para que ela se recuperasse daquela estranha depressão que lhe amputava a alegria de viver.

– Compreendo.

A seguir, o delegado conversou com a camareira. A moça estava visivelmente transtornada, mas deu seu parecer com a maior clareza.

– A patroa vivia triste e melancólica. No dia anterior, no entanto, estava agitada como eu nunca a vira antes, como se estivesse ansiosa para dar fim a algo, entende?

A resposta da criada soou alto demais, como se estivesse conversando com um surdo, o que fez o delegado se perguntar: teria a jovem achado que ele era surdo por causa de sua idade? A pergunta ficou sem resposta.

A lavadeira foi chamada a seguir, mas tinha pouco a contar.

Lucrécio, o criado que exercia o papel de “faz-tudo” na propriedade, foi o próximo a conversar com o delegado. Ele permanecera na praia até às dez horas da noite, aguardando algum sinal do corpo da patroa.

A última pessoa com quem o delegado conversou foi Vanville, o cocheiro. Seu testemunho foi dado com muita ênfase e causou uma considerável impressão no delegado. Ele contou em detalhes tudo o que presenciou, pouco antes de a patroa se jogar do desfiladeiro.

– Na noite antes da tragédia, dona Heloise pareceu-me normal como sempre – opinou o moço –, talvez um pouco agitada, sim, ligeiramente agitada, só isso que havia de diferente nela.

– O senhor alguma vez ouviu sua patroa falar de suicídio?

– Não, senhor. Nunca ouvi madame mencionar suicídio. Para mim, dona Heloise jamais sequer pensaria em suicídio, pois sempre me pareceu uma mulher que amava a vida.

O delegado quedou pensativo.

Enquanto isso, pescadores, acompanhados de policiais, continuavam vasculhando o mar que cercava o desfiladeiro em busca do corpo de Heloise.

Quando o delegado desceu novamente até a praia para saber como andava a busca, ele encontrou Abel nas imediações. Os dois se cumprimentaram com polidez e o delegado aproveitou para lhe fazer algumas perguntas a respeito da tragédia:

– Eu não estava por aqui ontem quando essa triste tragédia aconteceu – explicou o pescador.

– Perguntei, porque sei que é aqui o seu lugar preferido de pescar, não?

– De fato. Mas ontem foi meu dia de folga.

– Compreendo. É uma pena que não estivesse por aqui, meu caro, do contrário poderia ter muito bem visto a moça cair no mar e, quem sabe, tê-la salvado.

– Teria sido impossível, meu senhor. Segundo soube, o mar estava revolto ontem. Quem ousasse entrar nele correria o sério risco de sair morto, a não ser que fosse um exímio nadador e nadar nunca foi o meu forte.

O delegado ponderou por instantes. Então, perguntou:

– Você a conhecia? Digo...

Abel adiantou-se na resposta:

– Dona Heloise? Sim, tive a oportunidade de conhecê-la. Uma mulher maravilhosa. Uma perda lastimável.

Foi no quinto dia depois de tragédia, que Aymeric chegou à casa do cunhado. Após saber detalhadamente o que havia acontecido, Aymeric, entre lágrimas, desabafou:

– Eu sempre fiz de tudo para proteger minha irmã, para ampará-la e, no entanto, meu amparo foi em vão.

– Eu também jurei diante de Deus e de você, lembra, proteger Heloise de todo mal que pudesse atormentar sua vida e não consegui, Aymeric. Simplesmente não consegui. Desculpe por ter falhado.

Aymeric olhou para o cunhado, tomado de pena. Álvaro fez um novo desabafo:

– Eu amava Heloise, Aymeric. Amava-a mais que tudo e você sabe muito bem disso.

– Isso ninguém pode negar, Álvaro. Qualquer um que conheceu vocês dois pôde ficar a par dessa verdade.

O silêncio tomou conta do recinto e pesou tanto quanto a tristeza e o pranto que dominavam o lugar.

– Algum sinal do corpo? – perguntou Aymeric, algum tempo depois.

– Até o momento, não.

– Você não acha que...

– Fale.

– Que ela pode ter sobrevivido à queda.

– Impossível, Aymeric.

– Por que impossível?

– Se ela tivesse sobrevivido, já teria sido encontrada, já teríamos tido notícias dela.

– Não, se ela perdeu a memória. Pode ser, não pode? A queda pode tê-la deixado perturbada, mais do que ela já estava.

– Não havia pensado nisso.

– A correnteza do mar pode tê-la arrastado para uma outra praia nas imediações e alguém de lá pode tê-la encontrado e...

– Se isso tivesse realmente acontecido, esse alguém já teria nos dito. Todos, nas imediações, estão a par da tragédia. Se alguém encontrasse uma mulher ensopada, caída numa das praias, saberia imediatamente que se trata de Heloise.

– Há sempre alguém por fora das notícias, Álvaro.

– Ainda assim, esse alguém comentaria com alguém e esse alguém com outro alguém. Esse tipo de notícia corre de boca em boca e, assim, logo saberíamos que uma mulher foi encontrada por aí.

– Você tem razão. É que eu não queria perder a esperança de encontrá-la viva, Álvaro, não queria mesmo.

– Eu sei.

– Será que um dia o corpo dela vai aparecer.

– Espero que sim.

– Eu também. Não acho justo que ele se perca no mar. Quero ter um lugar só para ela no cemitério, para que eu possa visitá-la, levar-lhe flores. Tenho certeza de que papai, mamãe e meus irmãos desejam o mesmo. Pobres coitados devem estar arrasados com a notícia.

– Não é para menos.

Fez-se um breve silêncio até que Álvaro comentasse:

– A vida é realmente imprevisível... Um dia, estamos bem, certos de que tudo está a nosso favor, e, no outro, nada é mais o que pensamos ser.

– Só peço a Deus que possamos encontrar o corpo de Heloise.

– Que Deus nos conceda essa graça.

No dia seguinte, logo pela manhã, Aymeric partiu. Assim que a carruagem se foi, Álvaro, olhos presos no céu, comentou com o Além:

– Ah, Heloise, como você faz falta, meu amor. Muita falta.

Enquanto isso, dentro da carruagem, Aymeric Cézanne olhava a paisagem do lugar pela janela do veículo. Quando o carro fez a curva para tomar o caminho que levava para a saída da propriedade, Aymeric avistou a ala leste da casa que abrigara a irmã durante seus últimos meses de vida.

O moço aproximou o rosto da janela para poder enxergar melhor. Teve, então, a impressão de ver alguém parado rente a uma das janelas do andar superior da casa, alguém que lembrava, e muito, a irmã querida. Aymeric arrepiou-se diante do que viu. Ele, imediatamente, esfregou os olhos antes de focá-los novamente naquela direção. Para seu espanto, ele ainda continuava vendo uma mulher parada rente à janela, uma mulher muito parecida com Heloise. Novo arrepio.

Deveria ser, certamente, uma ilusão de ótica ou uma das criadas tomando alguns segundos para descansar enquanto limpava o quarto, concluiu. No entanto, aquilo o deixou extremamente ressabiado, a ponto de quase pedir ao cocheiro que desse meia-volta e retornasse à casa para ele poder subir até aquele aposento e ver com os próprio olhos quem se encontrava lá.

"Heloise está morta", lembrou Aymeric a si mesmo. "Morta, entende?" Ainda assim, era difícil aceitar o fato. Era mais que isso, era doloroso ter de encarar tal realidade, uma realidade que ele não sabia se um dia seria capaz de superar.

O veículo seguia agora pelo caminho que ia dar no desfiladeiro de onde Heloise havia se jogado, quando Aymeric subitamente sentiu vontade de visitar o local. Fez sinal para que o condutor da carruagem parasse o veículo.

Aymeric abriu, ele mesmo, a porta da carruagem e desceu. O cocheiro olhou para ele e perguntou:

– Algum problema, meu senhor?

– Não, nada. Espere-me aqui, vou ali e já volto. Não vou me demorar.

– Fique à vontade, meu senhor.

Antes de partir, Aymeric se certificou:

– Por esse caminho, deve se chegar à encosta do desfiladeiro, não?

– Provavelmente, meu senhor.

Nem bem Aymeric se moveu, o cocheiro falou:

– Meu senhor.

– Sim.

– Tem certeza de que quer ir realmente lá. O lugar pode deixá-lo deprimido.

– Preciso ir, meu bom homem, não me demoro.

Aymeric seguiu pelo caminho, cabisbaixo, olhando atentamente para o gramado por onde seus pés pisavam. A ponta do desfiladeiro se aproximava. E com sua aproximação, uma forte sensação de angústia se apoderava dele. Era como se o ar fosse ficando pesado, cada vez mais pesado sobre o local, uma sensação muito esquisita.

A vista dali era realmente linda, o que fazia qualquer um se perguntar: como um lugar como aquele, que oferecia uma vista tão bela, podia levar uma pessoa à morte e de forma tão trágica?

Aymeric chegou finalmente à ponta do desfiladeiro e, nos minutos que ficou ali, fez uma prece. Quando caminhava de volta para o lugar onde havia deixado a carruagem esperando por ele, avistou algo no meio do gramado, brilhando devido aos raios do sol.

Ele caminhou até o local e agachou-se de cócoras para examinar o que era. Tratava-se de um brinco e ele o reconheceu imediatamente. Era um dos brincos da irmã, um dos muitos que ela usava. Ela deveria tê-lo perdido naquele dia fatídico, enquanto corria desesperada em direção ao lugar que findou sua vida.

Ouviu-se, então, o estalar de um galho seco. Aymeric voltou-se imediatamente e encontrou Abel olhando para ele.

– Olá – disse o pescador.

– Olá – respondeu Aymeric.

Abel desviou o olhar para a mão do rapaz. Ao perceber, Aymeric tratou logo de explicar:

– Achei, por acaso, esse brinco caído no gramado. Creio que era da minha irmã. Ela...

– Você é o irmão de Heloise?

– Sim. Você a conheceu?

– Sim.

O diálogo morreu por instantes. Foi Abel quem voltou a falar:

– Eu gostava muito de dona Heloise. Ela sempre me foi muito gentil e solícita, uma mulher admirável. Graças a ela, eu ainda continuo vivo.

A seguir, Abel contou a Aymeric o que se passou com ele na gruta e como Heloise chegou até ele e o tirou de lá a tempo, antes que a maré inundasse o lugar.

– Como o senhor pode perceber – arrematou Abel, ao término da narrativa –, o pesadelo que sua irmã teve comigo foi, na verdade, uma premonição, Sua irmã, a meu ver, tinha o dom da premonição.

Havia certo orgulho na voz de Abel Goldfarb agora.

– Tudo pode não ter passado de uma coincidência – opinou Aymeric, olhando seriamente para o pescador.

– É muita coincidência, não?

– É, não nego, no entanto...

Abel interrompeu o que Aymeric dizia, perguntando-lhe:

– Sua irmã nunca lhe disse, não é? Por que os pesadelos que a perseguiam por quase um ano a atormentavam tanto, não?

A expressão do rosto de Aymeric respondeu que não. Sendo assim, Abel explicou:

– Ela o via, meu senhor, o marido dela, levando-a à morte.

Aymeric pareceu refletir por instantes antes de opinar:

– Heloise não andava bem. Nada bem...

– Andava sim – retorquiu Abel, seriamente. – Ela andava muito bem, por sinal. Mais lúcida que qualquer um de nós, juntos. Tão lúcida a ponto de ter a certeza de que o pesadelo que a perseguia durante o sono, e mesmo estando acordada, acabaria tornando-se realidade, cedo ou tarde. Foi isso que a matou, cavalheiro, a certeza de que o pesadelo, cedo ou tarde, tornar-se-ia realidade.

– Eu preciso ir – disse Aymeric, pondo-se a andar.

– Adeus – despediu-se Abel, com certa pena do moço.

– Adeus... – respondeu Aymeric, acelerando o passo.

Abel permaneceu parado ali, pensativo. A menos de três metros de distância dele, o brinco de Heloise continuava caído por entre a grama, brilhando com os raios do sol da manhã.

Oito meses depois...

Passaram-se dias. Os dias logo viraram semanas; as semanas, meses e nesse período não se teve nenhum sinal do corpo de Heloise, para desespero da família e de Enzo Fávero.

Foi no oitavo mês após a tragédia que chegou a notícia de que o corpo de uma mulher afogada havia sido encontrado numa praia de uma cidade a poucas milhas dali.

– É ela – disse Enzo, que fora dar a notícia a Álvaro.

– Você acha? – perguntou Álvaro, um tanto incerto.

– Pode ser ela – redefiniu Enzo.

– Depois de tanto tempo?

– Sim. Segundo o médico que examinou o cadáver, faz pelo menos oito, nove meses que essa mulher morreu afogada.

Álvaro deixou seu corpo cair na poltrona, escondeu o rosto por entre as mãos e se pôs a chorar.

– Eu não vou ter coragem de ir lá para identificá-la, Enzo – desabafou, entre lágrimas.

– Eu já esperava por isso, meu amigo. Não se preocupe, eu irei por você.

– Faria isso por mim?

– É lógico que sim, Álvaro. Farei isso por você e também por Heloise.

– Será que você será realmente capaz de saber se o corpo é de Heloise, afinal, você a conhecia tão pouco?

O comentário pegou Enzo Fávero desprevenido. Ele não podia dizer para o amigo que conhecia Heloise muito bem, por haver passado muitos minutos observando discretamente seu corpo, com todos os seus contornos, seu jeito de ser, seus gestos, o que lhe permitiria reconhecê-lo ainda que em estado de decomposição. Por isso, sua mente trabalhou rápido em busca de uma resposta:

– Conhecia-a pouco, de fato, mas o suficiente, acredite-me, para identificar seu corpo – respondeu ele, com certa insegurança na voz.

– Aymeric precisa saber a respeito do corpo dessa mulher, talvez ele possa vir aqui ajudá-lo no reconhecimento.

– Seria ótimo – concordou Enzo. – Se me permitir, mandarei o cocheiro buscá-lo em sua cidade agora mesmo.

– Faça isso, meu bom Enzo. Por favor.

Assim que Enzo deixou a sala, Álvaro caminhou até a janela e olhou na direção do mar.

– Será que é mesmo você, Heloise – perguntou-se –, depois de tantos meses?

Lágrimas e mais lágrimas riscavam sua face agora.

Enzo foi o primeiro a ver o cadáver da mulher encontrado na praia vizinha. Foi preciso ser carregado para fora do necrotério pelos funcionários do lugar. Não só porque parecia que iria desmaiar a qualquer minuto como também romper-se em vômitos, o que de fato aconteceu assim que se viu ao ar livre.

– E então, meu senhor – perguntou o delegado.

– É ela – respondeu ele, trêmulo, com os lábios roxos após expelir golfadas e mais golfadas de vômito –, é ela mesma, Heloise De Lucca. Infelizmente.

– O senhor tem certeza?

– Absoluta. O irmão, que deve chegar em poucos dias, confirmará o que eu digo.

Dito e feito, assim que Aymeric viu o cadáver, confirmou o que Enzo havia dito. O corpo era realmente de Heloise. A notícia foi recebida por Álvaro sem tanto impacto dessa vez, era como se ele já esperasse por ela.

– Temos de fazer um funeral à altura de Heloise – disse ele, lacrimoso.

Aymeric e Enzo assentiram com a cabeça. Álvaro voltou-se para o cunhado e perguntou:

– Onde devemos enterrar o corpo, Aymeric?

Aymeric refletiu por instantes. Por fim, disse:

– Meus pais, creio eu, gostariam que ele fosse enterrado no jazigo da família.

– Está bem, assim será feito.

Uma semana depois, como haviam decidido, o corpo de Heloise De Lucca foi enterrado no jazigo da família Cézanne. No funeral, estavam presentes toda a família e os amigos e amigas queridas de Heloise. Foi um dia triste para todos, triste como poucos.

Quando tudo teve fim, Aymeric chegou perto do cunhado e perguntou:

– E agora, Álvaro, o que pretende fazer da sua vida?

– O que me resta a fazer, Aymeric?

– Você precisa se reerguer, meu cunhado.

– Para quê?

– Para a vida.

Álvaro calou-se diante da resposta do cunhado. Aymeric não se deu por vencido, adquiriu um tom mais entusiasmado e disse:

– Se eu fosse você, mudava-se daquela casa, não só da casa como daquele lugar. Não vai ser nada fácil para você continuar vivendo num lugar marcado por tão triste episódio.

– Eu sei... Entretanto, é lá que estão as lembranças de Heloise, Aymeric. Em cada canto daquela casa, daquele lugar, eu ainda posso encontrar um pouco dela. Seus rastros, resquícios, seu perfume...

– Mude-se de lá, meu cunhado. E procure reconstruir sua vida.

– Certas coisas são impossíveis de serem reconstruídas, Aymeric.

– Tenho a certeza de que, se Heloise pudesse se comunicar com você do lugar em que ela se encontra agora, ela lhe pediria, com toda a sua candura de sempre, para que você reconstruísse a sua vida.

– Heloise está morta, Aymeric.

– Não seu espírito, Álvaro. Somente seu corpo está morto. O espírito está vivo em algum lugar desse misterioso universo.

Álvaro olhou para Aymeric com olhos de quem diz: "Ah, como eu gostaria de acreditar nisso, meu cunhado".

O período mais difícil que Álvaro enfrentou após a tragédia foi voltar à casa onde vivera os últimos dias ao lado da esposa.

– Seja bem-vindo de volta, meu senhor – saldou Carola.

– Ola, Carola... – respondeu ele, sem muito entusiasmo, sem interesse algum em saber como as coisas haviam corrido durante a sua ausência.

Não só Carola como os demais empregados se viram tomados de pena do patrão, pois lhe queriam muito bem.

Oito anos depois...

Oito anos haviam se passado desde a morte de Heloise. Durante esse tempo, Álvaro dedicou-se ao trabalho, com afinco e devoção.

– Você precisa viajar, Álvaro – sugeriu Enzo, certo dia.

– Para onde? – perguntou ele, sem grande interesse.

– Para qualquer lugar do planeta. Qualquer lugar onde você possa relaxar um pouco, tomar novos ares, lembrar que a vida não é só feita de trabalho. Viver só para trabalhar não é vida, é escravidão.

– E alguém sabe realmente o que é vida, Enzo?

– Já faz muito tempo que Heloise se foi, Álvaro.

– Para mim é como se tivesse sido ontem.

– Eu sei...

Ambos ficaram se olhando, pensativos, até que Enzo sugerisse:

– Saia um pouco, visite algum lugar bonito, que encha seus olhos de cor. Vai lhe fazer muito bem, você se agradecerá por isso.

– Enzo, meu bom Enzo, sempre preocupado comigo como vivia preocupado comigo e com Heloise no passado.

– Prometa-me que vai pensar no que lhe disse.

– Prometo.

Era uma promessa em vão, Álvaro não tinha interesse algum em cumpri-la.

No entanto, Enzo, volta e meia, cobrava dele a promessa que lhe fizera.

"Um dia, Enzo... Um dia....", respondia Álvaro por responder. Foi assim até que Enzo perdeu a paciência com o amigo e o pôs contra a parede.

– Já faz oito meses que você me prometeu fazer uma viagem para relaxar e, até agora, nada! Oito longos meses, Álvaro! E então, quando é que você vai finalmente cumprir a promessa que me fez?

Álvaro assustou-se com a reação do amigo. Sem ter escolha, viu-se forçado a dizer:

– Esta bem, meu caro Enzo, cumprirei a promessa que lhe fiz.

– É assim que se fala, meu amigo.

– O que sugere? Que lugar devo visitar, que país?

– Por que não a Grécia?

– A Grécia? Pensei em viajar para algum lugar aqui mesmo dentro do país.

– Não, meu caro, viaje para longe, onde jamais pensou pôr os pés, para que possa, realmente, respirar outros ares, ver outras cores.

– Você tem razão. Jamais, no entanto, pensei em visitar a Grécia.

– Você não precisa visitar exatamente a Grécia, foi apenas uma sugestão de minha parte. Você pode visitar qualquer lugar tão bonito quanto lá. Você escolhe!

– Mas eu gostei da sugestão. Irei para a Grécia. Por que não vem comigo?

– Adoraria, mas você precisa fazer essa viagem só, acredite-me, você vai se sentir muito melhor depois que viajar sozinho. Pelo menos dessa vez.

– Outra sugestão aceita.

Enzo sorriu, mas foi um sorriso passageiro. A seriedade logo retomou sua face ao ver o rosto de Álvaro perder a cor e a tristeza lacrimejar seus olhos.

– O que foi? – perguntou ele, preocupado.

– Sabe que dia é hoje? – respondeu Álvaro, com voz distante.

– Hoje?

– Sim. Hoje faz exatamente oito anos que Heloise se foi, Enzo. Oito longos anos.

Enzo sentiu um arrepio.

– Passou tão rápido, até parece...

– Que foi ontem, não é mesmo?

– Sim, Enzo. Até parece que foi ontem. Mas já faz oito anos, oito longos anos que Heloise se foi.

Capítulo 6

A viagem...

Era uma tarde bonita e quente quando Álvaro De Lucca chegou à linda e mística Atenas, na Grécia, com encantos únicos, históricos, influentes na cultura do mundo. O hotel era majestoso; a construção, suntuosa; a comida; soberba; e o atendimento, de primeira. Era o que se poderia chamar de passeio ideal para reativar o ânimo de viver, fechar as portas para o passado.

No primeiro dia, Álvaro foi visitar o Partenon, na Acrópole, um dos monumentos mais emblemáticos e remanescentes do auge do período conhecido como "Grécia antiga". Suas esculturas decorativas são consideradas um dos pontos altos da arte grega.

No segundo dia, Álvaro visitou a Praça Omonoia, a mais antiga praça de Atenas, um local rodeado por hotéis e lojas, sendo muitas vezes usada para a celebração das vitórias desportivas.

No terceiro dia, foi a vez de Álvaro visitar Plaka, um dos mais cênicos bairros da cidade, famoso por sua abundante arquitetura neoclássica. Visitou também Monastiraki, zona bem conhecida por sua série de pequenas lojas, restaurantes típicos e mercados e o antigo Templo de Hefesto, sobre uma pequena colina em Theseum, situado a oeste de Monastiraki.

No quarto dia, Álvaro visitou a Torre dos Ventos, uma torre de mármore de planta octogonal, existente na ágora de Atenas, construída por volta do ano 50 a.C., e que servia para indicar a direção do vento.

Visitou também o templo de Zeus Olímpico, uma ruína monumental, localizada no centro de Atenas. Tal construção teve início no século VI a.C. e só foi concluída no reinado de Adriano. Em seu apogeu, foi um dos maiores e mais famosos templos gregos.

O Teatro de Dionísio foi, entre todos os lugares visitados por Álvaro, o que ele considerou mais interessante. O local foi o mais importante dos teatros da Grécia antiga e é considerado o berço do teatro ocidental e da tragédia. Nele foram apresentadas as célebres tragédias clássicas de Ésquilo, Sófocles e Eurípedes.

O Estádio Panathinaiko, construído inteiramente em mármore branco em 566 a.C. e reconstruído em 329 a.C, foi outro monumento que deixou Álvaro De Lucca encantado.

O que mais despertava sua atenção, eram as histórias mitológicas por trás dos monumentos, histórias formidáveis, tal como a de Eros e Psique.

Conta o mito que a beleza de uma jovem chamada Psique incomodou, e muito, a deusa da beleza, Afrodite. Esta, então, pediu ao filho, Eros, também conhecido como o Deus do amor, o Cupido, que fizesse com que a moça se apaixonasse por um monstro. No entanto, quando Eros foi flechar Psique, a flecha escapou de sua mão e o acertou, fazendo com que ele se apaixonasse pela jovem.

Indignada com o incidente, Afrodite, para impedir que o filho se juntasse àquela que tinha como rival, jogou-lhe um feitiço. Caso ambos se vissem olhos nos olhos, às claras, eles seriam separados para sempre. Eros, então, perdido de paixão, encontrou um meio de se unir a Psique sem que o feitiço de sua mãe tivesse efeito.

Levou a jovem para um castelo e falava com ela sem se deixar ser visto, como se sua voz fosse levada até a jovem pela brisa. Explicou-lhe o quanto a amava e o quanto a queria ao seu lado, mas que ela jamais poderia vê-lo às claras, por causa de um feitiço.

Psique aceitou a condição daquele que lhe falava tão doce e apaixonadamente e assim passou a dormir ao seu lado durante a escuridão da noite. Embora não visse o homem por quem também se apaixonou, a presença dele era tão deliciosa que Psique tinha a certeza de que ele só poderia ser um homem lindo e maravilhoso. Eros tomava o cuidado, diariamente, de deixar o aposento antes de o sol raiar, para evitar que a jovem o visse.

As irmãs de Psique foram visitá-la no palácio e ficaramenciumadas por verem a irmã morando num lugar lindo e luxuoso. Quando souberam que ela não podia ver o marido às claras, convenceram-na a acender uma vela durante a madrugada, enquanto Eros estivesse dormindo, para certificar-se de que quem dormia ao seu lado não era um monstro, mas um homem. Psique ficou tão cismada com a suspeita levantada pelas irmãs que acabou aceitando a sugestão delas. Foi assim que ela descobriu, para a sua surpresa, que seu amante era Eros, o deus do amor, a figura masculina mais bonita que havia. Sem querer, ela deixou cair sobre o amante uma gota de cera quente. Ele despertou e, quando seus olhos se encontraram com os dela, o feitiço os separou.

Para recuperá-lo, Psique se submeteu a quatro provas determinadas por Afrodite. Esta acreditava que as provas não seriam cumpridas. No entanto, Psique venceu a todas e acabou se casando com Eros, tornando-se, assim, uma das deusas do Olímpo.

O mito fez Álvaro pensar no quanto algumas pessoas podem influenciar outras, somente para acabar com a sua felicidade. E no quanto o amor, o verdadeiro amor, é capaz de combater o mal. Elevando o bem.

Outro mito que encantou Álvaro foi o do personagem que se dirigiu ao reino dos mortos para resgatar sua esposa amada que morrera ainda jovem. Ele recebeu a graça, desde que atravessasse o reino do mortos na sua jornada de volta ao reino dos vivos sem olhar para trás, certo de que sua esposa o estaria seguindo de volta à vida.

No entanto, vozes surgiram na mente desse marido apaixonado, levantando suspeitas quanto à sua jornada, pondo em dúvida a sua segurança: "O reino dos mortos pediu para você não olhar par atrás para lhe fazer de bobo, atrás de você não há nada, ou melhor, há um monstro pronto para o devorar." Tão forte foram as dúvidas levantadas por essas vozes negativas na mente do indivíduo que ele acabou descumprindo o trato e voltando os olhos para trás. Para sua surpresa, a esposa, como o reino dos mortos havia lhe garantido, vinha logo atrás dele, mas desapareceu assim que ele a viu.

Esse mito em questão servia para mostrar o quanto as vozes da mente, as negativas obviamente, podem fazer com que uma pessoa estrague sua missão de vida, refletiu Álvaro.

As reflexões fizeram Álvaro se lembrar dos pesadelos e das visões que importunaram Heloise, capazes de levá-la à loucura e atentar contra a própria vida, estraçalhar sua felicidade e destruir a felicidade do próprio Álvaro.

Álvaro, até o momento, culpava as visões e pesadelos que tanto atormentaram Heloise como responsáveis por seu suicídio. Jamais sua decisão de interná-la numa clínica para doentes mentais, como o Dr. Furmanovitch havia lhe sugerido, pareceu-lhe a causa de tal ato. Álvaro chegou à conclusão de que era preciso se precaver contra tudo aquilo que pode infestar a mente de um indivíduo, levando-o à loucura e à destruição de sua própria vida.

Álvaro riu, sem graça, ao se perceber pensando em Heloise novamente. Ele havia se prometido não pensar mais nela, especialmente na viagem, mas como? Como não pensar nela, se ela fora tão importante na sua vida, marcara-a tão profundamente? Como não se lembrar dela, se ela ainda vivia em seu coração, mesmo depois de oito anos de sua morte? Algo lhe dizia que ela haveria de viver ali para sempre.

Foi no oitavo dia de sua estada em Atenas, enquanto passeava ao longo do Porto de Pireu (Piraeus), que Álvaro avistou uma pequena exposição de quadros e pinturas a óleo e gravuras em aquarela. Havia muitas pessoas admirando as obras e, dentre elas, muitos turistas. Álvaro sentiu-se também impelido a ir até o local admirar os trabalhos artísticos, os quais, de perto, eram lindíssimos.

A artista estava sentada num banquinho de frente para uma tela, pintando, cercada por umas dez, quinze pessoas espremendo-se umas às outras para poder admirar a habilidade com que ela pintava o quadro.

Era realmente curiosa a forma como ela pintava e a habilidade que tinha com os pincéis e tintas. Sabia juntar as cores de uma forma quase sobrenatural, uma pincelada ali e outra acolá e pronto, em questão de segundos, o quadro ia tomando forma, ficando lindo.

Álvaro queria muito ver a pintora, mas, por mais que tentasse, não conseguia, o aglomerado de curiosos em torno dela não permitia.

Por fim, desistiu de esperar, seguiu seu caminho jurando a si mesmo que voltaria uma outra hora para ver os quadros e parabenizar a artista.

Foi no dia seguinte, ao cair da tarde, quando a carruagem levando Álvaro De Lucca passava rente ao porto de Pireu, que ele avistou mais uma vez a artista junto à exposição de quadros que visitara no dia anterior. Naquela hora, porém, o lugar estava menos tomado de curiosos. Ele prestou, então, atenção nela. Era uma mulher de estatura mediana, vestindo uma *nicab**.

"Ah, então ela é estrangeira", pensou Álvaro.

A artista subitamente voltou os olhos na sua direção e, quando seus olhos se encontraram com os dele, Álvaro teve a impressão de que a pintora estremeceu levemente. Mas fora, certamente, apenas impressão, concluiu ele depois. Afinal, que motivos teria ela para reagir daquela forma?

Álvaro terminou aquele dia, prometendo-se mais uma vez visitar a exposição de quadros e gravuras no dia seguinte para apreciar melhor as obras e, quem sabe, comprar algumas. Gostaria, também, de cumprimentar a artista pelo seu talento.

No dia seguinte, assim que teve oportunidade, Álvaro De Lucca visitou a exposição de quadros como havia se prometido.

A artista se encontrava na mesma posição em que ele a vira pela primeira vez, sentada num banquinho de frente para uma tela, pintando. Só não havia o aglomerado de pessoas em torno dela agora.

– Boa-tarde – disse Álvaro, assim que percebeu que ela havia notado sua presença.

– Boa-tarde – respondeu a pintora, com forte sotaque estrangeiro.

– Passei anteontem aqui para admirar suas obras, mas havia tantas pessoas que se tornou impossível.

A mulher continuava pintando. Parecia totalmente concentrada na sua obra. Nem sequer olhou para Álvaro de frente.

---

*Véu que cobre a face e só deixa à vista os olhos da mulher. (N. do A.)

Ele aproximou-se dela e se pôs a admirar o quadro que estava sendo pintado por ela no momento.

– Essa pintura também vai ficar muito bonita – comentou, com sinceridade.

Ela concordou com um leve balançar de cabeça.

– Desculpe a pergunta, mas desde quando a senhora pinta?

– Desde menina – respondeu ela, com um sotaque tão forte que quase foi impossível compreender o que dizia.

– Deve ser um dom. Só pode ser um dom. Afinal, tantas pessoas tentam pintar, chegam até mesmo a tomar lições de pintura com os grandes pintores e nunca conseguem.

Ela tornou a balançar a cabeça em compreensão, continuando a pintar como se não houvesse ninguém por ali.

– Vou querer levar uma obra sua para pôr em minha casa. Uma só não, pelo menos duas. São divinas.

Nisso ouviu-se uma voz ecoar atrás dos dois:

– Hannah?!

Álvaro voltou-se para trás e encontrou uma mulher de boa aparência vindo naquela direção. Assim que seus olhos se encontraram com os dele, ela rapidamente o cumprimentou com um sorriso.

– Boa-tarde.

– Boa-tarde – respondeu Álvaro, com elegância.

– Posso ajudá-lo em alguma coisa?

– Sim. Ajude-me a escolher dois quadros que combinem lado a lado.

– Nesse caso, vou pedir auxilio a Hannah. Ninguém melhor do que ela para fazer essa junção. Hannah, meu bem, será que você pode nos dar uma mão, querida?

A artista continuou pintando como se não tivesse ouvido uma só palavra.

A mulher voltou-se para Álvaro e, num tom zombeteiro, falou:

– Artistas são avoados, o senhor sabe...

Álvaro achou graça do comentário. A mulher foi até a pintora, tocou em seu ombro e, baixinho, lhe disse:

– Quer fazer o favor de atender a esse cavalheiro. Ele está disposto a comprar dois de seus quadros e, se você o tratar bem, é capaz de comprar até mais.

Visto que a pintora não soltava o pincel por nada, a mulher se viu obrigada a tirar o pincel de suas mãos. Assim que conseguiu fazer com que a artista finalmente se pusesse de pé, ela a apresentou:

– Meu senhor, essa é Hannah Balzac, a grandiosa pintora.

Hannah voltou-se para Álvaro, fez um aceno com a cabeça e, sem delongas, apontou um dos quadros. Seus olhos passaram por Álvaro como um raio. Eram olhos negros, bonitos, mas com ares tímidos e submissos.

– Esse e aquele formam um belo par – disse ela, com um sotaque estrangeiro carregado, apontando para dois de seus quadros em exposição,

A mulher que havia chegado intrometeu-se na conversa:

– Se eu fosse o senhor, levava mais um par deles para a sua casa ou para presentear alguém, uma amiga ou um amigo querido.

– S-sim – empolgou-se Álvaro. E voltando-se para Hannah perguntou:

– Qual par você me sugere?

Seus olhos se encontraram mais uma vez com os da artista em questão de segundos, porque Hannah Balzac logo desviou o seu olhar do dele. No entanto, foi tempo suficiente para que Álvaro sentisse algo se acender em seu interior. Ele pareceu não ouvir uma palavra do que ela disse a seguir. Apenas falou:

– Seus olhos...

Ela voltou-se para ele, mas sem olhá-lo de frente. Seus olhos mantinham-se pousados no chão, brilhando timidamente.

– Seus olhos – tornou Álvaro com voz distante. – Eles me lembram muito os olhos de minha esposa...

– Ela deve ser muito bonita, não? – perguntou a mulher de olhos simpáticos.

– Foi muito bonita – respondeu Álvaro com um nó na garganta.

– Ah... eu sinto muito – lamentou a mulher. – O senhor, pelo jeito, amou muito sua esposa, não?

Ele concordou com a cabeça.

– Sim e posso dizer que ainda a amo, mesmo depois de...

Ele não conseguiu completar a frase. Foi preciso grande esforço por parte de Álvaro para não chorar. A mulher pousou a mão no seu braço e tornou a repetir:

– Eu sinto muito. Não é fácil perder quem se ama.

– Não é.

Hannah Balzac permanecia na mesma posição, com os olhos pregados no chão, parecendo alheia àquilo tudo.

Álvaro, em seguida, pagou pelos quadros, fez um aceno para uma carruagem de aluguel vir até ele e assim que o veículo parou no meio fio, ele colocou os quadros dentro dele.

– Muito obrigado pela atenção das senhoras – agradeceu Álvaro.

– Hannah – chamou a amiga em tom de repreensão.

A pintora pareceu despertar de seu estado introspectivo, olhou de relance para Álvaro e fez uma mesura. A carruagem partiu.

Hanna Balzac e Esperanza Bertolazzi voltavam para casa onde viviam, quando Esperanza perguntou para a amiga:

– O que a preocupa tanto, Mimi*?

– Nada. Por que acha que estou preocupada?

– Aquele homem... Você o conhece?

– Que homem?

– O que comprou os quadros agora à tarde. Você o conhece, não?

– Lógico que não. Por que pensou que eu o conhecia?

– Porque você ficou tão diferente diante dele, aturdida, eu diria. Ainda agora você se mantém diferente, ausente e preocupada.

– Bobagem sua, Esperanza.

A amiga olhou de soslaio para a outra.

– Bobagem minha?

Hannah Balzac balançou a cabeça em concordância, enquanto ajeitava seu *nicab*. Contudo, Esperanza não se deu por vencida, perguntou a seguir:

*"Mimi" era o apelido carinhoso com que os amigos mais próximos chamavam Hannah Balzac. (N. do A.)

– Aquele homem tem algo a ver com o seu passado, não tem?

– Passado?! De onde foi que você tirou essa ideia mais estapafúrdia, Esperanza?!

– Eu sinto, e já faz muito tempo que sinto, que algo de muito grave aconteceu em seu passado e que você faz o possível e o impossível para fugir e se esquecer dele.

– Repito a pergunta: de onde foi que você tirou essa ideia mais estapafúrdia, Esperanza?

– Está bem, se você não quer falar sobre o assunto, eu respeito a sua decisão, mas, se um dia mudar de ideia, saiba que serei toda ouvidos.

Hannah fez uma careta e um gesto de descaso com as mãos.

Aquela noite, por diversos momentos, Álvaro De Lucca se pegou admirando os quadros que havia comprado de Hannah Balzac. Eles repousavam agora no chão, encostados contra a parede do seu quarto de hotel. Havia, no entanto, uma imagem se sobrepondo a eles, era a lembrança do rosto da artista, coberto por aquela *nicab* em tom de preto, permitindo que somente seus olhos, que tanto se pareciam com os de Heloise, pudessem ser vistos e admirados pelas pessoas.

De repente, Álvaro sentiu novamente uma vontade louca de ver o rosto de Hannah Balzac por inteiro, o rosto que se escondia por trás daquela nicab de tecido luminescente.

Se os olhos dela lembravam os de Heloise, quem sabe o rosto dela também. Álvaro dormiu aquela noite, prometendo-se visitar a pintora novamente no dia seguinte. E assim ele fez. No entanto, Hannah Balzac não apareceu no dia seguinte no seu lugar de hábito para expor os quadros. Um dos cocheiros do ponto de carruagem de aluguel que ficava nas imediações informou a Álvaro que, quando ela não aparecia, é porque estava adoentada.

Álvaro, que pretendia partir da cidade na manhã do dia seguinte, decidiu permanecer por mais um dia, só para poder rever Hannah Balzac. No entanto, infelizmente, Hannah Balzac também não apareceu no seu lugar de hábito para expor suas obras no dia seguinte. Mas Álvaro não se deixou abater, decidiu permanecer na cidade até que pudesse ver a mulher uma vez mais. Tentou, logicamente, descobrir seu endereço, mas não obteve sucesso.

Quatro dias depois, ele pôde rever Hannah. Ao invés de usar um *nicab,* ela usava uma *burca**, para espanto de Álvaro. Quando ela notou sua chegada, teve visivelmente uma grande surpresa.

– Olá – disse ele, timidamente. Percebendo que sua chegada a havia assustado, ele tratou logo de se desculpar.

– Desculpe, não queria assustá-la.

Ela, novamente, fez um aceno com a cabeça e voltou os olhos para o quadro. Álvaro ficou por um minuto ou dois em silêncio, admirando a arte de Hannah Balzac, até dizer:

– Sabe, voltei até aqui para lhe fazer um pedido muito importante...

Ela parou de pintar, pousou o pincel sobre o suporte do cavalete e pareceu aguardar por seu pronunciamento. Álvaro suspirou fundo, procurando se desprender de seu embaraço, e disse:

– Talvez você me ache um louco e, por mais que eu lhe explique, não me compreenderá, mas eu gostaria muito de ver seu rosto. Se seus olhos são tão semelhantes aos de minha esposa falecida, penso que seu rosto se assemelhe muito a ele também. Vê-lo seria para mim o mesmo que rever minha esposa amada uma vez mais.

Ela o interrompeu secamente:

– Os costumes de nosso país determinam que uma mulher não mostre seu rosto para ninguém, a não ser para o seu marido. Só o meu marido tem o direito de apreciar minha face, meu senhor.

Álvaro ficou sem graça diante da repreensão.

– Desculpe-me.

Ela fez um gesto de enfado com as mãos e voltou a pintar.

– Bem – disse Álvaro – eu já me vou. Desculpe a amolação.

Ela fez um novo gesto com a mão e, nesse momento, Álvaro pôde perceber que a mão dela estava tremendo. Ela em si estava tremendo.

---

*A burca é uma veste feminina que cobre todo o corpo, até o rosto e os olhos. É usada pelas mulheres do Afeganistão e do Paquistão. (N. do A.)

– A senhora está passando bem? – perguntou ele, preocupado. – Disse eu alguma coisa que não devia?

– N-não, não... agora, por favor, vá. Sou uma mulher casada. Se meu marido nos vir aqui conversando a sós, ele não vai gostar nem um pouco... Compreende? Por favor, vá.

Sem ver outra escolha, Álvaro desculpou-se novamente e partiu.

Hannah ficou ali, tentando se concentrar na pintura, mas sua mão tremia tanto que ela mal podia segurar o pincel entre os dedos. Por fim, desistiu da pintura e quedou pensativa.

Enquanto isso, Álvaro partia numa carruagem de aluguel de volta para o hotel onde estava hospedado, sentindo-se desapontado e frustrado com o que vivera havia pouco com Hannah Balzac. Culpava-se, de certa forma, por haver importunado a pintora com um pedido tão estranho e sentimental como aquele. Álvaro tentou esquecer o episódio, mas não conseguiu. Por mais que tentasse, ele voltava a ocupar sua mente, não só ele como os olhos de Hannah Balzac, olhos idênticos aos de Heloise, sua amada Heloise.

Capítulo 7

Uma luz na escuridão...

Fazia quase dois anos desde que Álvaro havia ido à Grécia. Nesse período, por diversas vezes, ele sentiu vontade de voltar ao país para rever Hannah Balzac, que muito lhe lembrava Heloise. Todavia, a lembrança do que ela havia lhe dito no último encontro dos dois o fazia se conter diante de seu impulso.

"Só o meu marido tem o direito de apreciar minha face, meu senhor... Agora, por favor, vá. Sou uma mulher casada. Se meu marido nos vir aqui conversando a sós, ele não vai gostar nem um pouco... Compreende? Por favor, vá."

Álvaro teve também alguns sonhos com Hannah Balzac nesse período, sonhos bons e maus. Os bons eram quando ele passeava ao lado dela pela belíssima Grécia, visitando Partenon, na Acrópole de Atenas, o antigo Templo de Hefesto, a Torre dos Ventos, o templo de Zeus Olímpico, o Teatro de Dionísio, entre outros marcos.

Os maus eram quando ela se recusava a tirar a *burca* ou a *nicab* que cobria seu rosto, para que ele pudesse vê-lo.

Era novamente primavera naquele canto do planeta onde residia Álvaro De Lucca e ele acabava de fazer sua visita semanal ao banco onde tinha conta.

Ele seguia pela calçada em direção ao local onde havia deixado a carruagem estacionada, quando avistou uma mulher, de costas para ele, seguindo pela mesma calçada, a cerca de 15 metros de distância de onde ele se encontrava.

De costas, a mulher pareceu para Álvaro uma cópia perfeita de Heloise. Era tão semelhante a ela que ele poderia jurar que era a própria Heloise quem caminhava a sua frente.

Álvaro sentiu seu corpo tremer da cabeça aos pés e um frio horrível se espalhou na sua barriga. Quando deu por si, estava seguindo a transeunte e, a cada passo que dava, parecia que seu coração ia saltar pela boca ou explodir como um estopim.

– Heloise – murmurou ele, ofegante.

Ao se aproximar da mulher que seguia a sua frente, Álvaro sentiu a certeza bater dentro dele: era a própria Heloise.

A constatação fez com que ele apertasse o passo. No entanto, logo desacelerou. Temeu que, se ela percebesse que estava sendo seguida, corresse dele e ele, de tanta emoção, caísse duro, deixando escapá-la de si.

"Eu sabia", disse Álvaro para si mesmo, "sabia que Heloise estava viva. Algo sempre me disse que aquele corpo de mulher encontrado e enterrado como sendo de Heloise não era dela e sim de uma estranha, uma pobre coitada que havia morrido afogada no mar na mesma época em que Heloise se jogou do desfiladeiro. Era mais que saber, era certeza."

"Acalme-se, homem, acalme-se. E não se espante se Heloise não o reconhecer. O choque da queda deve ter afetado sua mente, varrido dela sua memória. Por isso, ela nunca mais voltou para você. Lembre-se disso."

Álvaro deu uma parada para tomar ar.

A mulher a poucos metros de distância diminuiu a velocidade dos passos e parou em frente a uma loja. Álvaro também diminuiu a velocidade dos seus. Suas mãos formigavam agora, percebeu. Não só elas, mas seu corpo inteiro.

– Que eu nao morra agora – pediu ele a Deus. – Não antes de falar com Heloise e olhar fundo nos seus olhos pelo menos uma vez mais. Por favor.

Ele tomou ar novamente e apertou o passo.

– Heloise – chamou, sem se dar conta do fato.

O nome da esposa parecia saltar de sua boca de forma involuntária.

– Heloise... Heloise...

As pessoas que passavam olhavam-no de forma estranha. Uma delas chegou a perguntar:

– O senhor está bem?

Álvaro não respondeu porque simplesmente não ouviu a pergunta do homem. Um senhor de meia idade balançou a cabeça, preocupado.

As pernas de Álvaro pareciam ter comando próprio. Ainda que ele ordenasse a elas que parassem, elas não parariam. Era como se seu corpo, num todo, incluindo os órgãos internos, quisessem chegar àquela mulher por achar que ela era realmente Heloise. Queria matar a saudade que o aprisionara durante aqueles dez longos anos em que ela fora dada como morta.

– Heloise – disse ele novamente, sem perceber.

O nome dela ecoou repetidas vezes. Pareceu então a ele que a mulher a sua frente, de repente, estugara os passos. Teria de fato?

Por pouco, Álvaro não colidiu com uma senhora que vinha saindo de uma quitanda.

– Opa – exclamou a mulher.

– Desculpe-me – disse ele, contornando-a, sem sequer olhar nos seus olhos.

A mulher olhou para Álvaro com espanto.

– Heloise – tornou ele, impondo mais força à voz.

Ele teve novamente a impressão de que ela havia apertado o passo. O nome "Heloise" saltava agora da boca de Álvaro em intervalos cada vez mais curtos. Entretanto, a mulher continuava caminhando, surda aos seus chamados, quase apelos. Álvaro apertou o passo, mais e mais até alcançá-la e pegar por trás do seu braço.

– Heloise?!

A mulher parou com certo estremecimento.

– Heloise?! – ecoou Álvaro, sem esconder a ansiedade.

A estranha voltou-se então para ele, lentamente, e para a surpresa e decepção de Álvaro não era Heloise, sua esposa tão amada. Era, sem dúvida alguma, uma moça muito parecida com ela de corpo, mas não de rosto. Deveria ter exatamente a altura de Heloise e a mesma idade quando ela morreu. Usava o mesmo tipo de corte de cabelo que Heloise costumava usar e o mesmo tipo de vestido. Era uma réplica perfeita de costas; de frente, porém, ela em nada se assemelhava à Heloise.

Sem graça, totalmente sem graça, Álvaro tratou imediatamente de se desculpar.

– Mil perdões, senhorita, pensei que fosse minha esposa. Mil perdões.

A moça olhou-o com certa gravidade e retomou seu caminhar.

Álvaro permaneceu parado no local, olhando para a estranha com curiosidade. Estava surpreso com o engano que acabara de cometer. Surpreso também por perceber que uma pessoa, de costas, trajando uma roupa igual à de um conhecido seu, tendo o mesmo corte e penteado de cabelo poderia muito bem se passar por esse conhecido.

Por mais que Álvaro quisesse, não conseguia se desligar da moça que se tornava cada vez mais distante do lugar em que ele se encontrava parado, olhando para ela.

Voltou-lhe à mente, então, o dia em que ele e Carola saíram correndo atrás de Heloise, que, fora de si, caminhava na direção do desfiladeiro, disposta a se jogar de lá.

De repente, como que em câmera lenta, ele reviu, em pensamento, a esposa amada, atirando-se do desfiladeiro em direção ao mar, o horror se apossando dele, travando suas pernas, entorpecendo seu sangue.

Um arrepio forte desbotou seu rosto.

"Aquilo foi horrível, simplesmente horrível", murmurou.

Álvaro tomou ar e voltou-se na direção que deixara sua carruagem aguardando por ele.

As pessoas que cruzavam seu caminho haviam se tornado totalmente invisíveis para ele que, agora, se mantinha com os olhos presos no passado.

"Ah, Heloise... Quanta falta você me faz..."

A esposa correndo em direção à ponta do penhasco e se jogando de lá voltou a ocupar sua mente.

A seguir, ele se lembrou dele tirando a camisa e os sapatos e querendo desesperadamente pular do desfiladeiro para salvar sua mulher amada. Voltaram-lhe à mente as palavras ditas por ele naquele momento:

"Não vai dar tempo... Não vai dar tempo..."

As palavras que o cocheiro usou para tranquilizá-lo:

"Meu senhor, vamos até a praia, o corpo de dona Heloise será certamente levado pela correnteza para lá e quem sabe podemos salvá-la!"

As lembranças provocaram em Álvaro um calafrio e, sem querer, ele pisou em falso e por pouco não torceu o pé esquerdo. Tomou ar e retomou seu caminho.

Passou mais uma vez a visão assustadora de Heloise correndo em direção à ponta do penhasco e, quando ele começou a chamar por ela, ela disparou para que ele não a alcançasse e a impedisse de fazer o que pretendia fazer.

Heloise correndo, Heloise saltando... Heloise correndo de costas para ele... A mulher que vira havia pouco andando de costas para ele...

– De costas... – murmurou Álvaro sem se dar conta – de costas...

Os passos de Álvaro De Lucca travaram. Estático, com os olhos presos no passado, exclamou:

– Não era ela! Não era Heloise quem se jogou do penhasco!

Seus olhos se dilataram e avermelharam-se no mesmo instante que seu rosto se deformou. E as palavras novamente saltaram de sua boca:

– Não era ela!

Capítulo 8

Uma hipótese alucinante...

Aymeric voltou-se para o cunhado, assim que ele terminou de expor sua hipótese, e perguntou, numa voz tomada de horror:

– Você está querendo dizer que quem se jogou do desfiladeiro não foi Heloise, foi uma outra mulher?

– Sim, Aymeric, uma outra mulher.

– Isso não faz sentido, meu cunhado.

– Faz sim. Total sentido.

– Não faz não! Que mulher seria louca de saltar de um desfiladeiro no lugar de Heloise? E para quê?

– A resposta para essas duas perguntas são bem fáceis de serem obtidas, Aymeric. O salto para uma mulher que tivesse experiência em saltar e fosse também uma excelente nadadora não seria problema algum. Seria um salto sem risco.

Aymeric o interrompeu bruscamente:

– Onde e quando você já ouviu falar de mulheres que são exímias saltadoras de penhasco e excelentes nadadoras?

– Existem.

– Onde?

– Em muitos lugares do mundo você encontrará uma se for pesquisar.

– Onde Heloise encontrou essa mulher?

– Isso, eu não sei explicar.

– Eu conhecia minha irmã como ninguém. Heloise jamais seria capaz de criar uma farsa dessas.

– Você tem toda razão.

– Então, desculpe-me, meu cunhado, mas sua hipótese é completamente infundada.

– Não foi ela quem bolou a farsa, Aymeric. Alguém sugeriu isso para ela.

– Alguém? Alguém quem?

– Isso, eu ainda preciso descobrir.

Aymeric aprofundou o olhar no cunhado, sentindo agora imensa pena dele. Segundos depois, disse:

– Você quer tanto ter Heloise de volta que é capaz de usar a imaginação para encontrá-la viva.

– Não é imaginação, Aymeric. Heloise está viva. Eu sempre tive essa sensação comigo e agora sei que sempre estive certo. E eu vou lhe provar isso, Aymeric. Você vai ver.

– Álvaro, meu estimado cunhado, você se esqueceu de um fato que aniquila por completo a sua teoria.

– Qual?

– O fato de que Heloise o amava perdidamente. Por que haveria ela de fazer uma coisa dessas com você?

– Eu também tenho a resposta para essa pergunta.

Aymeric surpreendeu-se com a segurança na voz do cunhado. Álvaro explicou:

– Você deve se lembrar de que Heloise andava há tempos atormentada com visões e pesadelos, não? Pois bem, deve se lembrar também que, pouco antes da tragédia, sem encontrar outra solução, eu resolvi chamar um médico para examiná-la, um médico famoso, bastante conceituado. Um *expert* em casos de pessoas com perturbações mentais. Pois bem...

"Heloise deve ter-me ouvido comentar com alguém, com Enzo Fávero provavelmente, que eu iria aceitar a sugestão do médico de interná-la. Isso deve tê-la deixado ainda mais perturbada, capaz de fazer qualquer coisa para fugir desse destino que eu reservava para ela. Algo que só decidi fazer porque o médico me garantiu que a internação haveria de deixá-la realmente curada. Eu não queria sua internação, eu juro, Aymeric, não queria. Lutei com toda força contra isso, mas acabei cedendo por não ver outra escolha para ajudá-la."

Álvaro tomou ar.

– Alguma vez Heloise comentou com você o que ela via nos pesadelos e visões?

A pergunta pegou Aymeric desprevenido.

– N-não – gaguejou.

Álvaro acariciou o queixo e falou:

– Heloise nunca me disse o que via exatamente nesses pesadelos e visões, mas estou quase certo agora, depois de refletir um bocado a respeito, de que era algo relacionado a minha pessoa.

"Creio que era eu o tal do monstro que ela dizia ver. Ela apenas dizia ser um monstro para não me ofender. Esse é mais um dos motivos que a fez fazer o que fez.

"Ela deve ter pensado que as visões e pesadelos eram presságios. Que eu, algum dia, por algum motivo, acabaria levando-a à morte. E por esse motivo, e para escapar da internação, ela decidiu desaparecer."

Aymeric lembrou-se naquele instante do que Abel Goldfarb lhe contara naquele dia, mas achou melhor ficar quieto, ao menos por enquanto. Se dissesse o que sabia, confirmasse que o que Heloise realmente via em suas visões e pesadelos era Álvaro levando-a à morte, o cunhado acabaria acreditando ainda mais que sua hipótese era verdadeira, algo totalmente absurdo para Aymeric.

– Vá se banhar, meu cunhado – disse Aymeric, por fim. – E depois desça para o jantar. Você teve longas horas de viagem, deve estar sedento e com fome.

Álvaro acatou a sugestão.

O jantar transcorreu de forma agradável. Mirelle, a esposa de Aymeric, era uma jovem muito agradável, fez questão ela mesma de pôr a mesa e preparar parte do jantar.

– Essa é a minha filha – comentou Aymeric, apresentando a menina de apenas três anos de idade para Álvaro.

Álvaro sorriu emocionado.

– Olá, como vai? – disse, pegando na mãozinha da criança.

– Ela se chama Lisandra.

– Bonito nome.

Logo o rosto de Álvaro estava riscado de lágrimas.

– O que foi?

– Desculpem-me. É que eu vi nela a filha ou o filho que eu poderia ter tido com Heloise.

Aymeric pegou no ombro do cunhado e disse:

– Eu sinto muito, Álvaro.

– Eu sei.

Ele enxugou as lágrimas com o lenço e, então, readquirindo o mesmo entusiasmo que tinha na voz quando chegou ali, disse:

– Eu sei até onde sua irmã se encontra, Aymeric.

– Sabe?

– Sim. Eu a encontrei sem querer. Pode parecer que foi o acaso que me levou até ela, mas, na verdade, foi o destino. É uma história impressionante. Hoje, ela se chama Hannah Balzac. Vive na Grécia. Tornou-se uma pintora.

Os donos da casa se entreolharam. Álvaro acrescentou:

– Amanhã começo a busca da mulher que ajudou Heloise a fazer toda aquela farsa.

– Esqueça isso, meu cunhado.

– Não. Não vou esquecer. Não enquanto não provar a todos que estou certo no que digo.

– E se estiver errado.

– Preciso, então, encontrar provas circunstanciais para isso.

Sem se dar conta, Álvaro murmurou:

– Uma nadadora, uma exímia nadadora... Um mulher que não tem medo do mar, ousada...

– Já ouvi falar de muitos homens assim – opinou Mirelle. – Desculpe, não deveria ter me intrometido.

– Não foi nada. Você tem razão, é mais fácil encontrar homens que se encaixam nesse perfil do que mulheres, mas quem saltou do penhasco foi uma mulher, disso estou certo, não só eu vi, como meus criados a viram. Uma mulher usando um dos vestidos de Heloise com a mesma cor e corte de cabelo dela.

A esposa olhou para o marido sem compreender. Aymeric pediu permissão ao cunhado para explicar para Mirelle sua hipótese. Foi o próprio Álvaro quem quis dar as devidas explicações.

– É uma história fascinante – comentou Mirelle ao término da narrativa.

– Concordo – afirmou Álvaro –, fascinante e real.

O assunto tomou outros rumos até que Álvaro se levantasse e dissesse:

– Vou me deitar agora, estou bastante cansado. Parto amanhã assim que o sol raiar.

– Fique mais uns dias conosco – convidou Aymeric.

– Infelizmente, não posso, meu caro. Preciso encontrar essa mulher que ajudou Heloise a fugir de mim. Boa-noite.

Marido e esposa se entreolharam.

Aymeric levantou-se na madrugada assim que ouviu alguns ruídos soando de leve pela casa. Queria despedir-se de Álvaro e dizer-lhe algumas palavras antes de ele partir.

– Não precisava ter se levantado, meu cunhado – disse Álvaro, assim que o cunhado chegou.

– Fiz questão.

– Obrigado pela recepção, por sua atenção...

Aymeric interrompeu o que ele dizia, pegando firme no antebraço dele e dizendo seriamente:

– Esqueça tudo o que me disse, Álvaro. Será melhor para você.

– Você, no fundo, acha que eu estou sofrendo das ideias, não? Mas está enganado, Aymeric, muito enganado. Nunca estive tão lúcido em toda a minha vida.

– Meu cunhado, torno a repetir: minha irmã amava você mais que tudo, ela jamais seria capaz de fazer algo que lhe causasse tanta dor.

– Você não compreende, Aymeric, ou não quer compreender.

– Eu sei que vai se aborrecer muito com o que eu vou lhe dizer agora, mas é preciso que eu diga, para o seu próprio bem. Você precisa procurar um médico, um médico que possa ajudá-lo a lidar melhor com a sua mente.

– Eu não estou louco, Aymeric.

– Um médico poderá ajudá-lo muito.

Álvaro bufou e disse:

– Que pena que você não acredita em mim. Eu me vou. Se precisar de mim, não hesite em me chamar, estarei sempre a sua disposição. Tenho grande apreço por sua pessoa, você bem sabe...

– Eu sei.

– Cuide-se.

Aymeric assentiu com os olhos.

– Aymeric.

Aymeric parou na soleira da porta e voltou-se para trás. A voz de Álvaro soou firme outra vez:

– Eu ainda vou encontrá-la, Aymeric, você vai ver, nem que leve anos, quase uma vida inteira, eu ainda hei de encontrar Heloise.

Aymeric preferiu não dizer mais nada. Apenas acenou para o cunhado, que partia na carruagem.

Voltou para o interior da casa, levando consigo uma forte preocupação com o estado emocional de Álvaro.

Enquanto voltava para o quarto, voltou-lhe à lembrança um trecho da conversa que tivera com Álvaro no dia anterior. Então, Aymeric comentou consigo mesmo: "Heloise jamais seria capaz de fazer algo do gênero, jamais. Não condiz com a sua personalidade."

Mirelle Cézane encontrou o marido cabisbaixo, sentado à mesa do café da manhã.

– Bom-dia – disse ela, beijando-lhe a testa.

– Bom-dia.

– O que foi?

– Estava pensando, pensando em Álvaro, estou com pena dele. Muita pena.

Mirelle puxou a cadeira e se sentou.

– Você sabe que acordei hoje pensando no que ele me contou ontem à noite.

– Ah, sim, na sua hipótese absurda.

– Acredita mesmo que seja absurda, meu marido?

– Total. Minha irmã seria incapaz de planejar uma farsa bem como levá-la adiante como Álvaro acredita que ela fez.

– Mas, como ele mesmo disse, não foi ela quem tramou tudo aquilo, e sim, alguém, provavelmente a mulher que saltou do penhasco no lugar dela.

– Mulher, que mulher é essa, Mirelle?! Onde e quando você já ouviu falar de uma mulher com esses dotes?

– É nisso, exatamente, que eu estava pensando, meu amor. Talvez não fosse uma mulher, e, sim, um homem.

Aymeric irritou-se:

– Como um homem, Mirelle?! Se fosse um homem, Álvaro saberia que era um que corria a sua frente e que saltou do desfiladeiro.

– Desculpe-me, querido, expliquei-me mal. Quando disse que poderia ser um homem que saltou do penhasco, quis dizer um homem vestindo roupa e peruca de mulher.

Aymeric arregalou os olhos surpresos.

– Um homem vestido de mulher? Não tem cabimento, meu bem. Álvaro saberia que era um homem vestido de mulher que corria a sua frente.

– Não saberia, não. Lembro-me muito bem do que ele me contou ontem após o jantar. Heloise, corria a uma boa distância dele, o que serviria para encobrir o disfarce, caso fosse um homem se passando por ela. Álvaro também disse que, quanto mais ele se aproximava dela, mais ela corria. E corria, na minha opinião, para manter a distância necessária para encobrir sua verdadeira identidade. Se bem que, no estado emocional caótico em que Álvaro se encontrava naquele momento, seria quase impossível ele se ater a um pormenor como esse. Tudo aconteceu como num truque mágico.

– Sua imaginação é muito fértil, Mirelle.

– Você acha – brincou ela.

– Sim, meu bem. Tão fértil quanto à de Álvaro. Tenho pena dele. Muita pena.

– Eu também fiquei com muita pena dele.

Enquanto Aymeric tomava o chá, ele se perguntou mais uma vez se deveria ou não ter dito a Álvaro que ele estava certo no que supôs sobre os pesadelos e visões que atormentavam a irmã.

A carruagem levando Álvaro seguia de volta para sua cidade e pelo caminho eles iam parando em todas as aldeias por onde passavam, para dar água aos cavalos e a si próprios, além de alimentos.

Álvaro seguia pensando, revendo sua hipótese nos mínimos detalhes e, quanto mais ele revia, mais ele encontrava nela a certeza de que ele estava certo.

Quando a carruagem passou por um trecho da estrada quase rente ao mar, um grupo de pescadores despertou a atenção de Álvaro. Ele, imediatamente, fez sinal para que o cocheiro parasse a carruagem.

– O que foi, meu senhor – perguntou Vanville, olhando curiosamente para o patrão.

Álvaro não respondeu, atravessou a estrada até poder ficar numa posição mais favorável para ver o grupo de pescadores à distância.

– Meu senhor – chamou Vanville.

Álvaro, contudo, pediu que ele se calasse com um gesto de mão. Levou quase cinco minutos em profundo silêncio até que Álvaro dissesse:

– Não era uma mulher, Vanville. Foi um homem, um homem vestido de mulher que se jogou do desfiladeiro naquele dia.

– Homem? Vestido de mulher? Eu não entendo... – murmurou o cocheiro, um tanto quanto aturdido.

– Sim. Um homem. Tudo agora se encaixa. Ele contou com o desespero que se abateria sobre mim para não perceber que se tratava de um homem vestido de mulher correndo a minha frente. O estado desesperador em que eu me encontrava ajudou também para que eu não me ativesse a pormenores que pudessem desmascarar a farsa. Ele pensou em tudo.

– Ele? Ele quem?

– Esse homem que criou toda essa farsa para fazer com que eu pensasse que Heloise havia morrido.

– Homem?

– Sim, um nadador, um exímio nadador. Alguém que se encantou por Heloise, teve pena dela, quis ajudá-la a todo custo a se livrar de mim, do perigo que ela parecia correr vivendo ao meu lado.

– Desculpe dizer, meu senhor, mas sua esposa o amava.

– Disso estou certo, Vanville. Ainda assim, ela fez o que fez para fugir de mim.

– Vamos embora, meu senhor.

– Vanville. Como era mesmo o nome daquele pescador de quem sempre comprávamos peixe? Aquele que estava sempre pescando, sentado nas rochas ao pé do desfiladeiro?

– Creio que era Abel, meu senhor.

Os olhos de Álvaro brilharam.

– Abel – murmurou. – É isso... bem que eu tinha a certeza de já tê-lo visto antes em algum lugar.

– E o senhor o viu?

– Vi, Vanville.

– Onde, meu senhor?

– Uma vez em Londres. Ele era conhecido por Abel Gold... alguma coisa. Goldfarb. Abel Goldfarb. Sim. Agora me lembro. O nome inteiro dele era Abel Goldfarb, um dos melhores nadadores que a Europa já conheceu.

– Já ouvi falar dele, meu senhor.

– A Europa inteira já deve ter ouvido falar dele.

– O que houve com ele?

– Segundo me lembro, ele abandonou o esporte depois de viver uma tragédia na família. Nunca mais ninguém o viu. Mas eu sei agora do seu paradeiro, Vanville. Abel Goldfarb vive em nossa cidade. E foi ele, Abel Goldfarb, quem se jogou do desfiladeiro naquele dia fatídico, usando uma roupa igual à que Heloise vestia naquele dia e uma peruca na tonalidade de seus cabelos, para que eu pensasse que era ela quem havia se jogado no mar.

Vanville teve um espasmo de olhar. Álvaro prosseguiu:

– A uma certa distância de mim, seria o suficiente para convencer um homem, míope, por sinal, que quem corria a sua frente era a própria esposa.

O cocheiro coçou a nuca.

– Foi um plano perfeito – completou Álvaro, feliz por sua descoberta.

Álvaro e Enzo Fávero trocam ideias...

– Você se lembra de Abel Goldfarb, não se lembra, Enzo?

O rapaz voltou-se para o amigo tomado de espanto.

– Abel... Goldfarb... – gaguejou Enzo, com um ar de espanto nublando os seus olhos. – Esse nome não me é estranho.

– Abel Goldfarb era um grande esportista, lembra? Um exímio nadador...

– Sim... Abel Goldfarb, agora lembro... Não era ele quem gostava de correr riscos, saltar dos lugares mais inóspitos?

– Desfiladeiros, por exemplo. Sim, ele mesmo. Abel, além de ser um exímio nadador, era também um homem apaixonado por correr riscos.

Enzo balançou a cabeça, pensativo. Álvaro acrescentou:

– Nós o vimos uma vez num campeonato, Enzo, lembra?

– Faz tanto tempo...

– Lembro-me até de ter encontrado vocês dois conversando na rua.

– É mesmo? Eu não me lembro?

– Não importa.

– Por que se lembrou desse homem agora, Álvaro?

– Você logo vai me compreender.

Enzo olhou com interesse para o amigo. Álvaro acariciou o lábio superior e disse:

– Abel Goldfarb abandonou o esporte, segundo soube, depois que teve uma tragédia na família.

– Tragédia?

– Sim. Ele tinha um filho cujo ídolo era o pai. Certo dia, o menino quis imitá-lo e saltou de um dos morros que havia nas imediações da casa onde moravam. Sua queda foi fatal. Abel Goldfarb nunca mais se recuperou da tragédia e desistiu, terminantemente, de nadar e saltar. Abandonou tudo de tão descorçoado que ficou depois da morte do filho.

– Sim, é isso mesmo, agora lembro. Mas o que fez você se lembrar desse homem, agora, Álvaro?

Álvaro expôs a sua hipótese. Os lábios de Enzo estavam abertos ao fim da explanação.

– Você acredita mesmo em tudo isso que supõe?

– Acredito piamente.

– Se Abel Goldfarb prometeu a si mesmo que ele não saltaria mais de lugar algum depois da morte do filho, por que haveria de quebrar sua promessa?

– Como sabe que ele prometeu a si mesmo tal coisa?

– Dedução.

Enzo refletiu por instantes, enquanto acariciava o lábio superior. Depois, disse:

– Será mesmo que aquele pescador chamado Abel era mesmo Abel Goldfarb?

– O próprio.

– Lembro-me de tê-lo visto uma vez conversando com Heloise na praia.

– Os dois eram muito amigos.

– O que houve com ele?

– Segundo me informaram, ele mudou-se daqui para uma outra cidade, logo após a tragédia que envolveu Heloise.

– Mudou-se?

– Sim. Coincidência demais, não? Ele ter mudado daqui poucos meses depois da tragédia?

– Sem dúvida.

Enzo pareceu acometido por uma estranha hesitação antes de perguntar:

– Você acredita mesmo que essa mulher, como é mesmo o nome dela?

– Hannah Balzac.

– Você acredita que ela é Heloise?

– Acredito.

Enzo mordeu os lábios, reflexivo por instantes, por fim disse:

– Gostaria muito de vê-la para saber se realmente é...

– Você a verá, Enzo. Você a verá, meu caro. Preciso que a veja para me ajudar a identificá-la.

Álvaro examinou mais atentamente o amigo antes de perguntar:

– A propósito, quando você reconheceu o corpo de Heloise, o corpo que acreditou ser dela, por nenhum momento passou pela sua cabeça que não fosse o corpo de minha esposa?

– Não! – a resposta de Enzo soou tão exaltada que Álvaro se assustou com ela.

– Não – repetiu Enzo, abrandando a voz. – Estava tão aturdido. Não foi fácil ir até lá e ter de encarar o corpo dela naquelas condições lamentáveis.

– Eu faço ideia.

Houve uma breve pausa e depois, sem nenhuma alteração de voz, Enzo quis saber:

– O que você pretende fazer agora?

– Pretendo encontrar Abel Goldfarb. Não será fácil, mas vou conseguir.

– Por que precisa encontrá-lo?

– Porque quero pô-lo frente a frente com Hannah Balzac. É o único modo de fazê-la admitir perante mim que é Heloise.

– Por que ela não assumiria que é ela, sem ele?

– Porque ela tem medo, meu caro Enzo, medo que eu me revolte contra ela. Deve sentir mais medo de mim agora do que antes de partir daqui. Estou quase certo de que os pesadelos e visões que ela tinha eram comigo. O monstro que ela dizia ver era eu.

Enzo estremeceu.

– Será difícil localizar esse tal de Abel. Se ele partiu daqui logo após a tragédia, isso já faz dez anos. O homem já pode estar morto.

– Deus queira que não.

– Parece absurdo, não, que já se passaram dez anos da tragédia.

– Sim, Enzo... E você não faz ideia o que foi viver sem Heloise ao meu lado durante todo esse tempo.

Enzo engoliu em seco, fazendo grande esforço para não chorar.

Foi na manhã do dia seguinte que Álvaro De Lucca partiu em busca do paradeiro de Abel Goldfarb, disposto a encontrá-lo, nem que tivesse de revirar os quatro cantos do planeta.

Sua busca foi se estendendo por mais tempo do que pensou. Foram meses tomados de ansiedade e tensão. Numa tarde bastante fria de outono, ele, finalmente, encontrou o homem.

– O senhor Abel Goldfarb, está? – disse Álvaro para o criado que abriu a porta da casa.

– O senhor Abel está descansado, meu senhor – explicou o criado.

– Eu preciso muito falar com ele. Muito mesmo. É urgente.

O homem pareceu incerto quanto ao que fazer. Por fim, disse:

– Aguarde um instante, meu senhor. A quem devo anunciar?

– Diga a ele que é da parte de Heloise De Lucca.

– Sim, senhor.

Meio minuto depois, o criado dava passagem para Álvaro entrar na humilde casa. Álvaro entregou o sobretudo e o chapéu para o criado que, depois de pendurá-los no porta-chapéu, voltou-se para Álvaro e disse:

– Por aqui, meu senhor.

Álvaro seguiu o homem até o cômodo que deveria ser usado como sala.

– Sente-se, por favor. O Senhor Goldfarb logo estará com o senhor.

Álvaro sentou-se, cruzou a perna e aguardou a vinda do homem. Ele mal podia acreditar que, depois de tantos meses de procura, finalmente, estava na casa de Abel Goldfarb, prestes a falar com ele. A ansiedade de Álvaro agravou-se.

Abel Goldfarb entrou na sala, dizendo:

– Pois não?

Quando seus olhos avistaram Álvaro, o homem retesou o passo.

Álvaro levantou-se de onde se encontrava sentado e por nenhum segundo deixou de olhar o dono da casa nos olhos.

Abel cerrou os olhos.

– Pois não?

Álvaro foi direto ao assunto.

– Eu sei que se lembra de mim, meu caro. Não adianta negar, posso ver em seus olhos que sim.

O homem olhou-o firmemente por um momento antes de balançar a cabeça em concordância e dizer:

– Sim, eu me lembro do senhor. Era o marido de dona Heloise De Lucca, não?

– Sim. Eu mesmo.

O homem pareceu reviver o passado em memória.

– Eu ainda me lembro como se fosse hoje o dia em que ela...

Abel sentou-se no sofá e se pôs a narrar o dia em que Heloise o salvou da gruta. Ao término da narrativa, Álvaro comentou:

– Já faz dez anos que a tragédia ocorreu.

– Tanto tempo assim?

– Sim.

– Foi muito triste. Eu gostava muito dela.

– Eu sei.

Abel se moveu na poltrona com ar desconfiado.

– O que o traz aqui?

– O senhor sabe.

– Sei?

– Sabe, sabe muito bem o que me traz aqui.

– Não faço a mínima ideia.

– Eu sei de tudo, Abel. Sei de tudo o que você foi capaz de fazer para ajudar Heloise.

– Ainda não consigo entender aonde o senhor quer chegar.

– Vamos direto ao ponto, por favor. Faz meses que estou procurando por sua pessoa.

– Suas palavras não fazem sentido para mim.

– Eu sei que foi você quem pulou do desfiladeiro naquele dia. Você vestia uma roupa igual a de Heloise e uma peruca na tonalidade dos cabelos dela.

O maxilar do dono da casa enrijeceu. Havia agora uma expressão séria sombreando seu rosto.

– Não adianta negar, eu sei. Levei praticamente dez anos para perceber a farsa, mas finalmente eu descobri. Fui muito tolo, jamais pensei que seria tão tolo a esse ponto, mas, o que se há de fazer?

Uma estranha expressão tornou a sombrear o rosto do homem. Álvaro prosseguiu:

– Você não precisa me confirmar nada, sei que não fará. Eu só quero uma coisa de você, que vá comigo à Grécia.

– Grécia? Por que à Grécia?

– Por que é onde Heloise vive atualmente. Ela hoje se chama Hannah Balzac, é pintora. A princípio, achei que Hannah fosse apenas uma mulher muito parecida com Heloise, mas, depois de descobrir a farsa, não me resta mais dúvida de que Hannah Balzac é, na verdade, Heloise Césanne De Lucca, minha adorada esposa.

"Eu não vim aqui lhe pedir para me ajudar, eu vim aqui lhe implorar que me ajude. Eu amo minha esposa, nunca deixei de amá-la, sei muito bem o que a fez fugir de mim, mas esse tormento não pode mais nos separar. Você não faz ideia do que é viver sem Heloise. Há dez anos eu vivo a dor da sua ausência."

Abel Goldfarb se manteve quieto para desespero de Álvaro.

– Diga-me alguma coisa, Abel, pelo amor de Deus, por favor.

– O senhor precisa de um tratamento psíquico – foram as palavras do homem.

Álvaro não se deixou abater. Revidou no mesmo instante:

– Eu só lhe peço que vá comigo à Grécia, por favor.

– O corpo de sua esposa foi encontrado meses depois pelo que soube, não? Se foi encontrado, como é que ela pode estar viva?

– Não era o corpo dela. Era o corpo de uma mulher que vivia numa das aldeias vizinhas que morreu afogada no mar. Fiz uma pesquisa minuciosa nas aldeias vizinhas e descobri que uma mulher desapareceu na mesma época em que Heloise foi dada como morta e seu corpo nunca foi encontrado. Quem reconheceu o corpo como sendo de Heloise foi Enzo Fávero, meu grande amigo. Pedi a ele que fizesse isso, visto que eu não tinha condições psíquicas e emocionais de fazê-lo. Uma vez que o corpo se encontrava em avançado estado de decomposição, Enzo acreditou ser o de Heloise. O mesmo aconteceu com Aymeric, meu cunhado, irmão de Heloise, ao vê-lo.

Abel parecia agora com ligeira falta de ar.

– Eu até faria o que me pede, meu senhor, mas infelizmente não posso me ausentar daqui. Simplesmente, não posso. Eu sinto muito. Tenho esposa, tenho filhos para criar.

– Não levará mais que alguns dias.

– Eu sinto muito.

A resposta soou num tom áspero e amargo. Álvaro deu um longo suspiro e aguardou por quase um minuto para dizer:

– Eu soube do que aconteceu com seu filho, Abel. A tragédia que se abateu com a sua família. Você sofreu como eu sofri com a perda de Heloise. Por isso deve saber o quanto significa para mim reencontrá-la.

Abel Goldfarb empalideceu. Suas mãos agarraram-se à superfície do sofá. As pálpebras desceram-lhe sobre os olhos, ele travou novamente o maxilar por alguns minutos e depois disse, sentindo-se pouco à vontade:

– Eu vou pensar.

– Eu aguardarei na pensão do vilarejo por sua resposta.

Capítulo 9

Nesse ínterim, Mirelle, Aymeric e a filha, Lisandra, haviam ido à Côte D'Azur visitar André D'Elia, o tio querido de Mirelle, que os recebeu em sua casa com grande alegria e satisfação. Um senhor grandalhão, de ar nobre, conservado para os seus quase cinquenta anos de idade.

– Há muito que queríamos vir visitá-lo, titio – explicou Mirelle, assim que se viu diante do tio querido –, mas Aymeric vive sempre tão ocupado com seu trabalho que foi impossível, para nós, visitá-lo antes.

– O bom é que vocês, finalmente, vieram. E isso me deixa muito feliz. Quis muito que viessem até aqui para que eu finalmente possa dar o presente de casamento de vocês.

– Não é preciso, titio.

– Eu faço questão. Resta saber se Aymeric terá paciência para...

Aymeric sorriu sem compreender.

– Para? – perguntou.

– Titio, como você sabe, querido, é um excelente pintor.

– O "excelente" fica por conta de Mirelle.

– Não seja modesto, titio.

O bom homem fez uma careta.

– Bem, como eu dizia, titio é um magnífico pintor e quer nos presentear com um quadro.

– É mesmo? – alegrou-se Aymeric. – Fico lisonjeado.

– Será um porta-retrato de nós dois, meu bem – explicou Mirelle.

– Que honra.

– Para isso, precisamos posar para ele. Resta saber se você terá paciência para isso, Aymeric.

– Terei. Tenho de ter, valerá a pena!

– Começaremos amanhã de manhã. Teremos intervalos, logicamente, para que todos descansem.

Aymeric voltou-se para um dos quadros dependurado na parede e comentou com sinceridade:

– Suas obras são magníficas.

– Bondade sua.

– O senhor vende seus quadros para a nobreza?

– Sim.

Aymeric aproximou o rosto de uma das pinturas para vê-la com maiores detalhes.

– O que acontece quando pinta um quadro e gosta muito dele? – perguntou a seguir.

– Sinto uma dor tremenda na hora em que ele é levado embora de casa – explicou o tio, com voz triste. – No entanto, procuro me consolar pintando outro. Quadros são, para mim, como filhos e nenhum pai quer ver seus filhos longe dele, por mais que cresçam, por mais que tenham de seguir seus rumos.

– Boa comparação.

Aymeric contemplou o quadro, sentindo uma admiração imensa apertar seu coração.

– Esse quadro aqui é soberbo – elogiou.

– É um dos meus favoritos também – confirmou o pintor – mas já está vendido para o Duque de Lachantre. O quadro que está ao lado dele foi vendido para o Príncipe de Bourbon, o qual, por sinal, estará dando uma festa amanhã em sua casa. O bom príncipe convidou a todos de minha família, inclusive vocês.

– É mesmo?

– Sim. Disse a ele que meus queridos sobrinhos estariam passando uns dias comigo e ele fez questão de que eu levasse vocês à festa.

– Nossa! – exclamou Aymeric. – Uma festa na presença de alguém da realeza... Vai ser deveras emocionante.

A festa estava repleta de convidados, as mulheres desfilavam pelo grande salão exibindo seus rostos belamente maquiados e seus vestidos lindamente bordados e rodeados.

– Quanta elegância – comentou Aymeric no ouvido da esposa.

– Sua Alteza deseja lhes falar – disse o tio de Mirelle, aproximando-se do casal em companhia do príncipe.

Aymeric e Mirelle fizeram a reverência de praxe diante da realeza.

– Sua casa é belíssima – elogiou Mirelle, com sinceridade.

– E a senhora é encantadora – elogiou o príncipe, no seu tom mais polido.

– O senhor é muito cortês.

– É uma honra para mim ter os sobrinhos queridos do grande pintor André D'Elia em minha casa.

– Nós é que nos sentimos honrados por estarmos aqui na sua presença, Alteza.

O príncipe sorriu agradecido, fez uma mesura e se retirou. Os presentes abriam passagem, demonstrando um respeito majestoso por onde o homem passava. Assim que o príncipe se foi, Mirelle comentou:

– Ele é uma simpatia.

O tio concordou. Aymeric olhou de viés para a esposa, ligeiramente enciumado.

Os olhos negros de André D'Elia passeavam pelo lindo salão tomado de convidados, extremamente bem vestidos, a conversar em pequenas rodas e, aos pares, a bailar pelo belíssimo salão, quando se lembrou de mostrar aos sobrinhos uma de suas obras que havia sido comprado pelo príncipe, a qual, na sua opinião, considerava a melhor.

– Venham, quero lhes mostrar um dos meus quadros favoritos. Sofri muito para me desapegar dele. É, de todos os que pintei, o mais belo, o mais perfeito na minha opinião.

O casal seguiu o artista até um grande corredor tomado de quadros.

– O quadro tem nome, titio? – indagou Mirelle.

– Sim. “A dama do destino”.

– Título interessante – comentou a sobrinha.

Quando eles pararam diante da obra, o tio perguntou:

– É esse, não é maravilhoso?

– É realmente muito bonito – comentou Mirelle, boquiaberta.

– É, não é?

– O que achou, meu bem?

Aymeric, que até então admirava uma coluna de mármore toda desenhada em tons dourados, perguntou:

– O que foi? Estava prestando atenção à coluna...

– O quadro, meu amor, o quadro que titio batizou com o nome de "A dama do destino". É belo, não? Não é à toa que ele o considera sua obra-prima.

Quando os olhos de Aymeric se voltaram para a obra, um misto de espanto e horror cobriu a sua face. Mirelle reforçou o que havia dito:

– É, na minha opinião, a obra-prima de titio.

Percebendo a ausência do marido, Mirelle voltou-se para ele:

– Aymeric? – chamou ela.

O marido não respondeu. A esposa examinou-o de alto a baixo e perguntou:

– Aymeric, você está bem?

Os lábios dele moveram-se, mas as palavras não tiveram força suficiente para atravessá-los. Levou quase um minuto até que ele conseguisse perguntar:

– Quando foi exatamente que o senhor pintou esse quadro?

O homem refletiu por alguns instantes. Por fim, disse:

– Já faz pelo menos uns oito, nove anos. Por quê?

– A mulher que posou para o senhor, quem é ela? É alguém que mora nessa cidade?

– Não creio, deveria estar só de passagem por aqui, visitando algum parente. Pelo menos, foi essa a impressão que tive quando a conheci. Pouco falava, pouco respondia sobre a sua vida, tanto que desisti de lhe fazer perguntas. Ela parecia necessitada de dinheiro, aceitou posar para mim somente por isso, caso contrário, creio que não teria aceitado, disso estou certo. Era uma moça linda. No entanto, jamais vi tanta tristeza nos olhos de uma mulher.

– Qual era o seu nome?

– Seu nome era.. como era mesmo? Fugiu-me agora...

– O senhor nunca mais a viu?

– Nunca mais. Sumiu. Não deveria ser realmente daqui ou, se era, deve ter se mudado para uma outra cidade, até mesmo de país. Por que o interesse, meu jovem?

– É que ela me lembra muito uma pessoa que conheci, minha irmã. Na verdade, ela é uma replica perfeita da minha irmã.

– Sua irmã?

– Sim.

Mirelle olhou para o marido, espantada.

– Talvez seja ela mesma quem posou para mim.

– Impossível.

– Ora, por quê?

– Porque Heloise nessa ocasião já estava morta.

O pintor sentiu um arrepio da cabeça aos pés.

– Talvez eu esteja errado quanto à data em que o quadro foi pintado, talvez tenha sido antes do que lhe falei, quando foi exatamente...

Aymeric o cortou, dizendo:

– Ainda que tivesse sido antes de sua morte, não faz sentido, Heloise teria me dito, se tivesse posado para alguém, ainda mais um pintor renomado.

– Talvez ela tenha se esquecido, quis guardar segredo.

– Não creio. Além do mais, Heloise nunca saiu da nossa cidade para nada, tampouco da cidade onde morava com Álvaro.

Mirelle voltou-se para o marido e pediu-lhe licença para opinar.

– Mas, querido, se você diz que a moça do quadro de titio é uma réplica perfeita de sua irmã, em algum lugar do tempo e espaço sua irmã deve ter posado para ele. A não ser que exista uma mulher muito semelhante a ela. Talvez sua irmã caçula.

– Minha irmã caçula é completamente diferente de Heloise. Puxou a família do papai. Eu e Heloise puxamos a família da mamãe, o lado da família da mãe dela, de nossa avó.

Mirelle refletiu por instantes, por fim opinou:

– Talvez essa moça seja aquela que seu cunhado comentou ter encontrado na Grécia e que se parecia muito com sua irmã Heloise.

– Pode... No entanto, eu nunca vi duas pessoas na face da Terra se parecerem tanto uma com a outra a não ser que sejam gêmeas idênticas, o que não é o caso de Heloise.

– Você acha que... – murmurou Mirelle pensativa.

– Eu não acho nada, Mirelle. Não vamos nos precipitar em conclusões. Quero apenas saber quem é essa mulher.

Mirelle massageou o braço do marido e o aconselhou:

– Procure relaxar.

– Vou tentar, mas não creio que eu vá conseguir.

Na manhã do dia seguinte, logo pelo café da manhã, André D'Elia aproximou-se do sobrinho e disse com alegria:

– Lembrei-me do nome da jovem.

Aymeric quase saltou da cadeira.

– Seu nome era Hannah... Hannah Balzac. Ao menos foi esse o nome que ela me deu. Enquanto posava, ela se interessou por pintura. Ficou tão fascinada que quis muito aprender. Nunca fui de dar aulas para alguém, mas eu senti vontade de ensinar ela, pelo menos, os princípios básicos da pintura.

Aymeric e Mirelle se entreolharam.

Horas depois, Aymeric comentava com a esposa:

– Eu estava pensando, pensando no que Álvaro nos falou e...

– Chegou à conclusão de que ele pode estar certo, é isso, não?

– Odeio admitir que sim. Eu gostaria muito de ver de perto, com os meus próprios olhos, essa tal de Hannah Balzac.

– Só se formos à Grécia, meu amor.

– Grécia?

– Sim. É lá que Álvaro nos disse que ela mora, não lembra?

– Agora, sim.

– E se Hannah Balzac for realmente Heloise, sua irmã?

– Deus queira que não.

– Por que, meu amor? Pensei que iria se sentir feliz por saber que sua irmã está viva.

– Digo isso, Mirelle, porque se Heloise fez tudo o que fez para escapar de Álvaro, seu plano de nada adiantou. Ele sabe onde encontrá-la. Os dois serão unidos novamente pelo destino.

– E isso não é ótimo?

– Eu não sei... juro que não sei dizer mais se isso é bom ou mau. A união dos dois saiu completamente diferente do que pensávamos, só houve dor e tormentos. Se Heloise fez o que parece ter feito para fugir de Álvaro, é porque seu temor em relação a ele era realmente sério. Muito sério. Pobrezinha, ela deve ter sofrido horrores. Deve ainda estar sofrendo horrores, por haver abandonado tudo o que tinha, inclusive a família, e por haver se tornado outra pessoa, dependendo única e exclusivamente do trabalho que deve ter arranjado para se sustentar.

– A não ser...

– A não ser?

– A não ser que alguém a tenha ajudado financeiramente. Talvez ainda a ajude. Alguém que lhe queira muito bem.

– Quem?

– Eu não sei..

Enquanto isso, na Grécia, Álvaro De Lucca procurava por Hannah Balzac, acompanhado de Abel Goldfarb, mas nem um sinal da moça. Por mais que procurassem, não conseguiam encontrá-la e, o que era pior, ninguém tinha notícias dela ou maiores informações a seu respeito.

– Desista, homem – disse Abel Goldfarb para Álvaro.

– Não! – explodiu ele. – Ela tem de estar aqui em algum lugar. Ela soube que eu viria atrás dela e tratou logo de desaparecer.

– Soube?

– Sim, pressentiu ou alguém lhe avisou.

Antes que Abel pudesse dizer mais alguma coisa, Álvaro disse:

– Talvez tenha sido você próprio quem lhe avisou.

– Eu?

– Não se faça de cínico.

– Eu nada tenho a ver com isso.

– Tem sim, não adianta fingir.

A face de Abel tornou-se a seguir imperscrutável.

– Leve-me embora – pediu a seguir.

– Não antes de encontrar essa mulher.

– Essa mulher que pode ser apenas uma projeção da sua mente.

Álvaro voltou-se para o homem, fulminou-o com os olhos e disse com acidez:

– Hannah Balzac não é uma projeção da minha mente. Ela é real. Você sabe que ela é real

As duas últimas palavras foram encobertas pelo choro.

– Eu amo Heloise... – desabafou Álvaro entre lágrimas. – Amo de paixão. E sei que ela também me ama.

Abel teve de admitir para si mesmo que sentia agora certa pena daquele homem de 33 anos de idade, viúvo há dez. No entanto, não soube o que dizer a ele para aliviar a sua dor.

Cansado de procurar por Hannah Balzac na Grécia, Álvaro De Lucca resolveu desistir de sua busca e voltou para a sua casa. Assim que se viu diante de Enzo, o amigo lhe falou seriamente:

– Álvaro, Heloise está morta. Afogada. Não se prenda mais à esperança de encontrá-la viva, meu amigo. Você precisa seguir em frente. Esqueça o passado de vez, dê um novo rumo para a sua vida. Torne-se uma outra pessoa. Encontre uma mulher que o faça esquecer essa tragédia, que lhe dê um novo propósito de viver.

Álvaro baixou a cabeça e, ainda chorando, disse:

– Você tem razão, Enzo. Toda razão. Fiz de tudo para trazer Heloise de volta para mim e, no entanto, nada consegui. Não aguento mais viver assim, não mais. Se Heloise insiste em querer viver longe de mim, pois que ela viva então. Eu nunca mais irei procurá-la.

Enzo mordia os lábios, tomado de certa tensão quando o amigo acrescentou:

– Quero ir me embora dessa casa, desse lugar para nunca mais voltar.

– Tem certeza, Álvaro, você está nervoso, não tome decisões nesse estado de nervos.

– Vou me embora sim, Enzo, de volta para a cidade onde nasci. Deveria ter voltado para lá muito antes, assim teria tido a chance de desfrutar da companhia dos meus pais por mais tempo. Mas não, insisti em permanecer aqui, enfurnado nesse casarão, repleto de memórias a vagar por entre os cômodos, como se fossem fantasmas. Cansei de viver com fantasmas.

– Nisso você tem razão, meu amigo, toda razão.

– Ponha a casa à venda, Enzo. É uma propriedade linda, haverá logo quem queira comprá-la.

– Se é isso o que você realmente deseja...

– É isso que desejo, sim.

Em menos de um mês, a casa foi vendida, como Álvaro tanto quis. Quando a carruagem partiu da propriedade levando Álvaro de volta para a sua cidade natal, ele nem sequer voltou os olhos para trás, para ter uma última visão do local onde ele planejou viver os seus maiores sonhos ao lado da mulher que tanto amou: Heloise Cézanne De Lucca. Ele simplesmente olhava para a frente, para um futuro, ainda que incerto, um futuro onde ele, pelo menos, pudesse se resguardar dos traumas do passado.

Capítulo 10

Esperanza subiu o lance de escadas carregando sobre a cabeça uma trouxa de roupas lavadas para serem passadas. Assim que pôs a mesa para passar a roupa, sua amiga querida, Hannah Balzac, entrou no aposento.

– Será que podemos falar agora sobre aquilo? – perguntou Esperanza, minutos depois.

Hannah desviou os olhos para a janela que enquadrava uma sacada e respondeu seriamente:

– Não temos nada para conversar, Esperanza.

– Temos sim e você sabe disso.

– Você vive me importunando com essa história.

– Eu só quero o seu bem, Mimi.

– Eu sei, mas...

– Não é justo o que você vem fazendo com você ao longo desses anos.

O coração de Hannah disparou a ponto de ela não conseguir respirar. No entanto, procurou imediatamente controlar os nervos. A voz de Esperanza ergueu-se clara e aguda:

– Desde que a conheci, você vive mudando de país como quem muda de roupa. Por que? A Grécia era um lugar lindo. Você estava tendo o maior destaque com seu trabalho. Você, simplesmente, abandonou tudo de uma hora para outra.

– Eu não aguentava mais viver lá.

– Mentira. Você se mudou de lá por causa daquele homem simpático que comprou dois pares de quadros seus.

Hannah fechou os olhos, deixando as lembranças virem à tona.

– Quem é ele, Mimi? Que ligação tem aquele homem com o seu passado? Sempre tive a sensação, desde que a conheci, de que você se esconde ou até mesmo foge de alguém... É desse homem que encontrou você na Grécia, não é? Quem é ele, Mimi?

O que houve no seu passado que a apavora tanto? Pode desabafar comigo, vai lhe fazer muito bem. Quem sabe não posso ajudá-la. Sei que é doloroso desenterrar o passado...

Um ar melancólico sombreou a face da moça.

– Se sabe, por que, então, insiste que eu toque nesse assunto?

– Porque, na maioria das vezes, só desenterrando o passado, tendo a coragem de encará-lo é que podemos nos libertar dele.

Esperanza acrescentou num tom carinhoso:

– Não precisa mais se esconder, Mimi, pelo menos de mim... Vai ser muito bom para você falar a respeito do que se passou com você. Acredite-me, pelo menos tente. Um desabafo faz maravilhas por nós. Talvez eu tenha cruzado seu caminho por um propósito muito sábio, traçado por *amigos espirituais* que lhe querem muito bem: o simples propósito de libertá-la desse caos que virou a sua mente, o seu coração e, consequentemente, a sua vida no passado.

Hannah afastou alguns fios de cabelo de seus olhos e perguntou:

– Amigos espirituais?

– Todos nós temos pelo menos um. São chamados também de anjo da guarda, dentre outros nomes, mas todos têm a mesma função: procurar nos ajudar durante a nossa passagem por esse planeta chamado Terra.

– Você fala com tanta convicção, Esperanza.

Esperanza sorriu e disse:

– Uma convicção que vem da alma.

Hannah gostou do que ouviu. Fez-se um breve silêncio até que Esperanza dissesse:

– Eu não vou forçá-la a nada. O dia que se sentir à vontade para se abrir comigo, eu estarei pronta para ouvi-la, disposta a ajudá-la. Não se esqueça disso.

Hannah lançou sobre a amiga um olhar tímido e esperançoso. Foi então que uma onda de confiança a invadiu, dando-lhe coragem para se abrir com a amiga. Após um suspiro, Hannah Balzac desabafou:

– Aquele homem que encontrei na Grécia...

– Sim...

– Aquele homem é meu marido.

Não houve sequer um espasmo no olhar de Esperanza, era como se ela já esperasse por aquela revelação. Com alívio transparecendo na voz, Esperanza falou:

– Então, você foi realmente casada, como eu sempre supus desde que a conheci, apesar de você negar com veemência.

Hannah concordou com a cabeça. Esperanza perguntou a seguir:

– Por que você se separou de seu marido, Mimi?

– Eu não fui casada, Esperanza, eu ainda sou casada. Pela lei, eu ainda sou casada com aquele homem.

– Como assim, casada, eu não entendo.

– Você logo entenderá.

Ela apertou as mãos contra a cabeça e sublinhou:

– O que eu tenho para lhe dizer é muito sério, Esperanza. E só vou lhe contar porque é minha amiga, minha melhor amiga e confio muito em você. Peço-lhe encarecidamente que guarde segredo, por favor.

– Eu guardarei segredo, minha amiga, fique tranquila.

– É melhor você se sentar. É uma longa história.

Assim que Esperanza se sentou, Hannah Balzac tomou ar como quem toma coragem para prosseguir e disse:

– Meu verdadeiro nome é Heloise Césanne. Depois de casada, meu nome passou a ser Heloise Césanne De Lucca. Casei-me aos 18 anos de idade com Álvaro De Lucca.

– Álvaro? É realmente o nome daquele homem...

– Sim. Como lhe disse, ele é meu marido.

A seguir, Heloise De Lucca, vulga Hannah Balzac, contou para a amiga todo o tormento que viveu com as visões e pesadelos que começaram a persegui-la desde que faltava um mês para ela se casar com Álvaro De Lucca.

Contou-lhe, também, sobre a mudança de casa que fizeram por sugestão de Enzo Fávero, na esperança de que a mudança acabasse com as visões e pesadelos que a atormentavam tanto. Contou em detalhes, a seguir, o que via nas visões e pesadelos e o martírio que foi quando o marido decidiu interná-la numa clínica para doentes mentais.

– Pobrezinha... – murmurou Esperanza, penalizada.

– Eu estava completamente desesperada, Esperanza. Desesperada e, ao mesmo tempo, decepcionada com meu marido, com a vida, com tudo, até mesmo com Deus – continuou Heloise.

– Não é para menos.

– Aí, um dia, conversando com Abel Goldfarb, um pescador das imediações da praia que ficava próxima à casa onde morávamos, ele teve uma ideia. Antes preciso lhe dizer como conheci Abel e como o salvei da gruta, quando ele escorregou dentro dela.

Heloise contou em detalhes. Contou também do triste acontecimento que envolveu a vida de Abel e sua família.

– Pois bem – continuou Heloise –, um dia Abel me encontrou andando pela praia que ia dar no desfiladeiro onde ficava a casa onde eu vivia com meu marido. Contei-lhe tudo o que estava prestes a me acontecer. Ele já sabia tudo o que eu vinha passando por causa daquelas visões e pesadelos demoníacos. Ele acreditava, assim como eu, que as visões e pesadelos eram um aviso do Além, uma premonição. A princípio, ele não pensou assim, mas, depois de eu tê-lo salvado da queda na gruta, acreditou piamente que minhas visões e pesadelos eram premonições e por isso ficou certo de que Álvaro acabaria, cedo ou tarde, me matando.

"Álvaro se mostrava cada vez mais diferente do homem que eu conheci antes de me casar e isso me preocupava drasticamente.

"– Você não pode ir parar nessa clínica de loucos – indignou-se Abel ao saber das intenções de meu marido para comigo. – É desumano o que eles fazem com os pacientes dentro desses lugares. Os métodos aplicados contra a loucura acabam deixando os pacientes ainda mais loucos.

"– Eu também já ouvi falar a respeito – disse eu.

"– Você não pode ir, Heloise, tem de recusar a qualquer custo – esbravejou Abel.

"– Não vai adiantar, Álvaro está decidido e, quando ele se decide por algo, jamais volta atrás.

"– Então, você tem de fugir, Heloise, fugir de seu marido o quanto antes.

"– Fugir, eu, para onde?

"– Para qualquer lugar. Volte para a casa de seus pais, de algum parente

"– Se eu fizer isso, Álvaro jamais me deixará em paz. Meus parentes vão acatar suas ordens, assim que ele explicar o que estou passando. Além do mais, essa atitude pode deixá-lo furioso e nesse estado ele pode acabar comigo. Não que eu não me importe de morrer...

"– Não diga isso.

"– Digo. Não me importo. O que me importa é o que pode acontecer com ele, se ele fizer alguma coisa contra mim num estado de cólera. Isso acabará com a sua vida. Eu não vou suportar vê-lo sofrer. Eu amo Álvaro, Abel, mais do que tudo na vida.

"– Se você estiver morta, não verá nada do que ele passará nas mãos das autoridades.

"– O espírito sobrevive à morte, Abel, esqueceu? Como espírito, eu verei tudo o que se passa aqui e sofrerei do mesmo jeito ou ainda mais, por não ter mais poderes no mundo de cá para ajudar o homem que tanto amo.

"Calei-me, franzindo a testa. Depois lamentei:

"– Eu estou realmente perdida. Num beco sem saída.

"– Você precisa fugir.

"– De nada me adianta fugir, Abel. Álvaro vai revirar os quatro cantos da Terra até me achar.

"– Se houvesse um modo de ele pensar que você está morta, aí, sim, você estaria livre dele para sempre. Livre e em paz, ao menos em paz quanto ao que pode lhe acontecer se ele tentar algo contra você.

"– Como alguém pode simular sua própria morte, Abel? Isso é impossível.

"– Sim, infelizmente... Oh, Heloise sinto tanta pena de você. Gostaria tanto de ajudá-la.

"– Eu agradeço. A vida nunca é perfeita, não é mesmo? Eu vivo o meu drama, você vive o seu por causa da morte de seu filho.

"– É, a vida nunca é perfeita.

"Uma onda de piedade invadiu o pescador. Houve um breve silêncio até que eu perguntasse:

"– Deve ter sido também sofrível para você ter se afastado do esporte que tanto amava, não?

"– Para dizer a verdade, não. Nada foi tão sofrível do que perder meu filho amado.

"Acolhi o comentário com tristeza. Abel Goldfarb voltou então os olhos na direção do desfiladeiro e disse:

"– Eu costumava saltar de desfiladeiros como aquele.

"– É mesmo?

"– Sim.

"– É necessário muita coragem para isso.

"– Coragem foi algo que nunca me faltou.

"Houve uma nova pausa até que ele dissesse:

"– Se houvesse um jeito de fazer seu marido pensar que você, num estado de loucura, se jogou do penhasco e morreu afogada, seria a forma perfeita de você se ver livre das garras dele e evitar que a premonição aconteça.

"– Eu jamais sobreviveria a uma queda daquela.

"– Você não precisaria pular, Heloise. Apenas fazê-lo pensar que pulou e morreu nas turbulentas ondas do mar.

"– Alguém teria de me ver pulando para saber o que fiz. E isso é impossível.

"– Não se uma outra pessoa se passasse por você. Como num truque mágico.

"– Quem poderia fazer isso? Teria de ser alguém de confiança, alguém que fosse capaz de guardar esse segredo. Alguém que fosse capaz de saltar de lá sem se arrebentar nas rochas ou se afogar no mar.

"– Alguém como eu, você quer dizer.

"– Sim, alguém com a sua capacidade. No entanto, você é um homem e eu sou uma mulher, teria de ser uma mulher com a sua capacidade para se passar por mim.

"– Ou eu mesmo vestido de mulher."

Achei graça da sugestão.

"– Falo sério – defendeu-se Abel.

"– Isso não tem cabimento.

"– Tem cabimento, sim."

Heloise tomou ar antes de prosseguir:

– Era uma ideia arriscada, muito arriscada, ele sabia, mas algo que poderia solucionar de vez o meu problema: convencer Álvaro, meu marido, de que eu realmente havia morrido.

"Eu acabei aceitando a sugestão de Abel por ver nela a única esperança de mudar meu destino. Achei também que essa era a única forma de eu impedir que Álvaro arruinasse a sua vida. Só de pensar em vê-lo em ruínas, eu me martirizava. Como lhe disse, eu amava meu marido, eu ainda o amo mais que tudo... Eu só quis protegê-lo."

Dessa vez, foi Esperanza quem tomou ar e, num tom de lamento, disse:

– Ele deve ter sofrido horrores com a sua morte...

– Sim. Mas foi um sofrimento menor do que ele teria passado se fosse condenado a viver o resto de sua vida atrás das grades da prisão por ter me matado, como eu via acontecer nas visões e pesadelos que se repetiam incansavelmente na minha mente.

Esperanza olhou para a amiga com pena. Heloise sentiu seu peito palpitar por isso. Levou alguns segundos para tirar aquela angústia do peito, por meio de uma respiração profunda e concentrada. Só então retomou sua narrativa.

– Eu e Abel ensaiamos toda a cena nos mínimos detalhes, tínhamos de ser convincentes. E fomos.

"Assim que Abel, vestido como eu estava vestida naquele dia, chegou à ponta do desfiladeiro, ele saltou dali sem hesitar. Quando atingiu a água, nadou com toda força de que dispunha para a gruta que fica ao pé do desfiladeiro. Tirou a roupa que vestia, a peruca, escondeu tudo em algum lugar por lá, vestiu, então, suas roupas, as quais havia deixado ali previamente, e partiu rumo à praia, como sendo quem sempre foi: Abel, o humilde pescador."

– Ninguém o viu?

– Não. Estavam tão concentrados olhando para o mar que nem o notaram se esgueirando por trás das pedras e tomando o caminho que levava para longe da praia.

– Como soube de tudo isso?

– Porque o próprio Abel me contou assim que se encontrou comigo no lugar que pediu para que eu aguardasse por ele.

"Ainda me lembro nitidamente o que disse para Abel naquele dia, pouco antes de eu tomar o trem.

"– O plano deu certo. No entanto, se Álvaro descobrir o que fiz, ele é capaz de me matar.

"– Ele nunca há de descobrir, Heloise. Fique tranquila. Não mais se deixe perturbar por isso.

"Engoli uma saliva amarga, enquanto um arrepio estranho me percorria as veias. Meu coração começou a apertar cada vez mais, querendo imensamente voltar atrás, acabar com toda aquela farsa. Mas já era tarde demais para isso.

"Diante da minha fraqueza, da minha insegurança, Abel abriu meus olhos, lembrando-me mais uma vez do porquê de eu ter feito tudo aquilo. Eu nem sei onde foi que eu encontrei forças dentro de mim para entrar naquele trem, sem rumo certo.

"De repente, eu me vi tão apavorada quanto estivera antes de forjar a minha morte. Eu ainda caminhava, infelizmente, sob a sombra do medo, do qual pensei me livrar com toda aquela farsa."

Esperanza olhava fundo para Heloise, quando ela terminou de contar sua história.

– Meu Deus... – murmurou.

Heloise acrescentou com pesar:

– Quando olho para trás, não acredito que fui capaz de fazer o que fiz, chego a acreditar que estava completamente fora de mim, tomada de pavor. Caso contrário, não teria aceitado fazer uma loucura daquelas.

– Você estava com medo, muito medo.

– Eu estava apavorada.

Heloise baixou a cabeça por instantes e, quando a reergueu, seu rosto estava todo riscado de lágrimas. Com tristeza, ela acrescentou:

– Eu amava Álvaro, na verdade, ainda o amo. Amo-o a ponto de doer meu coração. Se não tivessem sido aqueles malditos pesadelos e visões, nada disso teria acontecido conosco.

– O que você via exatamente?

– A mesma coisa de sempre. Via Álvaro me levando à morte, arrastando-me por uma casa, prendendo-me em um aposento frio e solitário. As visões e pesadelos eram tão nítidos que eu podia até mesmo sentir as mãos de Álvaro segurando meu punho como um torniquete e me arrastando por aquele lugar que, de certo modo, me era familiar,

Esperanza considerou por um momento antes de perguntar:

– E depois que você fugiu, o que houve com as visões e pesadelos? Eles continuaram a atormentá-la?

– Não, nunca mais tive problema com elas.

– Curioso.

– Sim, muito curioso...

– Só fico pensando se...

– Se...

– Se, na verdade, o que você via nas visões e pesadelos não era uma lembrança do passado e você interpretou tudo como sendo uma visão do futuro, do que ainda estava para lhe acontecer.

– Lembranças do passado? Como assim, Esperanza? Eu jamais vivi com Álvaro em toda a minha vida algo como via acontecer nas visões e pesadelos.

– Não me refiro a lembranças dessa vida, minha querida, mas a lembranças de uma vida passada.

– Vida passada?

– Sim. Vida passada.

– Acredita mesmo que nós já tivemos outras vidas?

– Absoluta.

– Com que base você acredita nisso?

– Pelo sentir e também porque é lógico. Algo extremamente lógico.

– Nunca refleti a respeito.

– Pois deveria, pode lhe ser de grande utilidade, uma verdadeira cura e libertação para a sua alma. Pode, de uma vez por todas, antes tarde do que nunca, libertá-la de todo esse transtorno que você viveu e separou você de seu marido.

"A alma humana é tal como a história do mundo. Um mundo que foi se aprimorando através dos tempos, crescendo e se fortalecendo, erguendo-se através de erros e acertos e vivendo, hoje, as consequências de seu passado. Hoje, a alma humana é um pouco melhor que ontem porque aprendeu com seu passado. O que sou hoje é resultado das vidas que vivi. Aquilo com que sei lidar de cor explica-se pelo fato de eu haver aprendido muito bem no passado. Só mesmo considerando a existência do processo de reencarnação é que se pode compreender quem somos, o que nos tornamos, compreender, enfim, que quem escreve o nosso destino somos nós mesmos."

Esperanza tomou ar antes de perguntar:

– Diga-me. Como você estava vestida no sonho? Como estava vestido seu marido?

Heloise assustou-se com a pergunta e, antes que ela respondesse, Esperanza respondeu por ela:

– Aposto que vestiam roupas de outra época, não é mesmo?

– Sim. Agora que mencionou, percebo que vestíamos roupas de uma época bem antiga.

– Da época, com certeza, em que você reencarnou ao lado do seu marido, época em que, provavelmente, vocês também foram marido e mulher.

– Mas isso é possível? Digo, um casal que se formou numa vida passada casar-se novamente numa vida futura?

– Sim, especialmente se eles se amam muito. O amor, quando é amor de verdade, atravessa vidas, é quase eterno.

– Mas quem ama não mata.

– Não mesmo. No entanto, se ele realmente a matou na vida passada, deve ter sido indiretamente.

– Como alguém pode matar alguém de forma indireta, ainda mais se ama? Eu não compreendo.

– Um dia, encontraremos as respostas.

Houve uma breve pausa até que Heloise perguntasse:

– Quem foi você no passado, digo, em vidas passadas?

– Muitas pessoas, mas vou falar de uma em especial, aquela que fui na época do auge da Inquisição.

Heloise arrepiou-se inteira.

– Não gosto nem de ouvir essa palavra. Nunca gostei. Desde que estudei história na escola, ela sempre me causou arrepios. Chegava a ter pesadelos horríveis com essa época.

– Você enfrentou tudo isso, certamente porque viveu os horrores da Inquisição.

– Você acha?

– Por qual razão você passaria tão mal só de ouvir a menção da palavra? Por isso muitas pessoas se arrepiam, não podem nem ouvir falar quanto mais ver ilustrações de certas épocas, porque elas viveram lá e guardam na alma desagrados, decepções, moléstias.

Heloise assentiu com a cabeça, como quem dissesse: "faz sentido". Houve uma breve pausa, até que Heloise tornasse a perguntar:

– Você acredita mesmo que o que vi em visões e pesadelos são trechos do que vivi noutra vida?

– Piamente.

– Se isso for verdade, não havia motivos para eu ter feito tudo o que fiz para fugir de Álvaro.

– Exatamente.

– Se eu ao menos tivesse sabido disso antes.

– A falta de conhecimento a respeito dos fenômenos que cercam a vida do espírito no cosmos faz com que muita gente cometa tolices, interprete a vida, fenômenos como o que viveu, de forma completamente errada.

– Isso é lastimável...

Isso é perigoso, por isso nossos *amigos espirituais* nos aconselham e nos ajudam a fazer com que o mundo desperte para outras realidades da vida, que são, enfim, a essência dela. Quanto mais conhecimento tivermos da vida, menos sofrimento passaremos.

Heloise refletiu por instantes. Por fim, disse:

– Se realmente minhas visões e pesadelos remontam a algo vivido numa vida passada ao lado de Álvaro, gostaria de saber quem fui nessa vida em questão, quem foi Álvaro e porque ele fez o que fez contra mim se me amava tanto.

– Um dia, isso se revelará a você. Você compreenderá por que nasceu na família que nasceu, em certa condição social, com um determinado QI, com certas habilidades e certas fraquezas, até mesmo limitações físicas, por que se envolve com certas pessoas e não simpatiza com outras, por que se apaixona por uma em especial, tem certos desafios a superar e transcender. Tudo é, enfim, um dia respondido pela vida. E a resposta pode ser mais surpreendente do que pensamos.

"Somente voltando os olhos para suas outras vidas é que poderá compreender o que vive hoje e ter mais chances de se libertar do que viveu."

– De onde você tirou essa ideia, digo, de que vivemos outras vidas, de que somos o somatório de experiências vividas através das reencarnações?

– Sou uma mulher observadora, Heloise. Sempre fui. Sou também uma mulher que se permite sentir os outros e não apenas ouvi-los ou vê-los. Sentir o outro é muito importante para que possamos conhecê-lo mais a fundo, saber realmente quem ele é além das aparências. E, além das aparências, há uma alma tentando se libertar do passado, superá-lo, transcendê-lo. No entanto, se a libertação almejada não diz respeito a nada que o individuo viveu ao longo da vida, só pode dizer respeito a algo que ele viveu noutra vida, numa outra reencarnação. Pergunto, então, como quem não quer nada, a respeito da roupa que a pessoa está vestindo nos sonhos que se repetem dentro dela, quais são realmente esses lugares visitados por ela em sonhos e descubro que há sempre uma conexão com o passado, o que significa um elo com uma vida passada.

"Para onde quer que vamos, levamos conosco o nosso passado e um tanto quanto do nosso futuro também, pois ele nasce a todo momento das atitudes que tomamos no dia a dia. Não podemos nos libertar do passado, pois ele é o nosso destino. Portanto, vale dizer que ninguém desvia o destino. Pode-se retardá-lo, desviá-lo jamais.

– Você acha mesmo que...

– Ninguém desvia o destino? Sim.

– Mas eu desviei o meu.

– Aparentemente, sim. Resta saber até quando...

– No meu caso, para sempre, Esperanza.

Esperanza olhou para a amiga com olhos de quem diz "Será mesmo?". Diante do seu olhar, Heloise disse:

– Ninguém desvia o destino, Esperanza, mas eu desviei o meu. Isso é fato. E nada nesse mundo pode fazer com que ele volte à condição original de antes. Nada. Absolutamente nada.

– Minha querida, diante da vida, nada é apenas um grão de areia.

Heloise não conseguiu alcançar o significado daquelas palavras. Quedou pensativa.

Capítulo 11

Relatos de uma reencarnação passada...

Faremos agora uma pausa na história que estamos contando para revelar o que houve na vida passada dos integrantes desta narrativa, para que todos possam compreender os motivos que levaram todos a reencarnar onde reencarnaram e viver os desafios que viveram.

É necessário compreender, principalmente, o motivo de Heloise ser atormentada por visões e pesadelos horríveis e fazer tudo o que fez para se livrar do destino que ela acreditava ser inevitável para ela. Mas alguém pode realmente desviar o destino?

Itália, 1556 depois de Cristo...

A capela das Oliveiras, uma das mais belas construídas nesse período da história, estava tomada de convidados para assistir ao casamento de Dante Scianna e Valeska Botticelli.

Havia, no meio dos amigos e parentes convidados, muitos curiosos, especialmente, mulheres. Nada atiçava mais a curiosidade das pessoas na época do que um casamento da burguesia.

Soledad era uma cidade pequena, composta aproximadamente de oito mil habitantes. Excetuando-se as cerimônias religiosas, não havia nada mais para entreter a população do que um casamento de conto de fadas como aquele.

O padre voltou-se para o casal no altar e disse com imponência:

– Eu os declaro marido e mulher.

O recém-casado, Dante Scianna, voltou-se para a esposa, Valeska Botticelli, agora Valeska Botticelli Scianna, sorriu e beijou-lhe a testa carinhosamente.

– Eu a amo muito, Valeska, amo você profundamente, nunca se esqueça disso – desabafou.

– Nem você, Dante, nem você se esqueça do quanto eu também o amo.

– Eu jamais vou me esquecer disso, Valeska, eu prometo. Nem mesmo depois que meu corpo for sucumbido pela morte, nem mesmo no paraíso ao lado de Deus Pai.

Ele tornou a beijar a testa da esposa carinhosamente e só então o casal deixou a igreja, ladeado por olhos contemplativos, cheios de encanto e admiração.

– Eles se amam, eles se amam verdadeiramente – comentou uma das convidadas.

– Qualquer um pode ver que eles foram feitos um para o outro – comentou outra convidada.

– Há amores que brotam e crescem sem que haja necessidade de serem feito sacrifícios pelo casal – comentou uma outra convidada, com o rosto riscado de lágrimas.

Minutos depois da cerimônia religiosa, tinha início a festa em homenagem ao enlace do casal. A celebração aconteceu num salão grande, uma espécie de curral, decorado com muitos arranjos de flores e velas. Os convidados, os mais jovens, formaram pares e se dirigiram para o meio do salão para dançarem ao som dos músicos empenhados em alegrar o evento.

As mulheres ficavam de um lado e os homens do outro, formando um longo cordão. Entre eles era deixado um corredor para que, quando se unissem novamente, pudessem passar unidos, lado a lado, pelo meio dele, dançando alegremente. Era uma dança bonita, gostosa, cheia de mesuras e respeito.

Valeska e Dante assistiam a tudo encantados, batendo o pé ou as mãos, quando a empolgação tomava conta de todos.

Miscia, uma garota de 13 anos de idade, que tinha profunda admiração por Valeska, aproximou-se da amiga adorada e disse com afeto:

– Estou tão feliz por você, minha querida. Que você seja muito feliz ao lado de Dante, minha amiga, muito feliz mesmo.

– Serei, Miscia. E você vai compartilhar da minha felicidade, pois estará ao meu lado o tempo todo ao longo da nossa vida.

– Você merece ser feliz, Valeska, ninguém mais do que você merece ser feliz.

– Todos nós merecemos ser felizes, Miscia. Você não é exceção.

– Eu sei, minha adorada, mas eu seria capaz de sacrificar a minha felicidade pela sua.

– Não diga isso, Miscia, nem brincando.

– Digo sim, Valeska. Digo porque gosto muito de você, tenho você como uma irmã, considero-a muito mais minha irmã do que minha própria irmã.

– Eu também lhe quero bem como se fosse minha própria irmã, Miscia.

A moça e a menina se abraçaram forte e ternamente, tomadas de emoção.

Miscia voltou-se para Dante e disse com sinceridade:

– Tudo de bom que desejo para Valeska desejo para você também, Dante.

– Obrigado, Miscia, muito obrigado.

– Vocês não vão dançar? A festa é de vocês.

Dante olhou para esposa como quem diz "Miscia tem razão".

O casal, então, se dirigiu para o meio do salão. Pelo caminho, Valeska gritou para a jovenzinha.

– Venha conosco, querida. Arranje um par e se junte a nós, meu bem.

– Vou já!

Miscia olhou ao redor e encontrou diversos rapazes olhando para ela com disposição para tirá-la para dançar. Mas nenhum deles a interessava.

– Miscia! – gritou Valeska, despertando a amiga de seus pensamentos.

A jovem correu até ela, que dançava alegre com o marido.

– Gabriel – disse Valeska.

– Gab... O quê? – indagou Miscia, que devido ao barulho não pudera ouvir direito.

Não houve tempo para explicações, pois bem naquele momento um rapaz alto, de rosto e olhos expressivos, bonitos, aproximou-se dela e perguntou:

– Concede-me essa dança, senhorita?

Miscia sorriu para ele e aceitou.

No segundo seguinte, o casal se misturava aos outros, que dançavam alegremente ao som de violinos tocados com exímia maestria. Foi uma noite memorável para todos.

Como o próprio Dante fez questão, o casal se dirigiu àquela mesma noite para o casarão de sua propriedade, onde iria viver com a esposa, para terem a sua noite de núpcias. O local ficava ligeiramente afastado da cidade e lembrava muito um castelo em miniatura.

– Você está feliz? – perguntou Dante, no ouvido da esposa, depois que eles finalmente puderam ficar a sós no quarto reservado para os dois.

– Muito – disse ela, emocionada. – E você?

– Tanto quanto você!

Ela sorriu, ele a beijou, um beijo quente e ardente, quase sufocante para os dois. E foi a partir desse dia que a vida conjugal de Dante e Valeska Botticelli Scianna teve início.

Nove anos depois...

Dois corações que se encontram...

Miscia já estava com 22 anos de idade nessa época. Havia se tornado uma moça de traços bonitos, jeito gracioso, um encanto de pessoa. Caminhava pela rua principal da cidade onde vivia, quando seus olhos colidiram com os do homem que parecia ter o poder de fazer seu peito se incendiar e explodir de alegria, o homem de quem ela gostava desde os dezoito anos de idade e que fizera com que ela até então recusasse todas as propostas de namoro ofertadas por outros rapazes.

Ele, como sempre, desviou os olhos dos dela, procurando esconder mais uma vez o que eles não podiam mais esconder. "Por quê?", indagou ele mais uma vez a Deus. "Por que sinto meu peito se incendiar toda vez que vejo essa jovem? Por que, Deus? Tenha piedade de mim. Liberta-me dessa paixão!"

O pobre homem se arrepiou ao perceber que havia usado a palavra paixão para descrever seus sentimentos. "Paixão... ", murmurou em silêncio. "É paixão o que sinto por ela."

Miscia também falava consigo naquele momento: "Será que ele sabe que o meu interesse por ele é recíproco? Que o vejo com o mesmo fascínio com que ele me vê? Não deve saber. Se soubesse, olhar-me-ia sem medo de que os outros percebam e o critiquem.

A jovem respirou fundo e firmou o passo, procurando não deixar transparecer a ansiedade que crescia dentro dela por encontrar o homem que mexia com o seu coração desde a primeira vez em que o vira, despertando nela uma curiosa e forte atração. O homem que ela tanto queria que a convidasse para dançar durante as festas de casamento e celebrações da cidade. Esse convite nunca acontecia, devido a sua condição social.

Os olhos dele voltaram a encará-la. Então, subitamente, um sorriso escapou dos lábios dela, de forma totalmente involuntária. Ele também sorriu, da mesma forma.

A sensação de alegria explodiu mais uma vez no interior de Miscia ao vê-lo sorrindo lindamente. Parecia que o coração não iria resistir sob tão forte emoção.

– Bom-dia – disse ele, ao passar por ela.

Ela não conseguiu dizer nada, apenas suspirou. Ele parou. Ela parou. Ele voltou-se para trás exatamente como ela fez. Os dois agora se encontravam parados, um de frente para o outro, admirando-se, ignorando tudo o mais que corria a sua volta.

– Hoje, estou mais feliz – disse ela, rompendo o silêncio que caiu sobre os dois. – Mais feliz por tê-lo visto.

Um novo sorriso insinuou-se na face bonita daquele homem doze anos mais velho do que ela.

– Que Deus preserve, por muito tempo, essa felicidade dentro da senhorita – disse ele, com sinceridade.

– Há de preservar sim e pelo resto da minha vida.

– Preciso ir, que a senhorita tenha um "bom-dia". Que Deus a abençoe!

– Deus já me abençoou, infelizmente de forma incompreensível, pelo menos até agora.

Os dois foram interrompidos por uma senhora que pedia licença para passar pelo estreito trecho da calçada em que eles se encontravam parados. Ambos pediram desculpas à mulher e lhe deram passagem no mesmo instante. A senhora agradeceu e seguiu apressada.

No momento em que Miscia e seu conhecido olhavam para a mulher que partia, estugando os passos, os olhos do homem encontraram-se com os olhos do bispo Mauriac Hermant. O cavalheiro estremeceu visivelmente e retomou seu caminho, sem sequer se despedir de Miscia, que ficou boquiaberta com o seu modo rude de se retirar.

– Podia pelo menos ter me dito adeus – comentou ela, com transparente indignação.

Então seus olhos avistaram o bispo caminhando do outro lado da rua, a cinquenta metros de distância do local em que ela se encontrava. Ela pôde, então, compreender o porquê de seu homem amado haver partido daquela forma tão abrupta.

O bispo caminhava, cumprimentando os passantes, porém, voltando os olhos, volta e meia, na direção de Miscia, com considerável reprovação no olhar.

Miscia ignorou seu olhar e seguiu seu caminho.

Na calada da noite...

Era noite de lua nova e a primavera começava a despontar nos galhos secos deixados pelo outono e pelo inverno.

Era por volta da meia-noite. Todos na casa de Miscia dormiam. Ela saiu da casa com a cabeça coberta por um casaco com capuz em tom vermelho, tendo o cuidado de não despertar aqueles que dormiam ali.

A noite tinha um aspecto mágico, místico... Havia uma leve brisa agitando os galhos, começando a florescer novamente. Ela se embrenhou por entre as árvores que iam dar no bosque que ficava nas proximidades do vilarejo. Andava apressada, evitando pisar em galhos secos, para que o estalo deles não chamasse a atenção de alguém que, porventura, estivesse nas imediações.

Não levou muito tempo para que uma mulher encapuzada se juntasse a ela e depois outra e mais outra. Agora eram quatro mulheres encapuzadas a caminhar por entre as árvores prateadas pela luz do luar. Esta era mais do que suficiente para que as mulheres encapuzadas enxergassem umas às outras, bem como o caminho por onde seguiam naquela madrugada silenciosa.

Logo se via, não muito longe dali, a luz dançante produzida por uma fogueira de proporções pequenas.

Quem a acendeu, não o fez para poder desfrutar da luz que ela lhe daria, tampouco para se aquecer da noite fria. A fogueira fora acesa para servir de base para a execução de um ritual na calada da noite.

As quatro mulheres logo se juntaram às demais mulheres que cercavam a fogueira. Ao todo, agora, eram dez mulheres a cercar o lugar, todas encapuzadas, todas de mãos dadas, a pronunciar palavras que não faziam sentido algum, senão para o clã do qual elas faziam parte.

Depois de uma longa torrente de palavras, que mais parecia uma oração dita numa língua desconhecida, as dez mulheres tiraram os capuzes e olharam umas para as outras com admiração. Um sorriso bonito, cheio de encanto, despontou na face de cada uma delas. Uma falou na língua que todas conheciam:

– Pedimos pelo bem do planeta. Pedimos pelo bem de nossa gente. Pedimos pelo bem da nossa alma. Pedimos pelo bem das nossas plantações, pedimos pelo bem dos nossos homens, pelo bem de nossas mulheres, pelo bem de nossas crianças, pelo bem de nossos idosos. Pelo bem dos que se foram e pelo bem de quem ainda está para nascer. Pelo bem dos amantes e pelo bem maior.

"Que a maldade que insiste em dominar o coração do homem seja sufocada pelo bem maior. Que a perversidade e a libertinagem sejam enforcadas pela luz que guia esse *bem*."

Foi permitido, então, a cada uma das mulheres que jogasse na fogueira o que havia levado para ser arremessado ao fogo. Não houve, porém, a necessidade de uma mostrar para a outra o que havia levado para cumprir o ritual.

Quando todas haviam terminado o ritual, as dez mulheres tornaram a se dar as mãos e repetiram as mesmas palavras que haviam dito no início, palavras ditas numa língua que só fazia sentido para elas.

Todas tornaram a vestir seus capuzes e se despediram uma das outras, enquanto duas delas apagavam a fogueira e cobriam o local com galhos e folhas secas para que ninguém que passasse por ali notasse que havia sido acesa uma fogueira, ainda que por um curto período de tempo.

Cada uma, então, voltou para sua casa, tendo muito cuidado ao entrar no lar.

Miscia estava se sentindo tão em paz e feliz, tão entregue aos seus pensamentos de paz e amor que nem sequer notou que havia uma pessoa escondida atrás de uma das árvores que ficavam próximas da casa onde morava, observando sua chegada. A pessoa em questão fez o possível para não ser vista por ela. Não queria, em hipótese alguma, que fosse descoberta ali.

Miscia olhou para os lados antes de abrir a porta da humilde casa onde vivia com o irmão, a cunhada e as duas sobrinhas e só então entrou. Foi direto para a cama, deitou-se, ajeitou sua cabeça sobre o travesseiro e procurou se entregar ao sono. Antes, porém, disse baixinho para si mesma:

– Em breve, muito em breve, eu e ele haveremos de ficar juntos.

E foi pensando nele, no homem que lhe arrancava suspiros, que Miscia dormiu aquela noite. Dormiu como um bebê.

Uma reunião de urgência...

Dante entrou em seu gabinete um tanto quanto agitado. Estava ansioso por saber por que o bispo Mauriac Hermant havia mandado chamá-lo com tanta urgência.

O bispo já estava no local, aguardando por ele. Era um homem alto, forte, de rosto avantajado, gorducho, com doces olhos azuis muito vivos e uma mania de puxar os lábios para esquerda quando falava. Por trás de toda sua aparência magnânima, havia uma dureza de pedra que poucos percebiam. Se percebiam, ninguém ousava dizer.

Dante, assim que o viu, fez-lhe uma mesura e beijou-lhe a mão como de hábito. O bispo foi logo dizendo ao que vinha:

– Pedi que viesse até aqui, o mais urgente possível, para tratarmos de um assunto de extrema urgência, Dante.

– O senhor conseguiu me deixar preocupado.

– O que carece de urgência é sempre algo a se preocupar, meu filho.

– Então, diga-me logo do que se trata. Não me mantenha mais em suspense.

– Quero pôr o senhor a par do que está se passando nessa cidade, porque o senhor hoje é o responsável por ela.

– Sim, sou.

– A decência e a moral estão em grave risco.

– Decência e moral? Como assim? Já tomamos providências contra as prostitutas, como o senhor nos pediu. O que mais pode ser imoral e indecente do que elas? Diga-me logo.

– O senhor sabe que a igreja condena todo tipo de bruxaria*.

– Sei, lógico que sei.

– O senhor deve estar a par do grande número de bruxas e bruxos que estão sendo queimadas em fogueiras pela Europa, não?

– Ouço falar, mas não sei precisar quantos já foram parar na fogueira.

– Milhares.

– Milhares?

– Sim. E o mais surpreendente é que, mesmo tendo um número tão grande de mulheres e homens envolvidos com bruxaria, queimados vivos em fogueiras para exorcizar o demônio que possuiu seus corpos, ainda assim, muitas mulheres e homens continuam fazendo o que não devem: pecando, indo contra os princípios de Deus.

– É lastimável.

– Sim, lastimável. A bruxaria é como uma praga que se alastra sobre uma plantação e, se ela não for detida a tempo, destruirá

---

*A Caça às Bruxas foi uma perseguição social e religiosa que começou no final da Idade Média e atinge seu apogeu na Idade Moderna. O momento mais forte da histeria contra as bruxas ocorreu entre 1550 e 1650, juntamente com o nascimento da celebrada "Idade da Razão". Estima-se que mais de um milhão de pessoas tidas como bruxas e heréticas tenham sido mortas nesse período, seja enforcadas, seja queimadas vivas em fogueiras ou prensadas. Por muito tempo, os bruxos e pagãos tiveram que se esconder e praticar em segredo a Antiga Religião. Somente em 1951, as leis contra os bruxos foram revogadas. O mais famoso manual de Caça às Bruxas é o *Malleus Maleficarum* (*Martelo das Feiticeiras*), de 1484.

tudo de bom e de moral que conseguimos construir e manter na nossa sociedade.

– Aonde o senhor está querendo chegar?

– Infelizmente, essa praga já chegou a nossa pequena cidade.

Dante levantou-se da cadeira num salto.

– Bruxaria, aqui em Soledad?!

– Aqui mesmo, meu senhor. Bem debaixo dos nossos olhos. E praticada por mulheres que o senhor jamais pensou que se atreveriam a praticá-la.

– Não pode ser.

– Sei de fontes fidedignas que elas existem, saem, à noite, de suas casas, em surdina, quando todos estão dormindo, e se reúnem umas com as outras no bosque, em torno de uma fogueira, onde praticam toda sorte de bruxaria e magia negra. Ou seja, oram para o demônio, comungam-se com ele.

– Não pode ser.

– Infelizmente, é verdade.

– Só de ouvi-lo falar sinto um arrepio.

– É para se arrepiar mesmo, meu filho. Nada provoca mais arrepios no ser humano do que o demônio. Essas mulheres oram também para que o demônio as ajude a conquistarem o homem que elas tanto amam, não importando se ele é casado ou solteiro.

– Precisamos detê-las! – exclamou Dante, batendo com toda força os punhos fechados sobre a mesa. – Precisamos detê-las antes que elas destruam a moral e os bons costumes de nossa cidade.

– Por isso chamei o senhor aqui!

– Fez muito bem. Por onde devemos começar para deter essa praga?

– Precisamos pegá-las em flagrante.

– Como faríamos isso? O senhor tem conhecimento do local exato onde elas se reúnem para realizar seus rituais de magia negra?

– É no bosque, disso estou certo. No entanto, elas escolhem um lugar diferente dentro dele cada vez que se reúnem. Mas não será difícil localizá-las, visto que, no meio do bosque, no silêncio da noite, um sussurro pode ser ouvido até mesmo por um surdo.

"Só precisamos deixar um guarda vigiando a casa de uma delas, toda noite, para que ele possa vir nos avisar assim que a mulher deixá-la para ir se juntar às outras em ritual. Não sabemos precisar quando esses rituais acontecem. Aí, então, entraremos no bosque e pegaremos todas em flagrante."

– Assim será, Vossa Reverendíssima.

O bispo levantou-se e anunciou sua partida.

– Eu acompanho o senhor até lá fora.

– Não é preciso.

– Faço questão.

Antes, porém, de acompanhá-lo, Dante tomou a mão do bispo e a beijou.

– Que Deus nos proteja – disse Dante para o bispo, assim que se viram na calçada.

O homem pareceu não ouvi-lo. Olhava para o outro lado da rua, com os olhos semicerrados e a testa franzida.

– O que foi? O senhor está passando mal?

O homem falou, entredentes:

– Aquela ali é uma delas.

– Desculpe, não compreendi o que o senhor disse.

– Aquela...

O bispo se calou, pois, bem naquele momento, Miscia aproximava-se deles para cumprimentar Dante.

– Dante, como vai? – disse ela, com sua doce voz.

– Bem e você, Miscia? – respondeu Dante, na sua polidez de sempre.

Miscia voltou-se para o bispo e o cumprimentou com a cordialidade devida. O homem a olhava de esguelha, com superioridade. Os olhos de ambos ficaram colados um no outro por certo tempo, em profundo silêncio. Não houve sequer um aceno de cabeça, nada. Assim que ela se foi, Dante voltou-se para o bispo e comentou:

– Ela é uma moça encantadora.

– Ela é uma delas, Dante.

– Uma delas?

– Sim, uma das mulheres que comungam com o demônio.

– O senhor bispo deve estar enganado, conheço Miscia há muito tempo, é muito amiga de minha esposa.

– O senhor não deveria deixar sua esposa andar na companhia dessa jovem. Ela pode intoxicar sua esposa com coisas demoníacas, voltá-la para o mal, sem que ela se dê conta, nem mesmo o senhor.

– Miscia é uma moça direita, jamais se envolveria como uma coisa dessas...

– O senhor está duvidando da minha palavra?

– Não é isso, é que...

– Aconselho o senhor a procurar saber mais a respeito dessa moça, o que ela faz na calada da noite, em surdina, especialmente em noites de lua cheia.

– O senhor acredita mesmo que Miscia está envolvida com... bruxaria?

– Sim, piamente. O senhor ficará bastante surpreso quando a pegarmos juntamente com as outras mulheres. O senhor será capaz até de ver o demônio deixando o seu corpo, quando ela estiver queimando na fogueira.

– Será preciso mesmo queimá-las na fogueira? Não há uma forma de punição menos radical que essa?

A resposta do bispo foi rápida, ríspida e precisa:

– Não! Não se quisermos realmente expurgar da alma dessas mulheres o demônio que as possuiu. Só o fogo, queimando o corpo vivo, pode exorcizar o demônio que fez desse corpo sua morada. É a única forma também de exorcizar da alma da cidade a força demoníaca.

– Ainda não consigo acreditar que Miscia esteja envolvida com...

O bispo calou Dante, dizendo:

– Não se deixe enganar por aquele rosto bonito e angelical, meu filho. O demônio possui essas mulheres de corpos bonitos porque sabe bem que poucos desconfiariam que ele fez delas sua morada, com o propósito de disseminar a indecência e a imoralidade, a maldade em si.

Dante passou o resto do dia pensando em tudo o que o bispo Mauriac Hermant havia lhe contado, especialmente no que dizia respeito à Miscia Nolan. Se não tivesse tantos assuntos para dirimir, teria ido embora mais cedo para sua casa, para ter uma palavra com a esposa, uma palavra séria e urgente.

Assim que Dante se encontrou com Valeska naquele dia, ele foi logo dizendo:

– Valeska, você está a par do que estão comentando na cidade a respeito de Miscia Nolan?

– Não, o que estão falando dela?

– Que ela está envolvida com bruxaria.

– Miscia, envolvida com bruxaria? Ora, quem foi que falou um absurdo desses?

– Pouco importa, o que importa é que eu não quero mais que você ande com ela.

– Dante!

– É isso mesmo que você ouviu, Valeska.

– Você está sendo injusto.

– Estou sendo sensato.

– Isso é insensatez.

– Não vamos discutir por alguém que vai contra os princípios da nossa igreja.

– Você alguma vez já parou para refletir se a igreja está realmente certa em tudo que faz, em tudo que diz, em tudo que afirma?

– Os princípios da nossa igreja são sólidos e incontestáveis.

– Decepciona-me muito ouvi-lo falando assim, Dante.

– Pois saiba que eu também me sinto deveras decepcionado com você por estar defendendo uma mulher que comunga com o demônio.

– Não a acuse do que você não tem certeza. Miscia sempre comungou com Deus, jamais se ligaria ao demônio.

– Eu não quero mais vê-la em contato com essa moça, Valeska, está me ouvindo? Nunca mais!

– Se é assim que você quer, assim será, mas saiba que você está cometendo uma falta muito grande contra o próximo.

Dante tomou ar antes de acrescentar:

– Você pode me acusar de qualquer coisa, Valeska, de qualquer coisa mesmo, exceto de injusto. Não há ninguém na face da Terra que seja mais justo do que eu.

– Existe aquele que você pensa que é, aquele os outros pensam que você é e aquele que você realmente é, Dante.

– Eu estou desconhecendo você. Essa que me fala não é a mulher por quem eu me apaixonei e com quem tanto quis me casar.

– Eu também estou desconhecendo você, Dante. Onde foi parar aquele homem compreensível e generoso para com o próximo?

– Ele continua aqui bem na sua frente.

– Pois não me parece.

– Saiba que eu não vou tolerar nada que vá contra os princípios da nossa igreja. Nunca!

– Foi o bispo, não foi? Foi ele quem meteu isso na sua cabeça.

– Meça suas palavras, Valeska, quando falar do bispo ou de qualquer outro membro da nossa igreja. Ninguém se preocupa mais em manter a decência e a moral da sociedade em que vivemos do que aqueles que Deus escolheu para representá-lo na Terra.

– Pode ser, ainda assim, ele é humano.

– Nenhum padre, frei, bispo, que foi capaz de renegar os prazeres carnais e materiais continua sendo humano, Valeska. Caso continuassem, não poderiam prosseguir representando Deus na Terra.

Valeska quedou, entristecida, depois disse:

– Miscia é uma das minhas melhores amigas. Conheço-a, você bem sabe, desde que era uma meninota e, por isso, a tenho como se fosse minha filha.

– Teve como se fosse sua filha, agora não tem mais, nem como filha, nem como amiga, compreendeu?

Nisso Benito entrou na sala em busca da mãe. Era um menino de oito anos, bonito, olhos vivos, parecido fisicamente tanto com a mãe quanto com o pai, uma graça de criança.

– Mamãe? – disse o menino, olhando vivamente para ela.

Valeska voltou-se para o filho e procurou sorrir.

– A senhora está chorando?

– Não, Benito, foi apenas um cisco que entrou nos meus olhos. Não se preocupe.

– Não gosto de vê-la chorar, mamãe.

– Ora, meu querido – Valeska limpou as lágrimas com um lenço, sorriu para a criança e disse:

– Pronto, agora, meu rosto está novamente como sempre foi: sequinho.

– E bonito.

A mãe estendeu a mão para o menino e disse:

– Venha, meu filho. É hora do jantar.

Benito voltou-se para o pai que se mantinha parado com o rosto voltado para um canto qualquer do aposento e perguntou:

– E o papai, não vem?

Dante respirou fundo, voltou-se para o menino e disse:

– Vou também, meu filho.

O menino esticou uma mãozinha para o pai e a outra para a mãe e, assim que cada um segurou sua mão, o menino disse com empolgação:

– Então, vamos.

O casal deixou o aposento unido pelo filho amado. O jantar transcorreu em profundo silêncio. Nunca havia sido daquele jeito, até os criados estranharam a atitude do casal à mesa àquela noite. Quando chegou a hora de pôr o pequeno Benito para dormir, Valeska levou o filho para o quarto, colocou-o na cama e se pôs a contar uma historinha para ele ninar. Logo o menino foi embalado pelo sono. Ela, então, beijou sua bochecha, tornou a ajeitar a colcha sobre ele e deixou o aposento.

Ao entrar no quarto do casal, encontrou Dante sentado na cama com os olhos voltados para a porta.

– Estava esperando por você – disse ele, com voz profunda e gutural.

Ela olhou fundo nos olhos dele por instantes, depois dirigiu-se para a penteadeira. A voz dele tornou a soar no recinto:

– Você não pode estar sentida comigo pelo que lhe disse, Valeska.

Ela se manteve calada. Ele procurou se defender.

– Estou apenas querendo proteger a nossa casa das artimanhas do demônio, Valeska. O demônio é tão ladino que possui jovens de rostinho bonito e inocente para que ninguém suspeite de suas artimanhas. Tudo o que quero, tudo o que mais quero é proteger nós dois, especialmente Benito, nosso estimado e querido filho, das garras do demônio. Será que não entende?

"O bispo só quer nos proteger, a todos nós, por isso me alertou quanto à Miscia. E o pior é que não é só ela da nossa cidade que está envolvida com bruxaria. Há muitas outras mulheres daqui tomando parte desse pacto com o demônio. Tenho medo de que essas mulheres consigam contaminar você, Valeska. O demônio é de uma lábia incrível, você sabe."

Valeska escovava os cabelos em silêncio, ouvindo atentamente o que o marido lhe dizia. Quando ela se deitou na cama, ele virou-se para ela e disse, enquanto deslizava a mão carinhosamente por sobre seu braço.

– Eu a amo, Valeska, nunca se esqueça disso, amo de paixão. Não vou permitir jamais que o demônio a leve para longe de mim, meu amor. Nunca. Jamais. Eu não saberia viver mais sem você.

Os olhos dela permaneciam voltados para o teto, transbordando agora de lágrimas.

– Não chore, meu amor, por favor, não chore. Não gosto de vê-la chorando.

Enquanto ele enxugava as lágrimas que haviam riscado o rosto da esposa amada, Valeska fechou os olhos e procurou dormir. O marido voltou-se para o lado e fez o mesmo. Dormiu aquela noite, agradecendo a Deus por ter posto na cidade o bispo Mauriac Hermant, um homem de Deus, preocupado em manter a ordem, a decência, a moral e os bons costumes da sociedade bem como afastar de todos qualquer influência demoníaca.

Valeska dormiu pensando em Miscia, no quanto amava a amiga, no quanto lhe queria bem, no quanto era triste ter de se separar dela e ver Dante, que tanto amava, vendo tudo de forma tão equivocada, a ponto de separar as duas por algo que não tinha nenhum cabimento.

A madrugada seguiu silenciosa, tão silenciosa que até os insetos da noite pareciam estar dormindo.

Capítulo 12

Dias depois...

Archibald Nolan estava cortando lenha em frente à humilde casa onde vivia com sua esposa, Dorah, e a irmã, Miscia, quando o bispo Mauriac Hermant chegou acompanhado de dois padres e da guarda da cidade. Archibald assustou-se com a chegada deles. Largou o que fazia e foi até os homens.

– Pois não? – perguntou. – Posso ajudá-los em alguma coisa?

– Procuramos a senhorita Miscia Nolan. – respondeu o delegado. – Ela se encontra em casa?

– O que querem com ela?

– Ela está ou não está em casa, senhor Nolan?

Archibald baixou a cabeça, enquanto ouvia mais uma vez dentro de si uma voz lhe aconselhar que não revelasse que a irmã se encontrava em casa naquele momento.

– Miscia não se encontra – mentiu ele.

Os homens desmontaram dos cavalos e o guarda responsável foi até Archibald e lhe disse seriamente:

– Faremos uma busca na sua casa e nas demais dependências.

– Com que direito? – protestou Archibald.

O homem não respondeu, simplesmente fez sinal para que os demais o acompanhassem. Archibald protestou no mesmo instante:

– Por que estão atrás de Miscia? O que ela fez de errado?

A autoridade simplesmente não respondeu. Archibald correu e se prostrou na frente da porta que dava acesso a sua casa.

– Se o senhor não sair da frente, seremos obrigados a usar de força contra o senhor – alertou o guarda.

– Pois que usem. Daqui não sairei!

O bispo pediu licença para falar:

– Filho, você não sabe o perigo que está correndo.

– Perigo? Do que o senhor está falando?

– Você está abrigando em sua casa o demônio.

– O demônio? Como isso é possível?

– O demônio possuiu a sua irmã. Ela agora é um fantoche nas mãos dele. Se não exorcizarmos o demônio de dentro dela, ele se alastrará pela cidade, tomando o corpo de outras mulheres, inclusive das jovens filhas dessas mulheres.

– Isso não é verdade, conheço muito bem minha irmã. Miscia seria incapaz de comungar com o demônio.

– Filho, você não sabe do que o demônio é capaz para tornar um filho de Deus seu escravo. Agora, deixe-nos entrar.

– Não!

– Deixe-nos entrar, estou ordenando.

Miscia, que de dentro da casa ouviu parte da conversa que se desenrolava, saiu pela porta dos fundos e foi até os homens para saber o que se passava. Quando todos viram a moça, certa comoção espalhou-se pelo ar.

O bispo encarou Miscia por alguns segundos, depois fez sinal para que o guarda tomasse a palavra:

– Miscia Nolan, você é acusada de bruxaria.

– Isso é mentira – berrou Archibald.

– Tudo o que disser poderá ser usado contra você em seu julgamento.

– Nao diga nada Miscia – aconselhou Archibald.

Miscia permanecia encarando a todos, sem mostrar sinal algum de abalo. Era como se até esperasse por aquilo.

No momento em que o guarda foi algemá-la, Archibald empurrou o homem para longe e gritou:

– Fuja, Miscia, fuja!

O guarda que impunha uma arma na mão voltada na direção da jovem atirou sem ter nem o porquê, bem no momento em que Archibald Nolan se punha à frente da irmã. O tiro acertou Archibald em cheio. Caiu no chão no mesmo instante.

– Archibald, não! – gritou Miscia, ajoelhando-se ao lado do corpo do irmão.

– Não, meu irmão, não morra, por favor – pedia ela, rompendo-se num pranto agonizante.

Dorah, esposa de Archibald, assim que ouviu o tiro, saiu imediatamente da casa. Ao ver o marido estirado no chão, ferido a bala, um grito histérico atravessou sua garganta:

– Não! Pelo amor de Deus, não!

Dorah era a própria imagem do desespero.

Archibald voltou-se para a irmã e disse com grande esforço:

– Fuja Miscia, fuja, pelo amor de Deus, fuja!

Ele quis dizer mais alguma coisa, mas não teve forças. Archibald Nolan estava morto.

– Não – gritou Dorah em pânico. – Não, por Deus não!

Miscia pôs-se de pé, voltou seus olhos vermelhos e lacrimejantes na direção do bispo e berrou em tom de maldição:

– Foi você, não foi, seu demônio, foi você quem mandou atirar?!

O bispo peitou-a com o olhar. A moça acrescentou, cheia de ódio:

– Você é quem está dominado pelo demônio, não eu!

O bispo mordeu os lábios, o sangue subiu-lhe à face, deixando-a vermelho sangue.

– Vejam! – bramiu, repentinamente, de forma insana. – Vejam bem o que o demônio é capaz de fazer com um de nós. É ele quem põe palavras mentirosas e descabidas na boca dessa moça para serem usadas contra mim, um servo de Deus. Prestem bem atenção para que se protejam das garras desse ser imundo.

Os guardas olhavam para Miscia, cheios de asco e revolta.

– Se não detivermos essa praga – continuou o bispo –, ela vai se alastrar por nossa cidade, dominar suas esposas e filhas, voltá-las contra vocês, maridos e pais, os verdadeiros alicerces da nossa sociedade.

Os homens arrepiaram-se diante do alerta. O bispo Mauriac Hermant olhou fundo, então, nos olhos de Miscia e falou:

– Você vai queimar na fogueira, seu demônio. Você e todas que seguirem seus passos. Levem-na daqui.

Ao comando do bispo, Miscia, tomada de desespero, correu como uma lebre afoita para os fundos da casa, atravessou o pasto que ficava por lá até alcançar o bosque, entrou nele e continuou correndo, impondo toda força que podia às pernas.

– Atrás dela! – berrou o maioral da guarda.

Os guardas correram ao encalço da jovem.

Miscia foi se embrenhando cada vez mais pelo arsenal de árvores que compunham o bosque. Havia lugares por lá que só ela conhecia e um deles serviria muito bem para resguardá-la daqueles homens que a perseguiam.

Enquanto isso, em frente à humilde casa da família Nolan, Dorah Nolan continuava ajoelhada no chão aos prantos, segurando o marido morto nos braços. As duas filhas encontravam-se agora ao lado dela, chorando com a mãe aquela desgraça.

O bispo Mauriac Hermant aproximou-se das três jovens e disse algumas palavras de conforto em latim. As palavras não fizeram sentido algum para as três mulheres, se bem que, mesmo que tivessem sido ditas numa língua que elas conheciam, seriam incapazes de confortá-las diante de tamanha desgraça.

O bispo aguardou alguns segundos em silêncio antes de voltar a se pronunciar:

– Minhas filhas, não se lastimem tanto assim. O pai de vocês morreu por uma boa causa, para mostrar a vocês e a todos da nossa cidade o que o demônio é capaz de fazer contra nós, até onde ele pode chegar para disseminar as sementes do mal entre as pessoas.

Nenhuma das filhas disse alguma coisa, continuaram chorando a morte brutal do pai.

Havia se passado quase uma hora quando o guarda, a mando do bispo Mauriac Hermant, chegou trazendo dois cães de caça.

– Aqui estão eles, meu senhor – explicou um dos guardas.

– Muito bem – enalteceu o bispo com orgulho. – Nada melhor do que cães de caça para farejar o rastro daquela alma contaminada pelo satanás!

O bispo voltou-se para uma das meninas e ordenou:

– Menina, vá até sua casa e traga para nós uma peça de roupa de sua tia.

A menina olhou para a mãe, em dúvida se deveria ou não atender ao pedido. Entretanto, Dorah não lhe deu trela, estava consumida pelo choro. O choque diante do acontecido a havia desligado completamente do que se passava ao seu redor.

– O que está esperando, garota? – bramiu o bispo, diante da incerteza da menina.

Sem ver escolha, a menina correu para dentro da casa. Para ela, não havia o porquê de questionar o pedido do bispo, uma vez que aprendera, assim como todos, que deveriam respeitar e atender às necessidades dele sempre que determinasse, pois ele era o porta-voz de Deus na Terra. Ele era o escolhido do Senhor para determinar o que deveria ser feito ou não na Terra e, portanto, seu pedido era uma ordem. Todos, de qualquer idade, deveriam acatá-lo.

Em meio minuto, a menina voltou de dentro da casa, trazendo consigo uma peça de roupa de Miscia. O bispo tomou-a de sua mão e deu para os dois cães cheirarem.

– Muito bem – exclamou o guarda responsável pelos cães. – Encontrem essa devassa o quanto antes.

Os cães rosnaram ao seu comando e, assim que se viram soltos, saíram correndo em disparada, rumo ao bosque, seguidos pelos guardas.

Enquanto isso, Miscia se embrenhava por entre as árvores em busca de um lugar para se esconder. Ela estava se sentindo zonza, agoniada, aturdida com o que lhe acontecera e com o que acontecera com o irmão.

No entanto, aqueles que a perseguiam encontravam-se logo atrás dela, a poucos metros de distância, tanto que ela já podia ouvi-los falando uns com os outros com maior nitidez.

– É por aqui – disse um.

– Eu vou por ali – disse outro.

Os cães passaram por eles correndo, latindo alto.

Os homens levaram um susto e demorou alguns segundos para que percebessem que se tratava dos cães da guarda.

Ao ouvir os latidos, Miscia apavorou-se, restava-lhe apenas apertar o passo e foi o que ela fez.

Os cães logo avistaram a moça e latiram ainda mais alto por a haverem localizado. Um grito abafado atravessou a garganta de Miscia.

– Lá está ela – gritou um dos guardas. – Por aqui!

Miscia tropeçou numa das raízes grossas e entrelaçadas que haviam saltado de dentro da terra e caiu com tudo no chão. Levantou-se o mais rápido que pôde e continuou a correr. Enquanto isso, os cães estavam cada vez mais próximos dela.

– É o meu fim – lamentou a jovem, rompendo-se em lágrimas. – É o meu fim...

Um dos guardas que havia visto Miscia de longe e que tomara um caminho que faria com que ele chegasse até ela sem que ela se desse conta do fato, saltou de trás de um apanhado de árvores e a segurou firme pelo pulso. Miscia gritou histericamente. Os demais guardas chegaram a tempo de conter os cães.

– Pelo amor de Deus, soltem-me! – gritava Miscia, esperneando-se toda.

– Calada! – gritou o guarda, arrastando a moça pelo braço.

– Vocês não sabem o que fazem!

O guarda parou e esbofeteou-lhe a face:

– Eu disse para você calar a boca, demônio!

A seguir, continuou arrastando a jovem por entre o bosque. Miscia encontrava-se tão aturdida que volta e meia tropeçava nas raízes das árvores e ia ao chão. O guarda que a segurava firme pelo braço a erguia novamente, com violência, e voltava a arrastá-la pelo lugar.

Quando o bispo Mauriac Hermant avistou Miscia sendo trazida pela guarda, seus olhos brilharam de satisfação. O guarda que arrastava a pobre moça, assim que se viu a três metros do bispo, arremessou a jovem contra o chão.

– Não! – gritou Dorah, ao ver a cunhada sendo empurrada.

As duas meninas encolheram-se de arrepio e horror diante da cena.

– Cuidado, Douglas – alertou um dos guardas – ela é esperta e pode fugir.

– Essa aqui não foge mais não, suas forças acabaram – respondeu o homem, com sarcasmo e satisfação.

O bispo agachou-se diante de Miscia e disse com esquisita tranquilidade:

– Acalme-se, meu bem, nós vamos expurgar do seu corpo toda força demoníaca que se alastrou por ele.

– Demônio são vocês – revidou Miscia, num tom dilacerado.

– Você será eternamente grata a nós por termos libertado você das mãos do satanás, por termos impedido que ele, por meio da sua pessoa, contaminasse os habitantes do nosso povoado, especialmente suas duas lindas sobrinhas.

Miscia inclinou a cabeça para cima até encontrar os olhos do bispo e procurou dizer o que sentiu ser necessário dizer:

– Jesus disse: *Tende cuidado para que alguém não vos seduza; - porque muitos virão em meu nome, dizendo: "Eu sou o Cristo", e seduzirão a muitos.*

Levantar-se-ão muitos falsos profetas que seduzirão a muitas pessoas; - e porque abundará a iniquidade, a caridade de muitos esfriará. - Mas aquele que perseverar até o fim se salvará.

*Então, se alguém vos disser: O Cristo está aqui, ou está ali, não acrediteis absolutamente; - porquanto falsos Cristos e falsos profetas se levantarão que farão grandes prodígios e coisas de espantar, ao ponto de seduzirem, se fosse possível, os próprios escolhidos.**

O bispo deu-lhe um tapa na face e disse, tomado de ódio:

– É um insulto a Deus ter o nome do filho do Pai pronunciado por uma boca tão suja, tão contaminada pelo satanás.

O bispo parecia ter atingido o limite de sua paciência, voltou-se para o guarda e ordenou:

– Levem-na daqui.

Assim que ajeitaram a moça sobre o cavalo, o bispo voltou-se para Dorah, que se mantinha agarrada ao marido morto, esvaindo-se em sangue, e disse:

– O julgamento de sua cunhada deve acontecer ainda amanhã, como dita a lei. A execução em seguida. Não se deve demorar para expurgar o demônio do corpo de uma pessoa, bem como da sociedade em que ela vive.

Um dos guardas mantinha-se parado ao lado da mulher com o marido morto nos braços. Foi esse quem se virou para o bispo, quando ele estava prestes a montar o cavalo, e chamou-lhe a atenção para um fato importante:

---

*(S. MATEUS, cap. 24, vers. 4, 5, 11 a 13, 23, e 24; S. MARCOS, cap. 13, vers. 5, 6, 21 e 22.)

– Meu senhor, não devemos ajudar essa mulher e suas filhas? Alguém tem de tomar as providências em relação ao funeral, tirar o marido morto de seus braços.

– Chame os parentes deles. Eles cuidarão disso!

– Está bem, meu senhor.

E assim foi feito. Assim que os parentes que moravam mais próximo do casal souberam da tragédia correram para lá para amparar a esposa com as duas filhas. Alguns amigos do casal também fizeram o mesmo.

O corpo foi velado ali mesmo na humilde casa do casal e o sepultamento ocorreu na manhã do dia seguinte.

O julgamento de Miscia teve início logo pela manhã. É lógico que Miscia Nolan negou as acusações, mas, como era de praxe na época da Inquisição, a jovem foi torturada até admitir seu envolvimento com bruxaria.

Geralmente, o acusado não tinha outra escolha senão admitir seu envolvimento. Quando não admitia, era porque morria durante a tortura.

As pessoas, muito humildes e submissas à igreja na época, nem sequer percebiam a injustiça que se passava nos tribunais da Inquisição. Se percebiam, não ousavam contestar os métodos, por receio de enfurecer os inquisidores, voltando-os contra eles.

Uma vez que não era preciso revelar no tribunal quem denunciara um indivíduo, as pessoas, em muitos lugares, começaram a acusar de envolvimento com bruxaria todo aquele com quem não simpatizava, só para puni-lo e se ver livre dele. Alguns acusavam por interesse financeiro, ou seja, a morte dessa pessoa lhe traria alguma vantagem financeira e material; outros faziam por inveja.

Vale a ressalva de que a caça às supostas bruxas era feita por inquisidores*, ou seja, a autoridade máxima da inquisição, mas em certas religiões, principalmente, vilarejos, quem comandava

O Inquisidor-geral ou Grande inquisidor (em latim Inquisitor generalis) era a máxima autoridade oficial da Inquisição. O mais famoso foi provavelmente o espanhol Tomás de Torquemada, religioso dominicano.

tal caça era, muitas vezes, um representante da igreja, como no caso, aqui, o bispo. Eles não tomavam parte da ação propriamente, aparentavam apenas estar acompanhando a guarda. Na verdade, porém, a guarda estava sempre sendo comandada por eles.

Valeska acabava de ler uma historinha para o filho quando Hara, a cozinheira da casa, parou na soleira da porta do aposento e pediu licença para lhe falar. Foi assim que Valeska tomou conhecimento do que havia acontecido à Miscia.

– Miscia?! Você tem certeza?

– Tenho, sim senhora. O julgamento dela terminou há pouco.

– Já?! Tão rápido assim?!

– O bispo disse que, quanto mais cedo o demônio for exorcizado do corpo da moça, melhor para a população.

– Mas Dante nada me disse a respeito.

– O patrão deve ter ficado sabendo do caso somente esta manhã, quando chegou ao vilarejo, minha senhora. Certamente porá a senhora a par de tudo, quando regressar para cá.

– E o veredicto, qual foi?

– Infelizmente, culpada. A senhorita Miscia será executada amanhã de manhã, queimada viva em praça pública.

Valeska sentiu uma vertigem horrível, foi preciso se apoiar contra o espaldar da poltrona para não ir ao chão.

– A senhora está bem, dona Valeska?

– Um pouco zonza – respondeu ela, afrouxando o colarinho do vestido.

– É melhor tomar um copo de chá, vou providenciá-lo.

– Não agora, por favor – respondeu Valeska, rompendo-se em lágrimas. – Isso não está certo. Miscia não pode morrer! Isso é uma estupidez, uma ignorância. Matar em nome de Deus, isso está errado, Deus jamais aceitaria uma coisa dessas. Eu vou impedir que uma barbaridade dessas aconteça.

– Minha senhora, acalme-se, procure se controlar, por favor. O que a senhora poderá fazer diante da Inquisição? Nada, absolutamente nada.

– Eu tenho pelo menos que tentar.

– Entregue tudo para Deus. Só Deus pode fazer alguma coisa pela senhorita Miscia nesse momento, minha senhora. Só Deus...

– Deus não pode atuar nesse mundo, senão por meio de nós próprios, assim como faz o demônio, quando quer agir entre nós, insuflar o ódio em nossos corações e denegrir a nossa sociedade.

A criada se viu muda diante de tais palavras.

– Eu tenho de fazer alguma coisa por Miscia, alguém tem de fazer alguma coisa por ela...

– Eu gostaria tanto de poder ajudá-la.

Valeska voltou seus olhos vermelhos e lacrimejantes para a criada e agradeceu:

– Obrigada, Hara, obrigada por sua preocupação.

A mulher baixou a cabeça com tristeza. Ficou por quase um minuto em silêncio, só então perguntou:

– A senhora conhece bem a senhorita Miscia, não?

– Sim, Hara, conheço Miscia muito bem. Somos amigas desde que ela era uma meninota de não mais que dez, onze anos de idade.

– O que falam dela, digo, tudo isso que estão falando dela, é verdade ou mentira?

Valeska se viu sem resposta diante da pergunta.

– De que adianta eu dizer que é mentira, até mesmo provar que é mentira. Eles não me acreditarão, primeiro, porque eu sou mulher, segundo, porque algo me diz que o bispo está querendo queimar mais uma moça na fogueira para insuflar ainda mais o medo na população em relação à bruxaria e também para mostrar seu poderio, tal como fez com a pobre Sâmara Rowland meses atrás, acusando-a de haver matado a pobre Juliette Vartaniam com chá de ervas. Mas eu vou falar com Dante assim que ele chegar. Ele tem que me ajudar a salvar Miscia dessa barbárie.

Um apelo...

Assim que Dante entrou na sala em que se encontrava a esposa, Valeska voltou-se para ele e disse:

– Precisava lhe falar urgentemente.

O marido olhou seriamente para ela. Seu rosto estava grave, tomado de choque e preocupação.

– É sobre Miscia – explicou a esposa, sem rodeios.

– Então, você já sabe.

O tom do marido era grave, ácido.

– Sim. Hara voltou da cidade trazendo a notícia.

– Era de se esperar que ela fosse apanhada.

– Dante, você precisa fazer alguma coisa por Miscia.

– Eu, fazer alguma coisa por aquela infeliz?! Nunca!

A última palavra soou em meio a um berro.

– Ela é minha amiga!

– Ela é uma afronta à igreja, à nossa moral e aos nossos bons costumes! Uma afronta à nossa sociedade!

– Você está distorcendo as coisas, Dante, assim como os inquisidores estão distorcendo os mandamentos de Deus!

– Quem é você para afirmar uma coisa dessas, Valeska? Que ninguém a ouça falando assim, senão vão tê-la como louca, imoral, poderão até mesmo acusá-la de ter sido contaminada pelo demônio com sua bruxaria.

– Você está errado, Dante!

– O que é isso agora, Valeska?! Você vai entrar em discordância comigo por causa de uma bruxa?

– Miscia não é bruxa!

– C-como não, se ela foi pega fazendo bruxaria?!

– O que ela faz não é bruxaria!

– Como é que sabe? Você por acaso está envolvida com essas coisas, Valeska?!

Valeska engasgou-se na resposta.

– Diga-me – rosnou o marido, pegando firme no braço da esposa.

– O que há com você, Dante? Você nunca me tratou assim.

– Responda-me!

– O que importa?

– Importa e muito, pois, se você estiver envolvido com bruxaria e for descoberta, será um escândalo, uma vergonha para mim como também uma vergonha para a minha família!

– Por que se preocupa tanto com o que os outros vão pensar de nós?

– Porque vivemos numa sociedade.

– Uma sociedade medíocre!

Dante bufou, irritado.

– Não diga mais nada, Valeska, mais nada, não me decepcione mais do que você já me decepcionou até então.

A pergunta seguinte da esposa deixou o marido ainda mais aturdido.

– Como é que você sabe que a igreja está certa em relação à Santa Inquisição, Dante? Como?

– O que eles dizem está sempre certo. Não há o que contestar. Ninguém sabe mais do que aqueles que foram escolhidos por Deus para pregar sobre Ele na Terra.

– Será mesmo?

Dante irritou-se ainda mais com a esposa:

– Você só pode estar possuída pelo demônio para contestar a Inquisição, Valeska. Só pode!

– Não, meu marido, é você quem está possuído. Caso contrário, não estaria cego às verdades que cercam a vida. Veria com clareza quem são os verdadeiros emissários do demônio.

– Não me decepcione, Valeska.

– Decepciono-o, sim, tanto quanto você está me decepcionando, Dante.

– Meu Deus, que vergonha... O que vai ser de mim, da minha família, do meu filho, se você for acusada de praticar magia negra só por ter tido contato com aquela moça possuída pelo demônio.

– Miscia não está possuída pelo demônio.

– Pois você verá o demônio sair do corpo dela amanhã, quando ela for queimada viva na fogueira em praça pública.

Valeska tornou a romper-se em lágrimas. Foi preciso se sentar tamanha a comoção. Dante espumava de raiva, quando se voltou para ela e disse:

– Eu não acredito que você está derramando lágrimas por causa dessa imoral, desse anticristo?

– Ela é minha amiga, minha amiga querida...

– Ela é o satanás disfarçado de mulher.

– Ela é, além de minha amiga, um ser humano. E todo ser humano merece respeito, ainda que pense diferente do que dita a igreja e pratique atos que ela não aprove.

– Todo herético deve morrer, Valeska. Todos, sem exceção.

A esposa tornou a olhar para o marido com o rosto tomado de horror.

– O que houve com você, Dante? – perguntou a seguir. – Você me parecia tão diferente antes de aprofundar sua amizade com o bispo Mauriac Hermant.

– O bispo iluminou minhas ideias. Fez-me ver tudo com outros olhos, perceber o que realmente Deus quer de nós, seus filhos.

– Ele fez uma lavagem cerebral em você, Dante.

– Se fez, foi para o meu próprio bem. O bispo, bem como a igreja, quer o nosso bem. Ninguém sabe manter a ordem, a moral e os bons costumes de uma sociedade do que aqueles que são eleitos por Deus para isso.

– Você está cego e surdo.

Nisso, Benito entrou na sala, chamando pela mãe:

– Mamãe?

Valeska voltou-se para o menino, estendeu-lhe os braços e disse:

– Sim, meu querido.

– Por que o papai está tão bravo com a senhora?

– Oh, meu querido, você é ainda muito criança para compreender o porquê.

– A senhora está chorando?

– Sim.

– Por quê?

– Porque uma grande amiga minha foi condenada à morte, injustamente.

A voz de Dante elevou-se novamente num protesto:

– Não diga tolices para o nosso filho, Valeska! Miscia foi condenada à morte justamente!

A esposa, dessa vez, afrontou o marido com o olhar. Dante, enfurecido, deixou a sala, pisando duro e cuspindo pelas ventas. Valeska se abraçou ao filho, enquanto dizia mais uma vez para si mesma:

– Eu tenho de fazer alguma coisa para impedir que aquela barbárie aconteça com Miscia amanhã. Tenho sim e urgente.

O menino se desvencilhou do abraço da mãe e perguntou:

– Não gosto de vê-la chorando, mamãe.

– Às vezes, não há como conter o choro, meu bom Benito. Ainda bem que ele vem, pois, por meio dele, conseguimos extravasar, pelo menos, um pouco da amargura que nos viola o equilíbrio.

Valeska pôs-se de pé e ajeitou o vestido.

– Aonde a senhora vai? – perguntou o menino, diante do ar decidido que se estampava na face da mãe.

– Vou sair.

– Quero ir junto com a senhora.

– Não agora, meu querido. Agora a mamãe precisa ir só. Não devo me demorar.

Sem mais delongas, Valeska deixou a sala e se dirigiu para a cozinha. Ao encontrar Anastácia, uma das criadas da casa, pediu-lhe, no seu tom polido de sempre:

– Mande preparar a carruagem para mim, Anastácia, por favor.

– Sim, senhora – respondeu a mulher, no seu modo sublime de se dirigir aos patrões.

Diante do pedido da patroa, Hara quis saber:

– Desculpe-me intrometer, senhora, mas aonde a senhora pretende ir a uma hora dessas?

– Vou tentar salvar uma vida, Hara.

A mulher segurou firme Valeska pelo braço e disse:

– Minha senhora, pelo amor de Deus, não se envolva com coisas que possam prejudicar a senhora.

– Uma vida está em jogo, Hara.

– A senhora será o que se chama de "um exército de um homem só".

– Ainda assim preciso ser esse exército, Hara. Minha amiga querida está prestes a ser queimada viva.

– Que Deus esteja com a senhora, dona Valeska.

– Que Deus a ouça, bondosa Hara. Que Deus a ouça.

Sem mais palavras, Valeska Scianna tomou a carruagem e partiu, pedindo ao cocheiro que se dirigisse o mais rápido que pudesse para a chácara onde residia Miscia e a família de seu irmão.

Durante o trajeto, Valeska fechou os olhos e orou pela amiga, invocando todas as forças superiores que existissem para protegê-la.

Assim que a carruagem parou em frente à humilde casa, Valeska saltou de dentro do veículo e se dirigiu à porta da casa.

– Archibald, Archibald! – chamou ela, batendo à porta.

Nenhuma resposta.

– Archibald!

A porta se abriu e Dorah, de cabelos escorridos, olhos vermelhos e desolados, apareceu. O aspecto da mulher assustou Valeska drasticamente.

– Dorah, o que houve? Onde está Archibald?

A moça escondeu o rosto entre as mãos e rompeu-se num choro agonizante.

– Dorah!

Nisso as duas filhas do casal se juntaram à mãe. As meninas tinham um olhar assustado, vago e triste ao mesmo tempo.

– Tereza, Susana, o que houve? Onde está o pai de vocês?

A resposta foi dada por Dorah:

– Archibald está morto, Valeska.

– Morto? C-como, quando?

– Ele foi morto ontem por um dos guardas que vieram atrás de Miscia. Pelo que entendi, o guarda ia atirar em Miscia, quando ela tentou fugir, e Archibald, para salvar a irmã, entrou na frente dela. O tiro acertou-o.

– Oh, meu Deus, que tristeza. Eu sinto muito.

A viúva voltou a chorar. Valeska pousou a mão no ombro da mulher desesperada e perguntou:

– Dorah, o que posso fazer para ajudar vocês?

A viúva tirou o rosto de trás das mãos, empinou o rosto para frente e disse:

– Eu gostava de Miscia, Valeska, gostava muito dela mesmo, mas ela não deveria ter se envolvido com aquilo. Tenho medo até de falar o nome *daquilo*. As paredes parecem ter ouvidos.

– A Inquisição está errada – atalhou Valeska em tom decidido. – A igreja não é, nem nunca foi perfeita. Ela quer fazer o bem matando pessoas inocentes, filhos de Deus. Isso está errado.

– Ainda que esteja, Valeska, o que podemos fazer contra eles? Nada. Por isso lhe peço, Valeska, por favor, afaste-se dessas coisas, não quero que nada lhe aconteça de grave. Você é uma moça boa e generosa. Não merece ter o mesmo fim que Miscia. Além do mais, tem um filho para criar, um marido que a ama. Não permita, Valeska, que a bruxaria destrua a sua família, como destruiu a minha.

Valeska agradeceu o conselho da mulher e disse:

– Miscia não pode morrer.

– Não tente nada para salvá-la.

– Mas alguém tem de fazer alguma coisa.

– Valeska, por favor...

– Miscia não merece morrer dessa forma.

– Esqueça isso, ore por ela, para que Deus a perdoe e a ampare no céu e, caso não possa perdoar, que ela aprenda a lição de vez no inferno.

– Eu não acredito em inferno.

– Fale baixo.

– Não faz sentido. Também não faz sentido o que falam sobre Deus. É uma visão muito limitada a respeito do nosso Criador.

– Fale baixo, Valeska, pelo amor de Deus. Se algum empregado ouve você falando e informa o bispo, você estará perdida. Lembre-se de que o povo dessas bandas é mais que religioso, é fanático religioso, dominado completamente pelo que dita a religião.

– Muitos respeitam a igreja por medo, Dorah. Pode parecer que é por adoração ou respeito, mas, no fundo, é por medo. As pessoas têm pavor do que lhes pode acontecer, se se rebelarem contra ela.

– É uma lástima que seja assim – respondeu Dorah Nolan. – Agora vá, Valeska, por favor.

– Vou, mas eu volto para ajudá-las no que for preciso. Não quero vê-las desamparadas por nada desse mundo. É o mínimo que posso fazer por Archibald. Gostava muito dele.

– Ele também gostava muito de você, Valeska.

Valeska tomou a carruagem e partiu.

– Onde você esteve Valeska? – quis saber Dante, assim que viu a esposa entrando na morada do casal.

– Fui falar com Archibald Nolan.

– Você o quê?!

A pergunta saiu num berro. Os olhos do marido dilataram-se de espanto.

– Isso mesmo que você ouviu. E sabe onde está Archibald numa hora dessas?

– Sei muito bem. Morto.

– E você me diz isso assim friamente, Dante.

– Digo. Ele morreu tentando acobertar o demônio.

– Tentando acobertar a irmã querida, Dante. Queria só ver como você reagiria se tivesse acontecido o mesmo com a sua irmã.

– Eu seria capaz de entregá-la às autoridades, sem titubear.

– Mentira!

– Como ousa falar assim comigo?

– Você só diz isso porque não estava na pele de Archibald, se estivesse...

– Estou decepcionado com você, Valeska, muito decepcionado.

– E eu estou decepcionada com a vida. Pela ignorância que se alastra pela humanidade, pois é a ignorância a coisa mais demoníaca que pode afetar a todos nós.

O minuto seguinte se estendeu em meio a um silêncio desconfortável. Então, Valeska enxugou os olhos com um lenço, voltou-se para o marido e lhe fez um pedido muito sério:

– Dante, eu lhe peço mais uma vez, na verdade, suplico a você, impeça que Miscia seja queimada viva. Por favor, em nome do nosso amor.

O marido engoliu em seco. As palavras pareciam se aglutinar em sua garganta. Valeska prosseguiu:

– Matar uma mulher que parece estar de mãos dadas com o demônio é uma atitude tão demoníaca quanto o fato em si.

Nisso a esposa tinha razão, percebeu Dante. Houve um breve silêncio até que ele se pronunciasse:

– Eu não posso atender sua súplica, Valeska, simplesmente, não posso. Não tenho poderes para isso. Eu sinto muito. Miscia será queimada viva amanhã em praça pública, queira você ou não. Mesmo que intercedesse por ela, não haveria escapatória. Acostume-se a essa ideia.

– Pois saiba, Dante, que uma parte de mim morrerá com Miscia, caso ela realmente seja queimada viva bem diante dos olhos do povo. Morrerá porque, no fundo, somos todos irmãos, Dante. Independente de raça, crença, posses ou religião, somos todos irmãos. Todos nós somos filhos do mesmo pai, ainda que cada um contemple esse pai por um ângulo diferente. Deus é o pai de todos nós. Portanto, matar o outro é o mesmo que matar um irmão. É mais do que isso, é ferir o nosso Pai.

Dante não sabia mais o que dizer, por fim, achou melhor não dizer mais nada, as palavras da esposa haviam conseguido secar suas defesas.

Aquela foi uma longa noite não só para o casal, mas também para muitos dos moradores da cidade.

As amigas de Miscia se uniram em pensamento, visto que seria arriscado para elas se encontrarem no bosque para fazer um ritual em prol da amiga condenada à morte. Certamente, estavam sendo vigiadas pela guarda, para serem pegas em flagrante. Elas decidiram fazer o ritual dentro de suas próprias casas, dizendo, quase num sussurro, as palavras que sempre pronunciavam no início e no término de seus rituais:

"Pedimos pelo bem do planeta. Pedimos pelo bem de nossa gente. Pedimos pelo bem da nossa alma. Pedimos pelo bem das nossas plantações, pedimos pelo bem dos nossos homens, pelo bem de nossas mulheres, pelo bem de nossas crianças, pelo bem de nossos idosos. Pelo bem dos que se foram e pelo bem de quem ainda está para nascer. Pelo bem dos amantes e pelo bem maior.

"Que a maldade que insiste em dominar o coração do homem seja sufocada pelo bem maior. Que a perversidade e a libertinagem sejam enforcadas pela luz que guia o bem."

A população da cidade compareceu em massa à execução de Miscia Nolan. A jovem foi trazida para o centro de um palanque armado em praça pública, onde foi amarrada numa espécie de tronco que, depois, foi cercado de lenha e feno encharcados de líquido inflamável.

Antes da execução, o bispo Mauriac Hermant tomou a palavra:

– Estou certo de que todos vocês, presentes aqui hoje, sabem muito bem o porquê de essa jovem haver sido condenada a morrer na fogueira.

Houve um murmúrio na multidão. O bispo continuou:

– Esse será o fim de todo aquele que decidir comungar com o demônio, todo aquele que quiser praticar bruxaria, tudo, enfim, que vai contra as leis de Deus, que denigre a moral e os bons costumes da nossa sociedade, que peca contra os princípios de Deus. Não há outro jeito de exorcizar o demônio da carne humana senão por meio do fogo.

Mauriac Hermant voltou-se para Miscia, olhou firme nos seus olhos e fez uma prece em latim. Miscia cuspiu-lhe na face quando este se aproximou dela.

– Imundo – bramiu.

O bispo manteve-se sério e orando, olhando para ela com profundidade.

Miscia novamente se rebelou:

– Se Deus é tão justo como você prega, seu imundo, Ele há de fazer justiça por mim.

O bispo continuou a oração, elevando a voz, empinando o nariz para o alto.

Miscia avistou, então, o homem por quem seu coração falava mais alto, um padre. Seu nome, Maurílio Poussin. Os olhos dele estavam injetados de dor e tristeza por vê-la ali presa, amarrada, prestes a ser queimada viva. Era uma cena hedionda, trágica, um dos cúmulos da ignorância humana.

O que o bispo dizia naquele instante tornou-se inaudível para Miscia. Naquele momento, voltou-lhe à lembrança a visita que o padre Maurílio lhe fizera na delegacia na noite anterior.

Ele foi até a cela onde ela estava encarcerada, com a desculpa de que iria dar-lhe uma bênção. Miscia mal pôde acreditar quando o viu ali, atrás das barras da prisão, olhando para ela, com os olhos cheios d'água.

Ela levantou-se de onde estava sentada, foi até ele e disse:

– Assim como no passado, há algo sempre se interpondo entre nós. Antes, era a nossa diferença de idade e sua condição de padre que nos separava; agora, são as barras da prisão; amanhã, será a minha morte.

As lágrimas agora riscavam a face do pobre homem. Seus lábios estavam roxos e trêmulos quando disse:

– Eu queria tanto poder fazer alguma coisa por você, mas o que posso diante da Inquisição? Que argumentos tenho eu para defendê-la? Você foi vista em companhia de outras mulheres, até então, não identificadas, praticando bruxaria. As provas contra você são mais do que suficientes para incriminá-la.

Ela interrompeu o que ele dizia, pondo delicadamente seu dedo indicador sobre seus lábios.

– O senhor já fez algo muito importante por mim, padre. Só o fato de ter tido a coragem de vir aqui me ver faz-me encarar meu destino inevitável com menos amargura. Sua vinda até aqui serve também para comprovar o que eu já suspeitava... Que o senhor sente por mim o mesmo que eu sinto pelo senhor.

As lágrimas dele se intensificaram. Ele procurou pela mão dela por entre as grades, levou-a até seus lábios e a beijou.

Miscia inspirou fundo e disse, trêmula:

– Eu o amo, padre, amo-o muito, nunca se esqueça disso. A minha única lástima nisso tudo era morrer sem poder ter lhe dito o quanto eu o amo. Agora, no entanto, morrerei menos infeliz.

Ele deslizou o dorso da mão dela pela sua face em movimentos lentos e carinhosos. Então, subitamente, tomado de revolta, desabafou:

– Sua condenação está errada. Deus pode não aprovar o que chamamos de bruxaria, mas certamente não aprova também o meio que a igreja pune quem se envolve com ela.

– Tente explicar isso para a igreja e o senhor será queimado vivo assim como eu.

– Há muita ignorância espalhada pelo mundo, e a ignorância é a causa de toda a maldade que nos atormenta. Deve haver um lugar onde a vida seja feita realmente de paz e amor, onde a ignorância seja percebida por todos e, ela sim, seja expurgada do nosso meio.

– Eu também acredito que deva haver um lugar assim... Não só um lugar, mas também uma nova chance para aqueles que morrem injustamente, que perdem a decência de viver ao lado de seu grande amor, de sua família por causa da maldade alheia.

– Tem de haver uma outra chance, Deus é justo.

– Eu também acredito que Deus é justo.

Ele tornou a beijar o dorso da mão dela e confessou, chorando:

– Eu nunca vou esquecê-la...

– Eu também não, padre – afirmou ela, embargada de emoção. – Carregarei o senhor na minha memória e no meu coração por onde quer que vague a minha alma.

– Perdoe-me por não poder ajudá-la.

– Não há o que lhe perdoar, padre, em meu coração só existe o amor que eu sinto pelo senhor.

Houve uma pausa de profundo silêncio. Ambos ficaram se admirando, olhos nos olhos, esquecendo de tudo mais que os cercava.

– Que Deus a abençoe... – disse ele, então.

– Eu já sou abençoada por Deus, padre. Há muito que já sou abençoada por Ele. Ele me fez nascer, descobrir a vida, a mim mesma dentro da vida, me deu dons maravilhosos, pessoas maravilhosas para eu conviver, deu-me o senhor...

Um leve sorriso se insinuou naquela face tão retorcida pela tristeza.

– Isso, padre, sorria – disse ela, alegrando a voz. – Sorria sempre, não permita que a tristeza, a dor, a mágoa e o rancor roubem da face do senhor esse sorriso bonito. Ainda que o senhor tenha mil motivos para evitá-lo, ainda assim, lute por ele, para que ele viva sempre a brilhar na sua face, pois um sorriso bonito vale ouro, faz as pessoas mais felizes e essa felicidade é capaz de fazer o mundo melhor.

Ele tornou a derramar-se em pranto, enquanto apertava a mão dela com paixão.

– Vá, padre – aconselhou Miscia –, vá antes que descubram que o senhor está aqui. Se o encontrarem comigo, são capazes de complicarem as coisas para o lado do senhor.

Por fim, Maurílio Poussin enxugou o pranto, procurou controlar-se e despediu-se:

– Adeus...

Ela o corrigiu imediatamente:

– Não me diga adeus, padre... quero revê-lo ainda, um dia, no céu, para podermos viver aquilo que os nossos corações tanto almejam...

Ele tornou a beijar a mão dela e foi se retirando do local, andando devagar, com os olhos pregados nos dela.

Miscia despertou de suas lembranças, quando a tocha de fogo foi acesa para incendiar a fogueira sobre os seus pés.

Seus olhos encontraram-se, então, com os de Valeska, olhando tristemente para ela, parecendo querer lhe dizer por meio do olhar:

– Adeus, minha amiga querida, até um dia...

Miscia contorceu-se aos primeiros toques da chama no seu corpo. A roupa que cobria a sua pele logo se incendiou.

– Não! – gritou Valeska num rompante e, se Dante não a tivesse segurado firmemente, ela teria subido no palanque para libertar a amiga do fogo.

– Controle-se – ordenou Dante, aos pés do ouvido da esposa.

Valeska voltou-se para ele e suplicou:

– Dante, pelo amor de Deus, impeça essa injustiça! Por favor, Dante...

– Você não sabe o que diz, minha esposa – atalhou Dante, começando a se preocupar com o que os outros a sua volta iriam pensar do comportamento da esposa.

A voz de Valeska foi encoberta pelo choro. As pessoas ali ao redor do casal olhavam para eles tão horrorizados quanto olhavam para a moça sendo consumida pelo fogo.

Nisso os gritos de Miscia tornaram-se mais altos, histéricos e pavorosos. Podiam ser ouvidos até mesmo por quem estivesse do outro lado da cidade. Eram gritos de dor, gritos de horror, enquanto seu corpo se derretia ao fogo.

Muitas das pessoas que assistiam à execução sentiam o orgulho bater dentro delas, por acreditarem que aquela era, de fato, a forma de se exorcizar o demônio de uma sociedade e protegê-las de suas maldades.

Algumas sentiam pena diante da execução, mas não ousavam protestar, por medo de serem taxadas de comparsas do demônio.

Outras se compraziam com aquilo, por ignorância, por falta total de evolução, por se encontrarem num estado bestial.

Valeska perdeu os sentido a seguir e, se Dante não tivesse sido rápido, a esposa teria caído ao chão.

– Valeska! – chamava ele. – Acorde, por favor. Valeska!

Valeska, no entanto, parecia uma morta viva. Dante ergueu-a nos braços e deixou o local. O cocheiro, ao ver o patrão se aproximando, carregando a esposa nos braços, correu para ajudá-lo.

– Meu senhor, o que houve? – perguntou o bom homem.

– Ajuda-me a pô-la na carruagem, André.

O cocheiro atendeu ao pedido prontamente. Assim que ajeitaram Valeska na carruagem, Dante ordenou:

– Vamos embora desse lugar o mais rápido possível.

Assim que o corpo de Miscia tornou-se completamente carbonizado, ouviu-se novamente a voz forte, de trovão, do bispo Mauriac Hermant se propagar no local:

– É assim que vai terminar toda pessoa, seja ela mulher, homem, criança ou idoso, que se deixar dominar pela magia negra, pela feitiçaria e pela bruxaria, por tudo aquilo, enfim, que vai contra as leis da igreja, que são as leis de Deus. Toda sorte de heresia deve ser abolida de nossa sociedade, se quisermos manter a ordem, a moral e os bons costumes.

"Toda sorte de heresia deve ser abolida se quisermos andar de mãos dadas com Deus, nosso Senhor."

As pessoas ali presentes começaram a deixar o local.

Nas semanas seguintes, Valeska tornou-se literalmente um trapo. Passava praticamente o dia inteiro na cama e mal se alimentava. Seu único consolo era o filho amado, que passava horas sentado ao seu lado, brincando e fazendo-lhe companhia.

Hara, certo dia, enquanto procurava fazer a patroa provar um pouco da comida que havia feito para ela com tanto carinho, comentou:

– Pobre André, o filho dele não está nada bem.

– Ângelo?

– Sim.

– O que houve, Hara?

– O menino parou de comer de repente. No início, deixava metade da comida que sua mãe punha no prato, agora nem sequer a toca. André e a esposa estão muito preocupados com o garoto. O médico examinou o menino, mas não soube diagnosticar o que realmente se passa com ele. Só sei que a criança está ficando carne e osso. Mal consegue andar de tanta fraqueza.

– Quero vê-lo, Hara. Traga-o aqui, por favor. E providencie tudo o que vou lhe pedir.

A criada atendeu ao pedido no mesmo instante. Quando Valeska se viu de frente para o pequeno Ângelo, sentiu seu coração se apertar de pena.

– Feche a porta – pediu ela, então, à criada.

Hara atendeu a seu pedido. Valeska pôs o menino deitado sobre o divã e deu início a um ritual que aprendera para espantar aquele tipo de mal que se abatia sobre as crianças. Jogou as folhas numa vasilha cheia de água quente, depois pitadas de sal, mexeu enquanto dizia uma sequência de palavras numa língua desconhecida para Hara e o garoto.

Molhou, então, um pedaço de pano na água e passou por todo o corpo do menino, enquanto continuava a pronunciar palavras num língua diferente. No final, disse em sua língua habitual:

– Você vai ficar bom, Ângelo. Você há de ficar bom. Repetiremos o benzimento todos os dias até que você se sinta fortificado novamente.

E, voltando-se para Hara, disse:

– Pode levá-lo, Hara.

Hara foi até a criança, pegou na sua mãozinha e encaminhou-se para a porta. Antes de sair, porém, voltou-se para Valeska e disse seriamente:

– A senhora deveria fazer o mesmo que fez por essa criança, dona Valeska, para que possa obter forças para se reerguer e continuar a sua missão de vida. De nada vale curar o outro esquecendo de curar a si mesmo. Lembre-se de que, se a senhora ficar mal de saúde, não poderá mais ajudar quem ficar mal.

– Eu sei, Hara. Eu sei. Obrigada por se preocupar comigo.

No dia seguinte, como Valeska havia pedido, o menino adoentado foi levado novamente até ela para ser benzido outra vez. Já havia um sinal de melhora no garoto, observou Valeska, assim que o viu, uma melhora que foi se ampliando cada vez mais que ela benzia a criança.

A mãe do menino ficou tão agradecida à Valeska que fez questão de agradecer-lhe pessoalmente.

– Se não fosse a senhora – disse a mulher, emocionada.

– Que nada, fiz apenas o meu dever.

A seguir, Valeska pediu encarecidamente à mulher que não comentasse com ninguém a respeito do que ela havia feito por seu filho. A mulher jurou sigilo absoluto. Era o mínimo que podia fazer em troca de um gesto tão solidário por parte de Valeska.

Dias depois, Dante encontrou na sala os apetrechos que a esposa usava para benzer o menino.

– Você pode me explicar o que é isso, Valeska? – ralhou ele, assim que a esposa atendeu ao seu chamado.

Ela mirou firme em seus olhos e explicou o que era.

– Você está envolvida com bruxaria – bramiu ele.

– Isso não é...

– Isso é bruxaria. Bruxaria dentro da minha própria casa! Aquele demônio contaminou você! Meu Deus, que horror... O que eu fiz para merecer uma coisa dessas?

Valeska tentou se explicar:

– Eu apenas usei esse material para benzer o pequeno Ângelo, filho do André, nosso cocheiro. O menino estava morrendo e eu salvei sua vida.

Dante tremia agora por inteiro, mal podia se manter em pé. No entanto, continuava a manter sobre a esposa um olhar de descaso, ódio e repugnância.

– Se você pensa que vai destruir a minha vida, a do meu filho e a de si própria, está muito enganada. Não permitirei. Enquanto estiver vivo, não permitirei!

Ele avançou sobre ela, pegou no seu braço e arrastou-a para o quarto que ficava na parte superior da construção, uma espécie de sótão. Empurrou-a para dentro do aposento e disse:

– Daqui você não sai mais, não enquanto eu estiver certo de que você está livre das garras do demônio.

Valeska olhava para ele, agora, horrorizada, porém, sem fazer alarde quanto à decisão do marido. Dante adquiriu um tom ainda mais ferrenho quando disse:

– Não quero mais que tenha contato com o nosso filho.

Dessa vez a esposa reagiu:

– Isso não, Dante – gritou ela. – Isso não!

– É para o próprio bem dele! – redarguiu o marido, quase num berro. – A influência do demônio sobre você pode contaminá-lo. E isso eu não permitirei jamais!

– Meu filho, não! – defendeu-se Valeska, agora possuída pelo desespero. – Você não pode tirar meu filho de mim!

– Vou tirá-lo até que você esteja liberta dessa influência demoníaca.

E, sem mais delongas, Dante fechou a porta e passou a chave. A seguir foi até Hara e lhe passou as devidas ordens.

– Não quero, em hipótese alguma, que meu filho tenha contato com a mãe, está me ouvindo?

– Meu senhor...

– Eu não quero sua opinião.

Assim que Dante deixou o aposento, Hara lamentou:

– Foi culpa minha. Eu não deveria ter deixado aquilo tudo na sala. Esqueci completamente. Onde estava eu com a cabeça?

– Acalme-se Hara, acalme-se – pediu a criada de nome Anastácia, que se encontrava presente no local.

– O que faço, agora?

– Só nos resta rezar pela patroa, Hara. Somente isso, rezar.

Nas semanas que se seguiram, Dante se viu obrigado a dizer para as pessoas que perguntavam sobre Valeska que ela andava indisposta e por isso não vinha podendo comparecer aos eventos para os quais eram convidados.

Partia seu coração ter tomado uma medida tão drástica contra a esposa, mas ele acreditava que aquilo era para o seu próprio bem. Impedir o filho de ver a mãe era também, a seu ver, a melhor forma de proteger o menino das garras do demônio e se Valeska fosse realmente uma mãe sensata, haveria de compreender e aceitar sua atitude em prol do próprio filho.

No entanto, por mais que Valeska procurasse compreender o que se passava com o marido, a saudade do filho era insuportável tanto quanto era insuportável viver trancafiada naquele minúsculo cômodo de teto baixo com apenas uma minúscula janela.

Hara pensou em mandar fazer uma cópia da chave do sótão para libertar a patroa quando o patrão não estivesse em casa, mas Valeska se opôs terminantemente à ideia, receosa de que, se o marido descobrisse o que a criada havia feito, haveria de despedir a mulher. E Hara precisava daquele emprego como ninguém.

Hara pensou em levar o pequeno Benito até lá. Ainda que houvesse uma porta separando mãe e filho, os dois poderiam conversar, mas Valeska temeu que o menino contasse para o pai o que ela havia feito, complicando as coisas para a criada e para ela própria.

Para explicar para o filho o porquê de a mãe se encontrar trancada no sótão, Dante disse que ela estava com uma doença contagiosa e por isso precisava ficar isolada, caso contrário, todos na casa adoeceriam.

Benito se preocupou imensamente com a mãe. Rezava por ela a todo instante.

Durante uma das aulas de religião* com o bispo Mauriac Hermant, ele quis saber do menino onde estava Valeska, visto que, nas últimas semanas, ele não a vira. Benito explicou para o homem o mesmo que seu pai havia lhe explicado.

– Eu sabia – murmurou o bispo, consigo mesmo, quando voltava para a cidade. – Valeska Scianna também andava envolvida com bruxaria, por isso o marido a prendeu no sótão. É obvio... Só pode ser isso!

Um riso maroto torceu-lhe a face.

---

*Dizia-se aulas de religião e não catecismo nessa época. (N. do A.)

Apesar de o coração de Dante se apertar de dor por ver a esposa naquelas condições, ele procurava se manter firme, lembrando-se do quanto era importante para todos tal medida.

Semanas depois...

– Meu senhor – disse Hara, assim que encontrou o patrão de volta do trabalho.

– O que foi? – perguntou rispidamente.

– É dona Valeska, ela não está mais respondendo aos meus chamados...

– Deve estar dormindo, só isso.

– Desculpe-me, meu senhor, mas creio que algo de grave aconteceu com ela.

Algo dentro de Dante se agitou, fazendo-o largar imediatamente o que fazia e seguir para o sótão. Estava ofegante e transpirando fundo, quando chegou lá e abriu a porta.

Valeska encontrava-se deitada na cama, como uma expressão cadavérica, parecendo em coma profundo.

– Mande chamar o doutor urgentemente – gritou Dante, rojando-se ao pé da cama.

O médico veio, examinou Valeska e explicou:

– Ela está muito fraca, meu senhor. Com anemia profunda.

– O que deve ser feito?

– Farei tudo o que estiver ao meu alcance, mas receio...

– O senhor tem de salvá-la, doutor – gritou Dante, perdendo o controle sobre si. – Está me entendendo? O senhor tem de salvar minha esposa.

Quando o filho encontrou o pai, Dante estava com o rosto todo riscado de lágrimas.

– Eu quero ver a mamãe, papai – disse o menino, num tom lacrimoso.

O pai abraçou o filho e disse entre lágrimas:

– Você a verá, Benito. Agora mesmo.

Dante pegou na mão do menino e o levou até o quarto onde a esposa jazia sobre o leito.

– Ela ainda está doente, papai?

– Sim, filho. Sua mãe ainda está muito doente.

Eles se aproximaram da cama. Nesse instante, Valeska abriu os olhos com muita dificuldade. Ao avistar o filho, seus olhos se abriram um pouco mais. Uma lágrima escorreu deles, enquanto ela pronunciava bem devagar as seguintes palavras:

– Meu filho...

– Olá, mamãe.

Ela respirou com dificuldade e disse:

– Venha cá, meu querido.

O menino olhou para o pai, incerto se deveria ou não. Dante consentiu com a cabeça. Então, a criança sentou-se à beirada da cama e curvou-se sobre a mãe. Valeska beijou o garoto com ardor. O filho retribuiu seus beijos também com ardor. Ela, em seguida, apertou o menino contra o seu peito, enquanto dizia mais uma vez:

– Eu amo você, meu filho, eu amo...

Houve um suspiro lento e profundo, as pálpebras de Valeska tremeram e, por fim, fecharam-se com seu último suspiro. Valeska Scianna estava morta.

Dante mal podia acreditar no que via, curvou-se sobre a esposa abraçada ao filho, chamando desesperadamente por ela:

– Valeska, acorde, Valeska!

A verdade se estampou bem diante de seus olhos de forma dolorosa.

– Volte, Valeska, volte para mim, para Benito, não vá, por favor, Valeska, não vá! – seu desespero contagiou a criança. – A nossa vida nem começou, pelo amor de Deus, Valeska, fique conosco, por favor, fique!

A frase foi cortada ao meio por um pranto profundo e agonizante. A cena do marido aos pés da cama com o filho debruçado sobre a mãe morta era muito triste.

A cidade recebeu a notícia da morte de Valeska Scianna com espanto. Todos sabiam que ela não andava bem, mas jamais pensaram que seu estado de saúde fosse tão grave.

Sendo Dante Scianna uma pessoa publica, a maioria dos moradores de Scianna compareceu ao funeral. Foi um dia triste e melancólico para todos aqueles que gostavam imensamente do casal. Benito permaneceu o tempo todo agarrado ao pai, chorando a morte da mãe.

O único que se mantinha olhando para todo aquele episódio com outros olhos era o bispo Mauriac Hermant.

A maioria das pessoas presentes fez fila para dar os pêsames a Dante. Quando chegou a vez do bispo Mauriac Hermant, Dante se abraçou a ele.

– Foi melhor assim – disse o bispo, ao pé do ouvido de Dante.

Dante olhou para ele com espanto.

– Eu sei – continuou o bispo baixinho – eu já sabia há algum tempo. Acredite-me, foi melhor assim. O melhor modo de proteger seu filho das garras do satanás.

O bispo seguiu caminho, deixando Dante ainda mais aturdido do que estava.

A semana seguinte viu um Dante arrasado com a morte da esposa, carcomido de saudade e culpa por havê-la prendido naquele sótão. Queria imensamente que Deus lhe explicasse por que havia levado a esposa para junto Dele, se ele fez tudo aquilo para proteger sua casa, exorcizar o demônio. A resposta não foi dada por Deus, foi dada pelo bispo Mauriac Hermant:

– Deus não teve escolha, Dante. A única forma que Ele encontrou para livrá-la das mãos do demônio foi tirando lhe a vida. Fez isso para protegê-los, principalmente, proteger seu filho, pois ela, como mãe, poderia ter influência maligna sobre o garoto.*

Dante ficou pensativo por instantes, por fim se lembrou de fazer-lhe a pergunta que estava engasgada na sua garganta havia tempo:

– Como soube que Valeska estava envolvida com bruxaria, estimado bispo?

– Achei estranho não a encontrar mais, quando vinha dar as aulas de religião para seu filho. Quando soube que você a havia trancado no sótão por causa de uma doença contagiosa, logo deduzi qual doença era essa.

*Esse é um parecer do personagem, nada tem a ver com a verdade sobre Deus. (N. do A.)

– Foi o único modo que encontrei para proteger a todos nós. No entanto, desde a morte dela, pergunto-me se fiz a coisa certa. Receio que não.

– Fez sim, meu filho. Não se culpe mais. A verdade, por mais dolorosa que seja, precisa ser encarada.

– Qual verdade, bispo?

– Que todas essas mulheres que se voltam para esses males desaprovados pela igreja já nascem filhas do demônio.

– O senhor acha mesmo?

– Tenho absoluta certeza. Nós não falamos a respeito para não causar polêmica, mas por que Deus haveria de dar a luz a filhos com tamanha fraqueza?

– Nunca havia pensado nisso.

– Pois pense...

Fez-se um breve silêncio, quebrado minutos depois pela chegada de Benito. Ao ver o bispo, o menino rapidamente reprimiu seus passos.

– Papai – murmurou, parecendo ligeiramente assustado.

– Sim, filho, o que há?

– N-nada – gaguejou o menino, agora, com olhos ligeiramente arregalados.

– Esse não é o modo correto de saldar o bispo, Benito?

O menino baixou os olhos, submisso, foi até o bispo, pegou-lhe a mão que lhe era estendida e a beijou.

– Sua bênção, Vossa Reverendíssima – disse o garoto, cabisbaixo.

– Deus o abençoe, meu filho.

O menino pediu licença para deixar o local. Dante olhou de forma curiosa para o filho e perguntou:

– Você não disse ao que vinha, Benito?

O garoto surpreendeu-se com a pergunta do pai.

– N-não era nada importante, papai, só queria saber como o senhor está – explicou a criança, atropelando ligeiramente as palavras.

Assim que o menino se foi, Dante, olhos voltados para a porta, comentou:

– O senhor percebeu como ele está perturbado?

– Não é para menos, Dante. A mãe faleceu há menos de duas semanas.

Dante, subitamente, rompeu-se num chorar compulsivo.

– Eu não me conformo, não consigo me conformar com o que aconteceu...

O bispo Mauriac Hermant voltou-se para o moço e o repreendeu:

– Você não deveria chorar por sua falecida esposa, Dante. Deveria é sentir vergonha dela. Apagá-la de sua memória para sempre. Ela era uma imoral, Dante. Uma criada do satanás.

– Mas eu a amava de paixão. Fizemos tantos planos para o futuro juntos... Ela era, acima de tudo, a mãe do meu filho.

– E era, acima de tudo, uma enviada do demônio.

O bispo pegou firme no ombro do moço, fê-lo voltar os olhos para ele e, então, falou seriamente:

– Não permita que essa filha do demônio o perturbe mais, Dante. Agradeça a Deus por tê-la levado de você e de seu filho. Pense no quanto a presença dela poderia perturbar seu menino, incutir-lhe maus pensamentos, desviá-lo do caminho do Senhor. Reconstrua sua vida, siga em frente.

– É tão difícil... Eu não sei se posso...

– Ouça o que lhe digo, Dante, para o seu próprio bem, apague essa mulher do seu coração.

– Eu vou tentar.

– Tente mesmo, com fé, antes que o demônio faça de você também seu escravo.

"Toda vez que a lembrança desse demônio vier perturbá-lo, ajoelhe-se sobre um punhado de pedras pequenas e pontiagudas. Esse pequeno gesto fará com que você se afaste da lembrança dessa infeliz."

Dante pegou na mão do bispo, beijou-a e disse com sinceridade:

– O que seria de mim sem o senhor, bispo? O que seria de todos nós sem suas palavras de conforto, sem a sua compaixão?

O homem suspirou:

– Faço apenas a minha obrigação, filho.

– Eu me sinto mais seguro, vivendo nesse mundo com tanta podridão, tendo o senhor do meu lado.

O bispo deu um tapinha camarada no ombro de seu interlocutor e disse:

– Eu já me vou.

Dante pegou a mão do bispo, beijou-a novamente e, em seguida, fez uma reverência.

– Sua bênção!

– Deus o abençoe, meu filho.

As semanas que se seguiram tornaram-se ainda mais difíceis para Dante Scianna. A saudade de Valeska e o sentimento de culpa por tê-la prendido no sótão apertavam mais e mais seu coração, fazendo com que ele chegasse a sentir falta de ar por causa dela.

Sim, Dante sentia cada dia mais culpa pelo que fizera e algo dentro dele lhe dizia que ele havia agido errado para com a esposa amada, precipitando-se nas suas conclusões e atitudes.

As noites foram ficando cada vez mais mal dormidas, tomadas de pesadelos com Valeska, lembranças dos planos que os dois haviam feito para o futuro dos dois, planos que jamais existiriam, planos massacrados pela misteriosa mão do destino.

Nos pesadelos, ele via Miscia ao lado de Valeska. Miscia tentava lhe dizer alguma coisa, só que ele não podia compreender a língua que a jovem usava para se expressar, se comunicar com ele.

Noutras vezes, era Valeska quem aparecia e falava com ele nessa língua estranha, uma língua que ele já ouvira em algum lugar, mas não sabia precisar onde. Surgia, então, Miscia, queimando na fogueira. Noutras, Miscia aparecia na companhia de Valeska no meio do bosque, de frente para uma fogueira, cercada por outras mulheres, todas vestindo capuz vermelho.

Os pesadelos faziam Dante acordar no meio da noite, transpirando fundo. Buscava um copo de água para acamar-lhe os nervos, algo que pouco surtia efeito, restando-lhe apenas a alternativa de voltar para cama e procurar dormir novamente, o que nunca acontecia, pois, cinco minutos após, acordava outra vez, assustado. Levava mais cinco minutos para pegar novamente no sono, até acordar cinco minutos depois, assustado novamente. Era assim até o raiar do dia.

Com tudo isso, seu peso foi diminuindo consideravelmente e seus olhos mostravam nitidamente o horror por que ele passava nas madrugadas.

Hara, um dia, aproximou-se do patrão e pediu licença para lhe falar:

– Meu senhor, desculpe me intrometer na vida do senhor, mas seria melhor que tomasse algum chá calmante antes de ir para a cama. O senhor está com uma aparência cadavérica.

– Obrigado por se preocupar comigo, Hara. Mas não há nada melhor que a bênção do bispo para me ajudar a superar esse período negro de minha vida.

– Eu só quis ajudar, senhor.

– Eu agradeço.

A mulher já ia se retirando, quando ele perguntou:

– E as aulas de catecismo de Benito, como vão? Benito tem se comportado, estudado?

– Creio que sim, meu senhor, Benito pouco fala a respeito.

– O bispo não fez nenhum tipo de reclamação, fez?

– Não senhor.

– Isso é bom, aborrecer-me-ia muito se Benito não se comportasse direito nas aulas do bispo.

Pareceu que a mulher ia dizer mais alguma coisa, mas mudou de ideia.

– Com licença, senhor.

O patrão assentiu com os olhos. Ao virar-se para a janela, Dante teve uma visão repentina da esposa. Saltou da cadeira, aflito. A visão desapareceu. Seu coração batia disparado agora em seu peito.

– Ela não me perdoa – lastimou – ela não me perdoa, é isso que ela quer me dizer. Ela não me perdoa por eu tê-la trancado naquele sótão, por tê-la levado, indiretamente, à morte.

No minuto seguinte, Dante mandou preparar a carruagem, vestiu seu sobretudo, pegou sua cartola, a bengala e partiu. Foi direto para o cemitério, queria muito visitar o túmulo da esposa.

Ali, depositou as flores que colheu num jardim nas proximidades e orou por ela.

Aquele dia, depois do jantar, Dante ficou debruçado na janela da sala de estar olhando o jardim que beirava a janela em questão. Pensava na vez em que viu Valeska com seus cabelos pretos, soltos ao vento, correndo pelo gramado. Como estava bonita naquele seu longo vestido branco e esvoaçante. Como tudo que usava parecia deixá-la mais bonita.

Dois meses depois...

– Senhor Scianna? – exclamou Hara, ao ver o patrão entrando pela porta da frente da mansão.

Não havia espanto algum na face da criada, era como se ela estivesse esperando por sua chegada.

Dante explicou o motivo de sua volta repentina para a casa em meio a sorriso sem graça:

– Minha memória continua péssima, Hara. Podia jurar que havia posto dentro da minha frasqueira todos os documentos que precisaria levar para o escritório, mas não, esqueci pelo menos três deles. Por incrível que pareça, os três documentos mais importantes.

Dante sorriu vagamente antes de perguntar:

– Onde está meu filho, Hara?

A mulher tomou alguns segundos para responder:

– Está com o bispo na sala dos fundos, tomando suas aulas de religião.

– É mesmo? Ando tão aéreo que nem lembrei que hoje era o dia da aula dele com o bispo. Por que eles estão fazendo a aula naquela sala e não na sala de estudos como habitual?

– Foi o próprio bispo quem quis que a aula fosse lá, meu senhor. Ele diz que o lugar é mais arejado.

– Arejado? – estranhou Dante – aquela é, de todas as salas dessa casa, a menos arejada.

A mulher fez uma careta sem graça.

– Se o bispo quer assim, que assim seja.

Nem bem Dante deu um passo na direção do escritório onde guardava seus documentos, sentiu um estranho calor percorrer seu corpo. Foi preciso afrouxar o colarinho. Em questão de segundos, ele estava transpirando.

– O senhor está bem? – preocupou-se Hara, diante do estado do patrão.

– Apenas um mal-estar, Hara.

Criada e patrão ficaram encarando-se por alguns segundos de forma inusitada. Foi Dante quem desviou os olhos primeiramente.

– Já que estou aqui, vou aproveitar para saber do bispo como vão as aulas de religião de Benito.

Sem mais delongas, Dante pôs em cima da escrivaninha sua pasta de documentos e seguiu para o local.

A sensação de calor foi piorando conforme ele foi se aproximando da sala onde se encontravam o bispo e Benito. Ele tornou a afrouxar o colarinho por tamanha falta de ar. Seu estado o deixou ligeiramente preocupado consigo. O que estava acontecendo, aquilo nunca lhe acontecera antes. Que estranho...

A mão de Dante estava prestes a pousar na maçaneta, quando uma força segurou seu punho no ar. Foi exatamente esta sensação que ele teve: como se, realmente, uma mão invisível tivesse segurado seu punho no ar.

Algo o fez encostar a orelha contra a porta para ouvir o que era dito dentro daquelas quatro paredes. Havia uma palavra ou outra ecoando no recinto, envolto num silêncio esquisito. O filho deveria estar escrevendo alguma coisa, uma composição, certamente, para haver tanto silêncio por ali.

Então, algo se apoderou de Dante, fazendo-o subitamente tomar outra direção. Caminhou até a sala que ficava ao lado daquela, onde havia uma porta que dava acesso à sala em questão, a qual ele, sem saber ao certo o porquê, torceu para que não estivesse trancada por dentro, a chaves.

Dante pousou a mão na maçaneta e, para seu alívio, a porta estava destrancada. Ele a abriu devagar, para não fazer barulho e, assim, pôde entrar no recinto discretamente e ver o que se passava por lá. Sua respiração ficou suspensa ao avistar o filho nu e o bispo com a batina arriada.

– Tire as mãos do meu filho – gritou Dante num tom de voz rouca. – Tire as mãos do meu filho, agora!

Capítulo 13

O bispo Mauriac Hermant voltou-se para Dante com olhos tomados de surpresa e horror por ver o dono da casa ali, àquela hora, e por ter entrado naquela sala por uma porta que ele nunca notou que havia por lá, por ficar atrás de um dos grandes móveis que ocupavam a sala.

Benito, assim que avistou o pai, correu em sua direção e se agarrou firme a ele.

– Filho! – bramiu Dante, num tom agonizante.

O corpo do menino tremia por inteiro, sua cor havia desaparecido.

– Filho, meu filho, você está bem?

O menino se agarrou ainda mais forte ao pai, enquanto lágrimas e mais lágrimas escorriam por sua face sem cor.

Dante também rompeu-se em lágrimas e apertou-se ainda mais ao garoto.

– Está tudo bem, meu querido – desabafou – está tudo bem, papai está aqui. Não se desespere.

O choque com a realidade foi tanto que Dante esqueceu por instantes que havia mais alguém presente àquela sala. Levou uns bons segundos para que ele voltasse a se dar conta do fato. Quando reabriu os olhos, vermelhos de desespero e pranto e avistou o bispo, a vermelhidão de seus olhos se agravou, o vermelho agora era de ódio.

O bispo olhava para ele como se o visse de muito longe, com sua arrogância de sempre, fazendo-lhe sombra.

Dante voltou-se para o filho e, puxando-o por seu bracinho, encaminhou-o até a porta do quarto, aquela que fora trancada propositadamente pelo bispo assim que entrara ali com a criança.

– Vá até Hara e fique com ela, Benito. O papai precisar ficar a sós, agora.

O menino assentiu com a cabeça. O pai procurou enxugar-lhe as lágrimas com um lenço antes de ele partir, beijou-lhe a testa e reforçou:

– Procure Hara e fique com ela.

O menino obedeceu.

Dante tomou ar, seus pulmões estavam necessitados. Voltou, então, para dentro do aposento e fechou a porta. O bispo continuava parado no mesmo lugar, de pé, olhando de viés para o dono da casa. Levou quase um minuto até que Dante conseguisse encarar o homem novamente e, quando o fez, arrepiou-se e sentiu um gosto amargo sufocar-lhe a garganta.

– Dante – disse o bispo Mauriac Hermant –, não tire conclusões apressadas. Conclusões tiradas na pressa é coisa do demônio.

A palavra "demônio" bateu fundo em Dante.

– Demônio? – indagou Dante, com nojo.

– Sim, o demônio – reforçou o bispo. – É ele quem está perturbando a sua mente, fazendo-o ver coisas que não existem.

– Se for o demônio realmente quem está por trás da minha visão nesse momento, levando-me a tirar conclusões precipitadas, como o senhor mesmo diz, então esse demônio é uma bênção. Só pode ser um anjo disfarçado de demônio. Ou melhor, continua sendo um anjo, o único que quer me fazer acreditar que existe algum demônio, é você.

– Respeite-me, Dante.

– Respeito? Você quer respeito? Que respeito posso dar a um homem que desrespeita uma criança e deve já ter desrespeitado muitas outras mais.

– Você não está concatenando bem as ideias.

– Defensor da moral e dos bons costumes. Aproveitador de Deus para manipular os homens. Ela estava certa, Valeska estava certa o tempo todo. Tentou abrir meus olhos, mas eu estava cego, havia ficado cego por sua causa. Como pude ser tão tolo, tão cego para não ver a realidade?

– Sua esposa era uma mulher que tinha parceria com o demônio. Era uma bruxa, como a amiga dela, uma herética, uma afronta a nossa religião, a Deus!

– Uma afronta ao Deus que vocês criaram. Duvido que o verdadeiro Deus seja como falam, como insistem em nos fazer acreditar.

Dante, por um momento vertiginoso, não conseguia respirar. Um gemido escapou de seus lábios antes de dizer num tom cada vez mais inconformado:

– Agora vejo tudo claramente, meu Deus, como fui besta para não perceber o quanto os mandamentos da sua igreja são sustentados pela ignorância, uma ignorância que é capaz de matar pessoas em nome de Deus. Fui tão ignorante quanto a ignorância que sustenta a sua igreja.

– Meça suas palavras, Dante, você ainda está de frente para um homem santificado.

– Santificado – murmurou Dante num tom ácido – não me faça rir. O senhor que se diz santificado só pode ter sido santificado pelo demônio.

– Dante!

Dante foi para cima do bispo com o dedo em riste e explodiu:

– Não ouse nunca mais usar Deus para endossar a maldade que vocês querem disseminar pela Terra. São vocês que têm falta de respeito pelo próximo, são vocês que não respeitam as diferenças de cada ser humano, os dons de cada um... Vocês são realmente o demônio, pois devem sentir prazer em matar, ferir, molestar crianças, destruir lares e mais lares... Vocês se dizem porta-vozes de Deus, mas são, na verdade, porta-vozes do diabo.

– Eu posso lhe condenar por heresia, Dante.

– E eu posso lhe condenar por ter molestado uma criança. Se é que foi somente uma, não creio, algo me diz que foram várias. Se eu fizer uma pesquisa por aí, vou descobrir que várias foram molestadas por você e, provavelmente, por outros da sua laia.

– Você está dominado pelo demônio.

– Você! Você e os da sua laia é que deveriam ter sido queimados vivos nas fogueiras que mataram tantas e tantas mulheres e homens ao longo dessa Inquisição imunda.

O bispo dirigiu um olhar penetrante e irônico para Dante, antes de assegurar em tom grave:

– Diga o que quiser a meu respeito, Dante, será a sua palavra contra a minha.

– Não! Será a minha palavra e a do meu filho contra a sua!

– E você acha que alguma autoridade vai acreditar nas palavras de um menino?

O bispo soltou um riso curto e debochado. Parecia sentir um prazer quase que ilícito por deixar Dante desconcertado. Dante fitava-o, agora, incrédulo. Decepcionado, comentou:

– Como você é mau, meu Deus, como você é mau! Como fui cego em não perceber sua maldade.

O bispo agora parecia devorar com prazer cada erupção que a decepção e o desespero causavam no homem a sua frente.

– Minha esposa morreu por causa de vocês – acrescentou Dante com os olhos embaçados de lágrimas –, dessa Inquisição fundada em mentiras, em hipocrisia.

– Ela morreu porque era uma herética – afirmou o bispo, em tom brusco –, uma profana.

– Ela morreu porque era do bem. O bem real. Foi por isso que Jesus disse: *Tende cuidado para que alguém não vos seduza; - porque muitos virão em meu nome, dizendo: "Eu sou o Cristo", e seduzirão a muitos. Levantar-se-ão muitos falsos profetas que seduzirão a muitas pessoas; - e porque abundará a iniquidade, a caridade de muitos esfriará. - Mas aquele que perseverar até o fim se salvará. Então, se alguém vos disser: O Cristo está aqui, ou está ali, não acrediteis absolutamente; - porquanto falsos Cristos e falsos profetas se levantarão que farão grandes prodígios e coisas de espantar, a ponto de seduzirem, se fosse possível, os próprios escolhidos.*

– Eu vou-me embora – rosnou o bispo, parecendo ter atingido o limite de sua paciência. – Não mereço ficar aqui ouvindo acusações infundadas.

– Daqui você não sai! – berrou Dante. – Não, por enquanto!

O dono da casa foi até a porta pela qual ele havia entrado na sala e a fechou com chave, guardou a chave no bolso e foi até a outra porta que dava acesso à sala, abriu-a e chamou pelo mordomo. Assim que o criado apareceu, Dante disse alto e em bom tom:

– O bispo ficará fechado nessa sala até que eu volte. Não permita que ele saia daqui em hipótese alguma, nem que ele arrombe essa porta. Se ele, por acaso, tentar pular a janela, segurem-no, amarrem-no, amordacem-no se for preciso, se bem que, gordo como é, duvido muito que consiga fazer tal proeza. Se fizer, irá, com certeza, se esborrachar no chão.

O criado, olhos surpresos, assentiu no mesmo instante.

– Seu senhor está fora de controle! – protestou o bispo.

E antes que ele dissesse mais alguma coisa, Dante fechou a porta com chave. Mauriac Hermant correu até a porta e começou a bater nela com os punhos:

– Tirem-me daqui. Tirem me daqui! – gritava em total desespero. – Satanás! Satanás!

Dante voltou-se para o criado e reforçou seu pedido.

– Fique tranquilo, meu senhor – garantiu o mordomo. – O bispo só sai daqui por cima do meu cadáver.

– Obrigado, Jonas.

– Não há de quê, meu senhor.

Após se certificar com Hara de que o filho estava bem, Dante tomou a carruagem que deixara aguardando por ele e seguiu para o vilarejo. Assim que chegou lá, convocou uma reunião de urgência. Todos ficaram surpresos quando ele expôs o que presenciara em sua casa havia pouco. O murmúrio foi geral. Alguns chegaram a pensar que ele estivesse delirando. Ao notar a descrença, Dante protestou:

– Amigos, amigos, amigos, o que é isso? Estão duvidando da minha palavra? Por acaso alguma vez em toda a minha vida eu lhes dei motivos para duvidarem de mim?! Sempre fui leal a vocês, ao meu trabalho, à honestidade, à decência e à moral. Sempre fui um homem religioso. Extremamente religioso, todos sabem. Será que precisarei chamar meu filho aqui para lhes contar o que houve entre ele e o bispo? Fazê-lo sofrer ainda mais por tamanha perversidade?

Novo murmúrio ecoou por entre os presentes. Martin Rosen, que detinha a posição de juiz do vilarejo, tomou a palavra:

– Eu acredito em você, Dante.

Demétrio Macdonald manifestou-se:

– Eu também.

Outros dois presentes deram o seu apoio.

– Levaremos o bispo a julgamento. Até lá ele ficará atrás das grades. Agradeço muito a compreensão e colaboração de vocês.

Duarte Cohl, que até então se mantivera calado, protestou:

– Vocês acham mesmo que estão certos em manter um homem de Deus atrás das grades de uma prisão? Deus pode se revoltar conosco.

– Vamos apurar os fatos, meu caro Duarte. Assim como o demônio pode ocupar o corpo de uma jovem linda e angelical para disseminar o mal, ele pode muito bem ocupar o corpo de um bispo.

Duarte quedou pensativo.

Como havia sido combinado, o bispo foi levado da casa de Dante para a casa de detenção pela guarda do município. A cidade estava em polvorosa, todos já haviam tomado conhecimento do fato, muitos estavam escandalizados com o ocorrido, alguns duvidosos de que aquilo realmente havia acontecido, pois, para eles, um homem de Deus era um homem de Deus, incapaz de ser manipulado pelo demônio.

Outros estavam indignados e revoltados com Demétrio e Dante por terem levado o bispo à prisão e a julgamento. A delegacia, àquela noite, ficou cercada de fiéis que foram dar apoio ao bispo. Levaram velas, alimentos e passaram a madrugada fria, orando pelo homem que tanto estimavam.

No dia seguinte, logo pela manhã, o local onde se realizaria o julgamento do bispo já estava cercado por centenas de curiosos. Poder-se-ia dizer que a cidade toda estava ali. O recinto, que comportava apenas cerca de cem pessoas, logo ficou lotado. Os que não puderam entrar tiveram que se contentar em aguardar do lado de fora da edificação.

Houve palmas e palavras de apoio quando o bispo foi trazido para o local.

Houve vaias quando Dante chegou lá.

O julgamento começou com o Promotor lendo a acusação. Depois, passou a palavra para Dante, que ocupava agora a posição de testemunha de acusação:

– Esse homem – começou ele indicando o bispo com o dedo – que se diz porta-voz de Deus, defensor da moral e dos bons costumes, é, na verdade, o demônio disfarçado de enviado de Deus.

– Dante, meça suas palavras, elas podem condená-lo por blasfêmia – protestou Demétrio.

– Eu sei muito bem do que estou falando, meu caro Demétrio. Eu peguei esse homem, essa alma torpe, ontem, em minha casa, minha própria casa, tentando abusar sexualmente do meu filho.

Ouviu-se um murmúrio de vozes. A Defesa fez uma observação:

– Senhor Dante Scianna, o senhor só pode estar delirando. Todos sabem que o senhor anda perturbado, desde que sua esposa faleceu.

Dante bateu com toda força os punhos sobre a mesa.

– Eu digo a verdade, nada mais do que a verdade. Não haveria razão para mentir. Mentira não faz parte do meu caráter. De que me vale prejudicar um ser humano? Eu nada lucro com o mal. Esse demônio estava prestes a molestar meu filho, meu amado filho, e se eu não tivesse esquecido alguns documentos importantes em minha casa, não o haveria impedido de consumar o fato.

"No entanto, receio, receio seriamente, que ele já possa ter abusado do meu menino, anteriormente. Não só do meu filho, como do de outros."

Novo murmúrio de vozes se elevou entre os presentes. O juiz pediu silêncio para que Dante pudesse prosseguir:

– Receio também que outros padres e frades tenham feito o mesmo com nossas crianças. Todos precisam ver realmente quem se esconde por trás da aparência tranquila e bondosa desses homens que se intitulam porta-vozes de Deus.

Outro murmúrio de vozes, dessa vez mais denso, manifestou-se por entre os presentes.

Dante voltou-se para o juiz e pediu licença para chamar Benito.

Permissão concedida.

Benito foi até o pai e sentou-se na cadeira que ele lhe indicou. Fez o juramento de praxe com a mão estendida sobre a bíblia e só então Dante lhe perguntou:

– Diga, filho, sem medo, o que o Bispo Mauriac Hermant fez com você ontem à tarde, durante a aula de religião, pouco antes de o papai entrar na sala.

O menino baixou o olhar, engoliu em seco. O pai pegou firme em seus ombros e disse:

– Não precisa ter medo, meu querido. Papai está aqui. É muito importante para todos, inclusive para os seus amiguinhos, que você conte o que se passou ontem à tarde entre você e o bispo Mauriac Hermant, durante a aula de religião.

O menino voltou à cabeça para trás e passeou seus olhos pelo rosto de cada amiguinho seu. Era como se estivesse procurando apoio no olhar de cada criança. Seus olhos então cruzaram com os do bispo Mauriac Hermant. Um choque de olhares que provocou um súbito estremecimento no garoto. A criança voltou a olhar para o juiz e disse:

– Ontem durante a aula...

O juiz o interrompeu:

– Benito, fale mais alto, por favor.

O menino limpou a garganta e ergueu a voz:

– Ontem à tarde, como de hábito, o bispo Mauriac Hermant quis dar a aula de religião para mim na sala que fica nos fundos de casa. Ele sempre escolhe aquela sala, quando quer que eu apalpe seu corpo. Diz que é para eu apalpá-lo como se estivesse apalpando o corpo de Deus. E me diz também que, quando ele apalpa o meu corpo, é porque Deus quer apalpar o meu corpo por meio das suas mãos.

"Depois ele me pede para tirar a roupa, dizendo sempre que é porque Deus quer que eu fique nu. Outro dia, eu não quis tirar a roupa porque estava frio, mas ele insistiu, se eu não tirasse, Deus se zangaria comigo. Perguntou-me: 'Você quer que Deus se zangue com você, Benito, quer?'. Eu respondi imediatamente que não. Então, ele disse: 'Então faça o que eu mando! E se falar alguma coisa para alguém sobre isso, Deus há de castigar você, vai matar o seu pai assim como matou a sua mãe!'."

O murmúrio de vozes agitou-se entre os presentes.

– Foram realmente essas as palavras usadas pelo bispo Mauriac Hermant, Benito? – indagou o juiz.

– Foram – respondeu o menino sem titubear.

O murmúrio de vozes entre os presentes elevou-se.

– Eu... – acrescentou Benito, mas não foi além disso.

– Prossiga, Benito – incentivou o juiz.

O menino parecia incerto se deveria ou não prosseguir. Os olhos do pai disseram a ele que "sim", prossiga.

Benito passeou os olhos pelo rosto de cada amigo antes de continuar:

– Juliette tinha um segredo...

– Juliette? – estranhou o juiz.

– Juliette? – também estranhou Dante.

– Juliette Vartaniam – explicou o menino.

– Juliette Vartaniam... – murmurou o juiz – Você está falando da menina que foi morta por magia negra?

– Sim. Ela mesma – respondeu Benito rapidamente.

– Que segredo era esse, Benito?

– Juliette ia sempre a minha casa e me dizia que não gostava do bispo Mauriac Hermant. Quando eu lhe perguntava o porquê, ela respondia que não podia me contar, porque senão Deus mataria a mãe dela ou o seu pai.

Novo murmúrio de vozes ecoou por entre os presentes.

– Mas Juliette não precisava me contar porque não gostava do bispo, eu sabia que deveria ser pela mesma razão que eu também não gostava dele.

– Você está certo do que está dizendo, Benito? – agora era a Defesa quem perguntava.

– Sim. Eu gostava muito de Juliette. Sofri muito com a sua morte.

O juiz voltou-se para o bispo Mauriac Hermant e perguntou:

– Bispo Mauriac Hermant, o que o senhor tem a dizer em sua defesa?

– Que tudo isso não passa de um complô contra a minha pessoa e nossa religião sagrada. Esse homem e essa criança estão dominados pelo demônio. Só uma pessoa dominada pelo satanás seria capaz de inventar um absurdo destes a meu respeito.

Dante retomou a palavra:

– Obrigado, Benito.

O menino baixou os olhos e se retirou do tribunal. Dante continuou:

– Como disse há pouco, estou quase certo de que os filhos dos meus colegas passaram pelo mesmo tipo de abuso por parte do bispo e de outros padres e frades da paróquia. Foi por isso que fiz questão que alguns pais viessem para esse julgamento na companhia de seus filhos. Quero interrogá-los na frente de todos vocês.

Dante voltou-se para as crianças sentadas ao lado de seus pais e, olhando fundo nos olhos de cada uma delas, disse:

– Você, você, você, você... vocês todos podem ter sido molestados por esse bispo e por outros padres.

Novo agito de vozes.

Ainda olhando direto e reto para cada uma das crianças, Dante acrescentou:

– Percebo pelo olhar de cada um de vocês que minha afirmação procede. Os olhos são as janelas da alma.

– Dante – protestou um dos pais dos meninos, pondo-se de pé. – Você não deve falar assim do meu filho. Eu o proíbo. E voltando-se para o filho, o pai ordenou: – Vamos embora daqui, Hugo.

Outro pai também se levantou de onde se encontrava sentado, voltou-se para o filho e disse alto e em bom tom:

– Vamos embora daqui também, Douglas.

Esses pais saíram seguido por seus filhos e por outros pais acompanhados de seus filhos.

Duarte voltou-se para Dante e disse:

– Está contente agora, Dante, com o rebuliço que está causando em todos nós?

Dante não se deixou intimidar pela acusação. Afirmou com veemência:

– É para causar rebuliço, mesmo! Para que todos parem, observem, reflitam e abram os olhos enquanto é tempo.

– Dante...

Dante ignorou o homem, voltou-se para o juiz e disse:

– É difícil, muito difícil mostrar a verdade para aqueles que foram hipnotizados por esses que se julgam porta-vozes de Deus.

O juiz assentiu em concordância. Fez-se um breve silêncio até que o Promotor voltasse a falar:

– Estes são os fatos, Meritíssimo. Resta agora ao júri apurá-los.

A Defesa tomou a palavra:

– Temos fatos apresentados por uma criança e um homem perturbado pela morte da esposa que, segundo boatos, também estava envolvida com bruxaria. Foi por essa razão, inclusive, que o senhor Dante Scianna trancou a esposa dentro de sua própria casa, no sótão para ser mais preciso, na esperança de impedi-la de continuar tomando parte da arte do demônio.

"Sou levado a crer que tal comunhão com o demônio, praticada pela esposa, afetou o nosso estimado Dante, levando ao delírio não só a ele, como ao filho.

"Todos conhecem muito bem o bispo e sabem o quão íntegro é seu caráter. Por momento algum ele seria capaz de fazer algo do gênero contra uma criança inocente. Por isso, tais acusações são totalmente infundadas, sem nenhum cabimento, puramente, a meu ver, obra do demônio."

Houve um novo burburinho entre os presentes. Foi então que Hara ergueu-se de onde estava sentada e pediu licença para falar.

– Quero permissão para falar, Meritíssimo.

– Permissão concedida.

Hara subiu no tribunal, ocupou o local destinado às testemunhas e, num tom de voz cuidadoso, disse:

– Eu trabalho na casa do senhor Scianna.

– Sim, continue.

– Eu sei que não deveria ter feito o que fiz, mas era preciso, foi a única forma que encontrei para fazer com que o senhor Scianna descobrisse o risco que seu filho estava correndo, ficando sozinho nas mãos do bispo Mauriac Hermant.

"Por isso, atrevi-me a abrir a bolsa de meu patrão e tirar de dentro dela alguns dos documentos que estavam ali. Foi o único modo, a meu ver, de forçar o patrão a voltar para a casa e, com a graça de Deus, num momento oportuno, pegar o bispo fazendo aquela barbaridade que há tempos vinha fazendo com o menino."

– Por que não contou a respeito para o seu patrão?

– Ele não me acreditaria, Meritíssimo. E sou levada a crer que nenhum patrão acreditaria num criado, caso ele se atrevesse a falar a respeito. Esse patrão seria capaz de demitir esse criado, até mesmo de acusá-lo de imoral, um anticristo, um bruxo... Jogá-lo nas mãos dos inquisidores que certamente o condenariam a morrer queimado na fogueira por considerar suas palavras uma heresia.

"Não creio que tenha sido somente eu quem tenha descoberto o que o bispo vem fazendo com seus 'alunos'. Outros colegas de profissão devem ter descoberto o mesmo, não é difícil, uma vez que estamos sempre em casa, limpando, organizando as coisas, observando as crianças depois que o bispo e os padres partem daquilo que eles chamam de aula de religião. E todos esses meus colegas se viram, assim como eu, obrigados a guardar segredo do que descobriram, por medo.

"Posso queimar na fogueira, mas digo, sem temor algum, que esses homens que se dizem defensores da moral e dos bons costumes, porta-vozes de Deus, não passam de demônios fantasiados de anjos."

As pessoas se mostravam boquiabertas diante do depoimento da mulher, um depoimento que parecia mais um desabafo. Voltando-se para Dante, Hara completou:

– Desculpe-me, meu senhor, pelo que fiz, mas foi...

Ele a interrompeu delicadamente, dizendo:

– Não há o que se desculpar, Hara, foi graças a você que pude descobrir essa imoralidade, salvando meu filho de uma desgraça maior.

Hara pediu permissão para fazer um adendo. Permissão concedida. A mulher falou:

– Estou quase cem por cento certa de que a pequena Juliette Vartaniam não morreu por ter participado de bruxaria ou magia negra, como o bispo e os demais padres quiseram nos fazer acreditar. Juliette Vartaniam morreu porque foi estuprada por um dos padres ou freis, um estupro que a deixou grávida e com complicações, algo muito natural, considerando o fato de que Juliette Vartaniam era uma menina que mal acabara de entrar na adolescência.

A pergunta seguinte partiu do juiz:

– A senhora está querendo dizer que a menina morreu porque estava grávida, é isso?

– Não exatamente, Meritíssimo. A pequena Juliette Vartaniam morreu assassinada.

Novo choque nos presentes.

– Explique-se melhor, minha senhora – pediu o juiz.

Hara tomou ar para manter sua coragem para continuar dizendo o que acreditava ser preciso dizer:

– O estupro deve ter deixado Juliette Vartaniam profundamente perturbada, transtornada, seria a melhor palavra para descrever seu estado emocional. Durante a forte febre que começou a estremecer seu corpo e a prendeu a cama, Juliette começou a falar o que não devia. Um dos padres que havia sido chamado para orar por sua convalescença deve ter ouvido seu desabafo em meio à forte febre e, com receio de que a menina denunciasse aquele que a estuprara, achou por bem tomar uma providência quanto àquilo, antes que fosse tarde. Vale lembrar que esse padre ou frei pode ter sido o mesmo que estuprou a pobre menina, daí o motivo de tamanha precaução.

– Que precaução foi essa tomada por esse padre ou frei, minha senhora? – indagou o juiz.

– A pior de todos, Meritíssimo. Esse sujeito, num momento propício, deve ter dado alguma coisa para a menina beber e assim silenciou Juliette para sempre.

– A senhora está querendo dizer que esse padre ou frei deu veneno para a adolescente adoentada?

– Não estou querendo dizer, Meritíssimo, estou afirmando. Foi exatamente isso que ele fez. E esse indivíduo fez coisa ainda pior. Mais tarde, acusou Sâmara Rowland, a moça que cuidava de Juliette Vartaniam como enfermeira particular, de ter feito magia negra com a menina para explicar sua morte súbita e, principalmente, a dose de veneno no interior da menina, caso fosse feita uma autópsia no corpo dela.

"Sâmara Rowland era uma moça muito direita, trabalhadora, fiel aos seus patrões e também muito minha amiga. Ela me contou tudo o que estou lhes contando, tomada de desespero e pranto. Ela estava ao lado da menina o tempo todo, ouviu o que Juliette dizia durante a forte febre, juntou dois e dois e...

"Diante da sua morte súbita, não teve dúvidas. Soube rapidamente o que havia ocorrido. Sentiu-se péssima por não ter percebido antes o que aquele homem que estuprou a menina planejava fazer contra ela. Acreditou que, se tivesse percebido, teria salvado a garota.

"O padre em questão deve ter percebido que Sâmara Rowland sabia a respeito do estupro e, por isso, acusou a pobre moça de ter feito bruxaria contra a criatura. Assim, sentenciou a pobre moça à morte.

"Se ela não tivesse morrido durante a tortura para que ela confessasse seu envolvimento com bruxaria, ela teria certamente morrido na fogueira."

Os presentes levantaram-se e começaram a gritar de ódio e indignação.

– Silêncio! – pediu o juiz, batendo martelo com toda força. – Silêncio no tribunal.

A Defesa pediu permissão ao juiz para fazer uma pergunta à mulher que depunha.

– A senhora tem provas disso tudo que acabou de nos contar?

– Não. Tenho apenas a minha palavra. Sei que não deve significar muito, mas eu precisava falar. Todos têm de saber o que se passou. Justiça deve ser feita à pobre Sâmara e à pequena Juliette.

A Defesa riu com ironia, voltou-se para todos e comentou:

– Nada do que essa mulher disse pode ser provado. Temos apenas a palavra de uma criada, na certa, querendo proteger a amiga que estimava muito e que morreu durante seu julgamento por ter se envolvido com bruxaria.

Voltando-se para Hara, acrescentou:

– A senhora pode ser acusada de injúria e difamação, sabia?

– Que eu seja. Ainda assim, afirmo que tudo que disse aqui nesse tribunal é a mais pura verdade.

A Defesa ia dizer mais alguma coisa, mas não foi além da primeira silaba. Um murmúrio de vozes elevou-se por entre os presentes, chamando sua atenção para lá. Dois dos pais que haviam deixado o julgamento na companhia dos filhos minutos atrás retornavam para o local, acompanhados de seus filhos. Um dos pais pediu, então, permissão ao juiz para falar. Permissão concedida.

– Meritíssimo, volto a este tribunal, o qual deixei há pouco, contrariado, devido às acusações feitas pelo senhor Dante Scianna, porque algo muito importante aconteceu quando eu tomava o caminho da minha casa.

O homem tomou ar, voltou-se para o filho e pediu:

– Diga, filho, diga ao Meritíssimo o que me disse há pouco.

O menino, chamado Hugo, contou a seguir a mesma história que Benito havia contado a todos havia pouco.

– Você tem certeza do que está falando, garoto? – inquiriu o Juiz, prestando bem atenção no semblante do menino.

O garoto assentiu com a cabeça.

Ouviu-se, então, a voz do outro pai, que voltara para o tribunal na companhia do filho:

– Com licença, Meritíssimo, meu filho também quer depor.

– Por favor – respondeu o juiz, dando vez para o garoto se pronunciar.

O menino contou a mesma história que Hugo contara havia pouco. Constava apenas uma diferença na sua narrativa: quem molestara o menino não fora o Bispo Mauriac Hermant, mas sim o padre Harold Vieira.

Os presentes chegaram a erguer o pescoço, tamanha comoção.

Outra criança quis depor e seu depoimento, que era uma réplica dos depoimentos anteriores, foi feita entre lágrimas. Os pais e demais crianças ficaram tão comovidos que poucos conseguiram conter o pranto.

Quando Dante se percebeu que nenhuma criança mais queria se manifestar, ele voltou-se para o bispo Mauriac Hermant e disse num tom de voz mais calmo:

– Acabou, bispo. Acabou, graças a Deus. Graças ao verdadeiro Deus, você foi pego. Você e toda a sua corja nunca mais hão de abusar de uma criança inocente, tampouco matar inocentes usando o nome de Deus.

A mãe de uma das crianças que havia deposto levantou-se, voltou-se na direção do bispo e perguntou com voz lacrimosa:

– C-como o senhor, como todos os padres e freis puderam fazer uma coisa dessas com os nossos filhos e filhas? Como? Nós os recebemos em nossas casas, demos de comer a todos vocês, pagamos dízimos para *sustentá-los* e é isso que recebemos em troca?

O marido levantou-se e consolou a mulher em seus braços.

Dante voltou a falar:

– Não é somente as nossas crianças que estão em risco nas mãos desses pervertidos e imorais que se intitulam porta-vozes de Deus. Os padres, freis e bispos de direito também estão em risco, pois, dentro das casas paroquiais, quando os olhos da população não estão mais voltados para elas, o que se vê é a imoralidade correndo solta pelos corredores e aposentos desses lugares. Aquele que se recusa a participar de todo e qualquer ato imoral, muitas vezes verdadeiras orgias, é deixado de lado ou judiado por esses imorais e indecentes. Muitos desses homens de direito chegam a ser dopados para serem molestados durante o tempo em que se encontram inconscientes.

Houve novamente um agito entre os presentes. Foi então que um dos presentes levantou-se, voltou-se na direção do bispo e, aos berros, sentenciou:

– Que você queime nos quintos dos infernos, seu demônio.

– Deixe-nos em paz, satanás! – berrou outro.

– Morte a esses demônios – bramiu mais um.

– Que sejam queimados nas fogueiras – urgiu outro.

– Precisamos exorcizar esses enviados do demônio! – manifestou-se outro pai.

A população se revoltou a tal ponto que todos queriam linchar o bispo e os padres da cidade. Alguns chegaram até a cogitar a vontade de atear fogo à sede dos padres e bispo, por acreditarem que essa seria a única forma de exorcizar da cidade todo o mal que havia lhes enegrecido a alma.

Não é à toa que a revolta chegou aonde chegou. Saber-se que uma criança inocente foi molestada é um baque. Ainda que tenhamos choques como esses, é preciso manter a calma. Entretanto, manter a calma diante de uma situação como essas é algo somente obtido por almas bastante evoluídas. Não era o caso da maioria dos envolvidos nos fatos narrados tampouco dos parentes e moradores daquela pequena cidade da Europa.

Foi com muito esforço que o juiz Martin Rosen conseguiu silêncio no tribunal e pôde, assim, conceder a chance para o bispo se defender das acusações levantadas contra a sua pessoa.

– Meritíssimo – disse o bispo – falarei em meu nome e de meus companheiros.

– Prossiga – disse o juiz, olhando enojado para o réu.

O bispo limpou a garganta antes de começar sua defesa.

– Eu, bispo Mauriac Hermant, fui acometido de estranha perturbação naquela tarde do dia 17 de setembro de 1566 quando estive na residência do senhor Dante Scianna. Essa perturbação me privou de meus sentidos, deixando-me completamente em transe, sem ter noção alguma do que fazia com minhas próprias mãos, pés, corpo em geral e até mesmo das palavras que atravessavam meus lábios.

"Só voltei a mim quando a porta da sala em que me encontrava trancado com o filho do senhor Dante Scianna estalou com sua abertura."

Um burburinho de vozes se elevou entre os presentes. O juiz bateu o martelo pedindo silêncio. Mauriac Hermant prosseguiu:

– Minha mente foi dominada pelo demônio naquele dia e àquela hora por uma razão muito simples e óbvia. Eu estava dentro de uma casa usada recentemente para abrigar uma mulher, a dona da casa, a senhora Valeska Scianna, que praticava cultos demoníacos.

"O próprio marido, o senhor Dante Scianna, descobriu o envolvimento de sua esposa com magia negra e foi por isso que a trancafiou no sótão de sua casa. Não permitiu que ela tivesse contato até mesmo com o próprio filho para proteger a criança de qualquer influência satânica. Se perguntarem aos criados da casa, eles, se usarem de sinceridade, confirmarão o que lhes digo."

Outro burburinho se elevou.

Dante Scianna disse para si mesmo: "Calma, homem, não se exalte. Mantenha a calma. Será melhor."

Ele procurou acatar a voz que dialogava com ele.

Após o juiz pedir mais uma vez que todos se aquietassem, o bispo Mauriac Hermant prosseguiu na sua defesa:

– O demônio entrou em mim naquele dia, para me fazer molestar aquela criança, só para que, mais tarde, eu fosse acusado de imoral e anticristo, como ocorre agora. As artimanhas do demônio são muitas, todos aqui sabem, pois todos já ouviram meus sermões a respeito da *besta,* durante os cultos religiosos.

"Por isso, venho, humildemente, defender a mim mesmo diante dessa acusação escabrosa e injusta para que o mal que o demônio insiste em lançar sobre a minha pessoa, um ser humano de alma pura e devota a Deus, não aconteça. E sim que esse mal seja exorcizado de mim e de todos vocês antes que me custe a vida, injustamente."

– Quer dizer que o senhor bispo se diz inocente quanto a essas acusações?

– Não só eu, Meritíssimo, mas todos os meus companheiros de fé. Todos nós, sem exceção, estamos sendo acusados injustamente. E quem nos acusa está sendo movido pelas forças do demônio, especialmente pelas muitas mulheres que se deixam envolver com magia negra, bruxaria, feitiçaria, tudo enfim que invoca o satanás, a *besta* medonha.

"A tal criada que discursou há pouco também tem pacto com o demônio, por isso fez acusações tão satânicas. Tudo o que ela disse a respeito da menina Julliete não passa de suposição incitada pelo demônio. Só mesmo a *besta* para fazer alguém pensar que um de nós, um porta-voz de Deus, seria capaz de assassinar uma menina inocente para acobertar um ato imoral e demoníaco."

O bispo voltou os olhos para o teto e se pôs a rezar. Lágrimas e mais lágrimas escorriam agora por sua face rechonchuda e avermelhada. Havia um aspecto tão triste dominando seu rosto que se tornava impossível dizer que tudo não passava de mero fingimento por parte da sua pessoa.

Os demais padres e frades presentes imitaram seu gesto, ajoelharam-se e se puseram a orar com o bispo.

Novo murmúrio de vozes se elevou entre os presentes.

A voz do bispo ecoou no recinto:

– Oh, *Deus,* poderoso *Deus,* tirai de nós, pobres pecadores, mais essa artimanha, essa injustiça, essa podridão que o demônio derrama sobre as nossas cabeças. Oh, *Deus,* senhor *Deus,* perdoe a todos os presentes, todos os moradores dessa cidade que fizeram mau juízo de nós porque eles não sabem o que fazem, são apenas fantoches nas mãos do satanás. *Aleluia.*

Os padres e frades presentes repetiram: "Aleluia".

Alguns presentes repetiram a seguir: "Aleluia".

O juiz já não sabia mais no que acreditar e pediu uma pausa de cerca de meia hora para reiniciar o julgamento.

Uma das mulheres presentes no tribunal saiu de onde estava sentada, foi até o bispo e se jogou de joelhos aos seus pés.

– Perdoa, Vossa Reverendíssima, o mau julgamento que fiz do senhor, o mau julgamento que todos nós fizemos do senhor.

O bispo pôs a mão sobre a cabeça da mulher e disse numa voz retumbante:

– Está perdoada, mulher. Todos hão de ser perdoados por Nosso Senhor, amém.

– Amém.

Dante assistia àquilo boquiaberto. Mal podia acreditar no que via e ouvia. O poder de persuasão daqueles que se chamavam porta-vozes de Deus era, realmente, demoníaco, percebia ele agora. Era tão forte e ladino que iludiu a ele próprio e a toda a sua família durante anos, mantendo a todos na cegueira.

Uma hora depois, o julgamento recomeçou, atrasado. O juiz reiniciou o processo, dirigindo uma pergunta a Dante:

– O senhor, Dante Scianna, foi quem fez a acusação que deu início a esse julgamento. Queremos saber se o senhor tem mais alguma coisa a nos dizer.

A resposta de Dante foi imediata:

– Tenho sim, Meritíssimo.

– Pois então nos diga.

– O demônio, percebo agora, tem muitas faces e suas artimanhas vão muito além do que pode notar a percepção humana.

O juiz, bem como muitos dali, não compreenderam aonde Dante queria chegar com aquelas palavras.

– É só? – perguntou o juiz, a seguir.

– Sim, Meritíssimo, é só.

O juiz tomou a palavra:

– Visto que não há provas concretas contra o bispo Mauriac Hermant, assim como não há provas concretas em relação às afirmações feitas pela criada Hara Greco, aceito a explicação que o bispo Mauriac Hermant nos apresentou nesse tribunal. Sua ação indevida se deu por ter sido dominado pelas forças do demônio, o qual, todos aqui sabem, é capaz de fazer horrores conosco. Por isso, absolvo-o de tal acusação com o pedido de desculpa por tê-lo mantido sob as grades da prisão até que esse julgamento tivesse início.

Um sorriso radiante iluminou a face do bispo. Os olhos dos demais padres e freis presentes também brilharam diante da absolvição. Somente um padre se manteve avesso àquela alegria, Maurílio Poussin, que, cabisbaixo, deixou o recinto.

Metade dos presentes manifestou seu contentamento, a outra metade permaneceu calada, sem saber ao certo o que fazer. Alguns partiram dali enfurecidos.

Assim que Dante saiu do *fórum*, Demétrio Giordani aproximou-se dele e falou:

– Eu sinto muito, Dante.

Dante bateu no ombro do amigo e disse:

– A lábia desses porta vozes de Deus é tão grande que chego a acreditar que são capazes de enganar até Deus.

– Deus tudo vê, tudo ouve, meu amigo. Não pode ser enganado jamais.

– Tenho minhas dúvidas.

Demétrio passou os dedos ossudos em torno dos lábios roxos de nervoso e reforçou em tom de severidade:

– Temos de fazer alguma coisa para provar que eles são culpados, Dante. Não é justo que essa corja escape impune da imoralidade que cometeu.

– Nada que eu faça pode reparar o maior erro que cometi em toda a minha vida, meu bom Demétrio – explicou Dante –, o erro que cometi contra a minha esposa amada. Ela tentou me avisar, fazer com que eu abrisse meus olhos, fazer com que eu saísse da cegueira em que eu vivia, na qual caí por influência desses demônios... mas eu fui estúpido demais, imbecil demais, cretino demais. Era eu quem deveria ter morrido no lugar dela. Eu, entende?

– Faço ideia de como você está se sentindo, Dante, mas imploro a você que não desista de fazer justiça àqueles que foram molestados e até assassinados por esses indecentes. Pelo amor de Deus, não desista, por favor. Com esses homens soltos pela cidade, nossas crianças continuarão correndo risco e nossas famílias também.

– O que mais pode ser feito e dito contra essa corja, se, mesmo depois de tudo que já foi revelado, o povo da nossa cidade continua acreditando piamente neles?

– O povo é ignorante.

– Ignorante como eu fui.

– Como nós todos fomos.

Dante fez um gesto de desgosto e acrescentou com voz partida e cansada:

– Obrigado por seu apoio, Demétrio. Você sempre foi um grande amigo.

E, voltando-se para o filho, Dante disse:

– Vamos, Benito, vamos embora para a casa. Hara, você vem conosco?

– Sim, senhor.

Os três entraram na carruagem e partiram.

– Eu sinto muito, senhor – desabafou Hara, minutos depois.

– Você fez tudo o que pôde, Hara. Tudo...

Dante olhou fundo nos olhos da criada e disse:

– Temo por sua segurança, Hara. Temo que o bispo faça alguma coisa contra você. Ele pode inventar coisas, Hara. Afirmar que viram você fazendo bruxaria, comungando com o demônio e, assim, condená-la à fogueira. Essa gente é ladina, da pior espécie, os próprios demônios em forma de gente.

– Eu sei, meu senhor. No entanto, Deus há de me proteger.

– Seria melhor você partir da cidade, ir para algum lugar que seja bem distante daqui. Por acaso não tem algum parente noutro país?

– Tenho sim, meu senhor, mas não quero ir, gosto do senhor, gosto do pequeno Benito, gosto dele como um filho, não posso deixá-lo sozinho. Não agora quando ele mais precisa de uma mulher para cuidar dele.

– Só de pensar no que aconteceu à pobre Juliette sinto meu estômago se embrulhar.

– Foi lastimável, meu senhor.

– Receio que esse crime continuará eternamente impune.

– Nada fica impune na vida, meu senhor.

– Como nada, Hara? Tantas pessoas escapam impunes dos crimes cometidos.

– Um dia, o senhor vai compreender o que digo, não agora, ainda não está preparado para isso. Mas um dia...

Entre súplicas e perdões...

Assim que eles entraram na casa, Hara disse:

– Vou preparar o jantar, meu senhor.

– Tomaremos um banho e desceremos a seguir – explicou Dante.

Em seguida, pegou na mão do filho e subiu a escada que levava à parte superior do casarão em forma de castelo.

Mais tarde, quando restou somente pai e filho na sala que eles geralmente ocupavam para passar as noites, Dante voltou-se para o menino e pediu-lhe perdão:

– Benito, meu filho amado, perdão. Perdão por tudo que fiz de errado contra a sua mãe e, consequentemente, contra você. Eu amava sua mãe com todo amor que um homem pode amar uma mulher. Dói em minha alma sua perda. É como se houvessem cravado uma faca nas minhas costas e a deixado ali, latejando e sangrando sem parar.

– Não chore, papai – pediu o menino, afagando o rosto do pai.

– Ah, filho, se houvesse um modo de reparar os erros que cometi, eu daria tudo de mim para consertar o que fiz, o que fui levado a fazer contra a sua mãe por aqueles homens que se fazem de porta-vozes de Deus, na intenção de manipular nossos atos, manipular nossas vidas.

– Não chore, papai, eu amo você.

O pai abraçou o filho movido pela força do amor. Fez-se um breve silêncio até que Dante fizesse um novo desabafo:

– Deus há de conceder ao ser humano uma nova chance para que ele possa reparar os erros que cometeu em vida, embora, muitas vezes, ele nem saiba que eram erros.

"Tais erros são, muitas vezes, incitados por gente que só quer disseminar o mal sobre a Terra.

"Deus há de nos conceder essa graça de algum modo. Em algum lugar, há de haver uma nova chance para cada um de nós reparar os erros, viver os acertos. A vida não pode terminar assim, não pode... Não é justo que a maldade triunfe sobre o bem. Não é...

"Não é justo que uma menina seja estuprada e envenenada, impedida de viver as alegrias que poderia ter vivido ao longo de sua vida por causa de um assassino.

"Não é justo que os pais dessa menina deixem de viver as alegrias que poderiam ter vivido ao lado dela ao longo da vida. Não é justo que esse assassino escape impune de seu crime.

"Tem de haver um lugar onde essas pessoas injustiçadas possam viver tudo aquilo que não conseguiram viver, tudo aquilo que lhes foi roubado por maldade alheia e ignorância.

"Eu sempre ouvi dizer que Deus é justo e acredito na Sua infinita bondade e justiça. Por isso, deve haver um lugar, um lugar onde os filhos de Deus possam viver o que não viveram por motivos diversos, onde possam reparar seus erros...

"Eu, como todos os que foram levados a cometer um erro, sem saber que era um erro, precisamos desse lugar, pois só assim teremos a chance de reparar o mal que cometemos ao longo da vida por ignorância ou influências maléficas.

"Deus há de nos conceder essa graça."

Dante abraçou o filho que retribuiu o gesto. E o menino quis, naquele instante, que Deus encontrasse uma forma de unir seu pai novamente a sua mãe para que ambos, que tanto se amavam, pudessem ficar novamente juntos, gozando de felicidade e saúde, até que seus cabelos ficassem brancos como a neve. Algo que não pôde ser vivido por causa da ignorância e da maldade alheia.

Um encontro desagradável...

No dia seguinte, logo pela manhã, Dante, acompanhado do filho, seguiu para o cemitério onde se encontrava a lápide de Valeska. Dante ajoelhou-se e se pôs a rezar. Despertou somente quando Benito chamou por ele:

– Papai.

Dante ergueu a cabeça e encarou o menino. Benito fez sinal para o pai olhar para trás. Ao mover os olhos, Dante encontrou o bispo Mauriac Hermant parado a poucos metros de distância dele, encarando-o seriamente.

O silêncio caiu pesado no local até que o bispo dissesse:

– Só vim avisá-lo, Dante, que eu estou de olho em você. E estou de olhos bem abertos porque sei que anda sob a sombra do demônio. O demônio que sua querida, amada e falecida esposa invocou sobre a sua família. Não permitirei que a *besta* se manifeste mais por meio da sua pessoa, farei de tudo para impedi-lo, nem que, para isso, eu tenha de condená-lo a ser queimado vivo na fogueira. V-i-v-o!

Dante ouviu novamente uma voz lhe dizer:

"Calma, meu amigo, muita calma. Não se manifeste, deixe ele falar o que quiser. O seu silêncio irá perturbá-lo. Nada como um dia atrás do outro."

Dante achou por bem acatar a voz interior. Levantou-se de onde se encontrava ajoelhado, pegou na mão do filho e partiu dali sem dizer uma palavra sequer para o bispo. Foi como se o homem tivesse se tornado invisível aos seus olhos.

– Estou de olho em você, Dante, não se esqueça disso – explodiu o bispo. – Estou de olho em você! Você pode ter dinheiro, ocupar um cargo importante na sociedade, mas nada disso pode livrá-lo de uma condenação por heresia. Nada, está me ouvindo?!

Dante e Benito tomaram a carruagem e partiram.

Mauriac Hermant ficou ali no mesmo lugar, mordendo os lábios rachados pelo frio e pelo ódio que vinha sentindo nos últimos dias.

Madrugadas em dor...

Dante acordou péssimo no meio da noite. Sentia uma angústia enorme corroer-lhe o peito, até mesmo a alma, como se fosse uma praga de gafanhotos a corroer uma plantação.

Levantou-se e caminhou até a janela, abriu-a e inspirou, na esperança de que a brisa da noite lhe compensasse a falta de ar. Não foi o suficiente para resolver o problema. O ar continuava a lhe faltar. Ele, então, vestiu uma espécie de roupão usado na época e deixou o quarto.

A casa em forma de castelo estava àquela hora mergulhada na escuridão e no silêncio e era assustador caminhar por ela, algo que Dante nunca notara, porque nunca se levantara na madrugada nem vagueara pela casa àquela hora da noite.

Seus passos o levaram até a cozinha, onde ele se serviu de água fresca. Soltou uma exclamação de satisfação ao sentir sua boca umedecer-se com a água.

Ao avistar a porta da cozinha, foi até ela e a abriu. Saiu da casa, abraçando-se a si mesmo.

– Ó Deus... – murmurou.

Voltou os olhos para a ala dos quartos e se arrepiou ao ver as janelas do sótão onde ele prendera a esposa amada, o local onde a dor da incompreensão a matara. Dante sentiu uma fisgada no peito, seguida de um arrepio esquisito.

O ar fresco da noite o convidou a caminhar e Dante aceitou o convite. Minutos depois, caminhava por entre as longas extensões de terra cobertas por um gramado bonito e esverdejante. A lua estava bonita, observou ele. Grande, serena, derramava sua luz prateado por tudo ali.

Dante desligou-se totalmente do que fazia, tanto que quando deu por si estava a quase um quilômetro e meio de distância da mansão onde vivia. Não havia ninguém por ali, a não ser o silêncio, vez ou outra, interrompido pelo som de corujas e grilos.

Era bom ouvir o silêncio, deixá-lo invadi-lo, libertá-lo, ao menos que por instantes, do caos em que se encontrava sua mente.

Minutos depois, Dante percebeu que havia algo mais se propagando, de forma discreta e suave, pelo silêncio. Algo que a princípio ele não soube definir o que era. Curioso, ele partiu em busca da procedência daquele misterioso som. E, a cada passo, o som se tornava cada vez mais intenso.

– Vozes – murmurou –, são vozes... vozes no meio da madrugada, isso não faz sentido. Vozes de quem?

Ele apertou o passo. As vozes tornavam-se cada vez mais nítidas.

Havia um clarão vindo de trás de uma cadeia de árvores não muito longe dali.

– Uma fogueira – exclamou baixinho. – Aquilo é uma fogueira!

Ao se aproximar do lugar, Dante avistou um bando de pessoas em volta de uma fogueira. Ao todo, deveriam ser umas vinte e todas usavam uma espécie de capuz por sobre a cabeça. Ele se escondeu atrás de um arbusto para não ser visto e procurou apurar os ouvidos para entender o que aquelas pessoas falavam em coro. Seus olhos arregalaram-se ao perceber que elas estavam rezando.

– Elas estão rezando – murmurou ele, pasmo. – Por que aqui, num lugar inóspito como esse e ainda mais no meio da noite?

Ele balançou a cabeça negativamente e comentou:

– Isso é coisa do demônio. Só pode...

A maioria das vozes parecia ser feminina, observou, mas o que estaria fazendo um bando de mulheres reunidas àquela hora da noite em torno de uma fogueira para rezar?

Dante achou por bem se mostrar àquelas pessoas e por isso seguiu até elas. Ouviu-se então um grito agudo de mulher. Todas as pessoas encapuzadas voltaram-se imediatamente para onde Dante estava parado, olhando para elas.

– O que é isso? – indagou. – Quem são vocês?

– Dante – disse uma mulher cuja voz lhe era familiar.

– Quem é você?

O suspense quase o matou. Por fim, a mulher tirou o capuz e encarou-o firmemente.

– Hara? – espantou-se Dante. – V-você? Quer dizer que você também está envolvida com bruxaria?

– As coisas nem sempre são como parecem, Dante – explicou a mulher com tenacidade. – Você já deveria ter apreendido a lição. Cuidado ao fazer julgamentos precipitados.

– Desculpe-me... Mas o que é isso? Quem são essas pessoas?

Cada um dos presentes começou a tirar o capuz. Cada rosto revelado deixava Dante cada vez mais surpreso.

– Norah, Maraiah, Nicole, Carol, Samantha, Érika...

Todas aquelas mulheres eram velhas conhecidas suas, eram as esposas de seus melhores amigos, eram também as mães carinhosas e preocupadas dos filhos que haviam sido molestados pelos padres e pelo bispo da cidade.

– O que vocês estão fazendo aqui? – a pergunta de Dante saiu como num sonho.

– Rezando, Dante – explicou Norah.

– Rezando?

– Sim – confirmou a mulher.

– Por que aqui? Nesse lugar, a essa hora?

– Porque aqui há paz, há estrelas, há luz do luar.

– Mas as orações devem ser feitas na igreja.

Samantha interrompeu o que Dante dizia:

– Dante, as coisas nem sempre são o que parecem ser. A igreja pode parecer o lugar ideal para fazermos nossas preces, mas está sendo guiada por almas desalmadas. Não podemos tomar parte disso, não mais. A moral de nossos filhos, a nossa moral está em jogo, Dante. Foi você mesmo quem nos alertou para o fato.

– Quer dizer que vocês...

– Sim – concordou Carol – nós nos reunimos aqui para rezar, pedir a Deus que proteja nossas crianças e a nós mesmas, que afaste de nós o mal daqueles que querem nos infestar o mal.

Dante baixou a cabeça e se pôs a chorar. Maraiah foi até ele e, com delicadeza, ergueu seu rosto.

– Dante...

A face dele estava riscada pelo pranto. Com dificuldades, ele fez um desabafo:

– Eu tomei conclusões precipitadas, eu errei tanto...

– O que está feito está feito, Dante. Não é possível refazer o que foi feito, mas é possível começar a fazer um novo fim.

– Junte-se a nós, Dante – convidou Nicole.

– Isso mesmo, Dante, ore conosco – convidou Carol.

– Será que adianta?

– Adianta sim, Dante. Daqui, Deus, o bondoso Deus, ouvirá as nossas preces. E quanto mais vozes se dirigirem a Ele, melhor.

Todos rodearam novamente a fogueira, dessa vez na companhia de Dante, e voltaram a se dedicar à oração.

Revelações...

Enquanto Dante voltava para casa na companhia de Hara, a criada lhe revelou um segredo de família.

– O que sei, meu senhor, foi me dito há muito tempo, quando eu ainda era uma menina. Foi contado a mim por minha mãe, que ouviu da mãe dela, que ouviu da mãe da mãe dela e assim por diante. Tem passado de geração para geração.

Ela parou. Ele também. Hara apontou para a lua e disse:

– Está vendo a lua, meu senhor? É a mesma que o senhor viu na noite anterior e a mesma que verá na noite de amanhã.

– Sim, e daí?

– Assim somos nós, os seres humanos, meu senhor. Quem nasce hoje é o mesmo que já nasceu, viveu e morreu outrora.

"A alma humana vem, vai e volta constantemente como a lua e também, por que não dizer, o sol. E a cada volta traz consigo algo mais evoluído. Por isso, muitas pessoas parecem mais evoluídas que as outras. Por isso, muitas nascem com dons e outras sem dom algum e, caso queiram ter um, precisam desenvolvê-lo.

"Estou lhe dizendo tudo isso, meu senhor, para que saiba que haverá de reencontrar sua esposa numa vida futura e, por meio desse novo encontro, reparar o mal-entendido que os separou nessa vida atual. A reencarnação existe na vida para que haja justiça divina para todos. Deus percebeu isso, por isso a criou..."

Dante se mostrou reflexivo por um tempo. Depois, disse com sinceridade:

– Um lado meu se recusa a acreditar nisso tudo, Hara, um outro lado meu quer muito acreditar e um outro lado meu acredita porque faz o maior sentido tudo o que me disse.

– Esse lado é o lado da alma.

– Por que a igreja é tão contra essa ideia?

A resposta de Hara foi rápida e precisa:

– Por precaução, creio eu. Tomar conhecimento de que o ser humano vive um processo de reencarnação, ou seja, que ele voltará a viver outras vidas aqui na Terra, pode fazer com que uma pessoa imatura e leiga no assunto, desgostosa com a vida, atente contra si mesma na esperança de que sua vida futura seja melhor que essa.

"Por isso, creio eu, a igreja prefere, por assim dizer, omitir esse dado substancial sobre a vida. Informa apenas que o espírito sobrevive à morte e, se for bom, viverá no Paraíso; se for mau, queimará no inferno. Nada mais.

"É lógico que essa é uma ideia completamente equivocada, pois a vida só melhora por meio de méritos que o ser humano adquire, vivendo. Infelizmente, ainda se compreende muito pouco a respeito dos processos reencarnatórios.* Mas haverá um dia que todos terão acesso a essas informações de forma precisa."

Dante absorveu as explicações com grande impacto. Hara prosseguiu:

– É até bom que a igreja não comente sobre o processo de reencarnação, para que as pessoas prestem melhor atenção ao que se passa em sua vida atual, determinante para um futuro mais próspero e satisfatório. Quem muito fica pensando em como será a sua próxima reencarnação, e até mesmo em como foi a sua última, acaba se esquecendo de observar o presente, de onde advém tudo aquilo de bom que almejamos na vida.

"Até mesmo o nosso anseio por reencontrar quem tanto amamos e já partiu dessa vida só acontecerá conforme nossa atenção e, consequentemente, ação no tempo presente."

---

*Lembrando o leitor que a noção sobre reencarnação, no século 16, era muito limitada. O conhecimento abrangente sobre espiritismo só se deu em meados do século 19. (N. do A.)

– Do modo que você, fala nossa igreja não é tão má quanto parece.

– E não é mesmo. Se o senhor tirar da igreja as ideias impostas por homens que só estão interessados em disseminar o mal entre as pessoas, deturpar a realidade da vida, o que Deus realmente espera de nós, o senhor encontrará muitos pontos positivos. Não é a igreja que está errada, meu senhor, é quem a comanda. Não todos, logicamente, pois se todos que a comandam tivessem má índole, nossa sociedade já teria virado um caos.

"A igreja existe para nos aproximar de Deus, nos lembrar de que somos Seus filhos, nos fazer ver o que Ele foi capaz de criar para nos dar a vida e torná-la melhor.

"Haverá uma época em que existirão muitas religiões. E uma outra época em que elas acabarão se unindo a uma só, porque as necessidades humanas são as mesmas, o amor que todos querem transmitir e ter é o mesmo, o respeito que todos querem ter é o mesmo em todos os povos. Por isso, as palavras de Jesus são próprias para todas as raças. Elas levam qualquer ser humano, de qualquer nacionalidade, a uma vida mais feliz, harmoniosa, significativa. Não é à toa que Jesus dividiu a história do mundo, porque suas palavras despertam em qualquer um a verdadeira essência da vida."

– Até lá...

– Até lá haverá muitas brigas por causa das religiões, preconceito, inimizades, até mesmo mortes e guerras.

– Qual dessas religiões vencerá no final?

– Aquela que traduzir melhor os mandamentos de Deus.

Houve uma pausa, até que Hara dissesse:

– Por isso, meu senhor, peço-lhe encarecidamente, abrande o seu coração, para que possa cuidar, educar e dar todo o amor que seu filho merece receber ao longo da vida. Ele precisa do senhor como o senhor também precisa dele.

"Não se desligue do que lhe cabe fazer no aqui e agora, por causa do que aconteceu a sua esposa, tampouco para esperar por uma nova vida, onde haverá a oportunidade de o senhor reparar o mal que lhe fez. Concentre-se no que é preciso fazer hoje. O que tiver de fazer no futuro, faça somente quando ele chegar. Não apresse as coisas, tudo será quando tiver de ser, na velocidade que a vida determinar.

"Saiba que o senhor não foi de todo culpado pelo que aconteceu à sua esposa. O senhor foi ensinado a julgar errado os outros. Se não tivesse tido sua mente manipulada por homens de mau caráter, nada disso teria acontecido. Por isso, não se culpe tanto. A culpa estagna. Liberte-se dela por meio da compreensão."

Dante explodiu a seguir:

– Às vezes, sinto vontade de esmurrar aquele demônio do bispo até a morte.

– Controle-se! – aconselhou Hara seriamente. – Se o senhor o agredir, estará se igualando a ele na mediocridade, na ignorância e na perversidade. Com isso, acabará com sua vida e, consequentemente, com a vida de seu filho, pois nenhum filho quer ver seu pai sofrendo por um desatino. Por isso, peço-lhe encarecidamente, controle-se. Abrande o seu coração. O ódio só leva às trevas do ódio. Só causa mais dor e desamor.

– Como posso deixar de sentir ódio e revolta por um homem como aquele? Por homens como aqueles?

– É difícil, eu sei, mas é preciso lembrar sempre que tudo o que fizer sob o domínio do ódio só servirá para complicar ainda mais a sua vida presente e futura.

– É tão difícil...

– Tente pelo menos.

Dante refletiu antes de perguntar:

– Se há realmente uma outra vida, eu quero que aquele demônio pague pelo que me fez, pelo que fez à minha esposa, ao meu filho... quero que todos paguem pelo que fizeram a essas crianças inocentes.

– Meu senhor, Deus tudo vê, tudo ouve. Ninguém precisa se preocupar em fazer justiça. A vida se encarrega disso, pois ninguém melhor que ela para saber julgar os fatos, ensinar a todos a reparar seus erros e suas maldades. Nós não somos capazes de fazer tal julgamento com tamanha precisão. Por isso, deixe que a vida cuide dessa parte.

– Quer dizer, então, que nós vamos ter de nos calar, sem reagir contra esses demônios?

Hara olhou bem fundo nos olhos dele, antes de dizer:

– O desejo, meu senhor, é como a necessidade que o organismo tem de ser alimentado.

Dante tornou a enviesar os olhos.

– O que quer dizer com isso?

– Quero dizer que o desejo sexual, por mais que seja reprimido, cedo ou tarde, arde e grita dentro do ser humano para se fazer saciado, assim como o estômago se aperta ansiando por alimento. O alimento do desejo sexual, no entanto, todos sabem qual é...

– O sexo – murmurou Dante pensativo.

– Lembre-se, meu senhor, de que todos da nossa cidade estão agora atentos aos padres, freis e ao bispo, apesar de parecer o contrário. Lembre-se de que as coisas nem sempre são como parecem. As pessoas podem parecer a favor deles, mas há uma dúvida pairando em seus corações.

– Você está querendo dizer...

– Exato. Se um deles ousar abusar de uma criança novamente, essa criança agora se rebelará. Duvido também que algum pai ou mãe ousará deixar seus filhos novamente a sós com qualquer padre, frei ou bispo. Estarão atentos, registrando tudo, cada passo. Os padres, freis e o bispo logo se sentirão sufocados, porque o desejo sufoca quando não realizado.

"Sendo assim, eles logo estarão a ponto de perder o controle sobre si mesmos, pois o desejo tira as pessoas do prumo quando sufocado. Espere e verá. Não é preciso mover um dedo para condená-los. Basta aguardar, que eles próprios se condenarão. Eles parecem ter escapado impunes de seus atos, mas não. Eles já estão sendo punidos pelo inferno que se transformou suas vidas desde que o senhor levou o bispo a julgamento.

"Lembre-se, meu senhor, de que a verdade nunca fica no escuro por muito tempo. Ela sempre vem à tona, porque a verdade, o que é realmente verdade para Deus, o tempo jamais apaga.

"Compreende, agora, quando digo que a vida toma as suas providências? O inferno já está acontecendo para essas pessoas da mesma forma que começa para aqueles que cometem um crime.

"Quem assassinou a pequena Juliette já se encontra num inferno desde o momento em que cometeu aquela barbaridade contra a menina. O medo de que as pessoas descobrissem o que ele havia feito contra a menina já o infernizava antes do assassinato, depois dele, agravou-se. Nada pesa mais do que uma consciência pesada. Ninguém que mata o semelhante consegue dormir novamente tranquilo. Por isso, digo: a vida toma as suas providências, nunca as retarda.

"Até mesmo quem abusa do poder, explora os outros, já está recebendo as consequências negativas por seus atos. Já está, por assim dizer, vivendo num inferno. É que poucos sabem o que se passa realmente no coração e na consciência das pessoas."

– Eu nunca tinha percebido isso.

– Mas está aí para todo mundo observar. Basta ler com os sentidos da alma.

Dante entrou na casa, refletindo sobre tudo o que Hara havia dito. Antes de dormir, decidiu tirar as balas do revólver que mantinha consigo para impedir que ele, num momento de loucura e desatino, a usasse contra aquele por quem nutria tanto ódio: o bispo Mauriac Hermant.

No dia seguinte, Dante retomou o seu trabalho, procurando não deixar que seus problemas pessoais interferissem nele.

Semanas depois, quando Dante voltou para a casa e não encontrou o filho, o pobre homem saiu correndo pelo gramado que cercava a residência, gritando o nome do menino. Não levou muito tempo para que o garoto aparecesse.

– Onde estava você, Benito?

– Saí para dar uma voltinha, papai, por quê?

– Não quero que você saia sozinho para muito longe, filho. Tenho medo.

– Medo?

– Sim, meu querido. Tenho medo de que alguém faça alguma coisa de mal contra você. Não esqueça de que estamos sendo odiados por muitas pessoas da cidade. Além do mais, aqueles homens, você sabe bem a quem me refiro, eles ainda continuam entre nós e podem voltar a fazer mal a qualquer criança.

– Tomarei cuidado, papai.

O pai abraçou o filho com carinho.

Semanas depois, o menino seguia por um caminho em ziguezague por entre a vegetação, quando encontrou, para sua surpresa e desespero, o bispo Mauriac Hermant.

– O senhor aqui?! – exclamou o menino boquiaberto. – O senhor me assustou.

– É para assustar mesmo.

– O que o senhor está fazendo por aqui?

– Vim buscá-lo para dar um passeio. Só eu e você.

Os lábios do menino roxearam de medo.

– Meu pai não quer que eu ande com estranhos.

– Ora, mas eu não sou um estranho.

– Meu pai não gosta do senhor. Eu também não.

– Cale a boca e venha. Se não vier por bem, virá por mal – sentenciou o bispo, tirando um punhal de dentro do bolso. Pegou firme no punho da criança e a puxou com toda força vegetação adentro.

Nesse exato momento, Dante lia o estranho bilhete que havia sido endereçado a ele e entregue por um andarilho maltrapilho na prefeitura. O bilhete dizia:

"Se quer ver seu filho vivo outra vez, vá agora mesmo até às ruínas que ficam na sua propriedade. Vá sozinho, se levar alguém ou avisar a guarda, seu filho morrerá sem dó nem piedade."

Dante largou imediatamente o que fazia, saiu correndo do local de trabalho e, na rua, pediu ao cocheiro que lhe providenciasse um cavalo urgente. Havia um que ficava sempre à disposição da prefeitura para fazer pequenos serviços. Foi nesse que Dante montou e seguiu em disparada para a sua casa. Chegou esbaforido, apanhou sua arma e deixou o local, sob os olhos preocupados dos funcionários.

Minutos depois, ele chegava às ruínas. Era um lugar cercado por vegetação acirrada. Poucos sabiam de sua existência, por haver sido escondido pela mata que crescera ali ao longo dos anos.

Dante desmontou do cavalo, prendeu-o a uma arbusto que havia ali nas proximidades, girou o pescoço em busca de algum sinal de gente. Como não viu ninguém, disse alto e em bom tom:

– Estou aqui. Apareça. Onde está meu filho?

A ordem foi atendida. O bispo saiu de trás de uma das paredes em ruínas, segurando Benito, firme, pelo braço. Havia uma fúria assassina em seus olhos.

– Então é o senhor – balbuciou Dante ao vê-lo. – Jamais pensei que se prestasse a tamanha baixeza. Solte meu filho, bispo. Agora.

– Calado. Você não está em condições de dar ordens aqui.

– Solte meu filho – repetia Dante, enfurecido, mas calou-se ao avistar o bispo empunhando um punhal pontiagudo na direção do peito da criança.

– Se não se calar, vai se arrepender amargamente – sentenciou o bispo, enraivecido.

– O que quer?

– Justiça.

– Justiça?

– Sim, justiça. Você, por pouco, não me destruiu. Não só a mim como a meus colegas frades e padres. Você foi sórdido e tem de pagar pelo que nos fez.

Dante pouco deu atenção ao que o bispo dizia. Enfiou a mão no bolso largo de seu sobretudo, pegou o revólver que mantinha escondido ali e empunhou-o na direção do bispo.

– Veio armado – ironizou o bispo.

– Solte o meu filho.

– Ainda que você atire contra mim, não haverá tempo de impedir que eu crave o punhal no peito do seu menino. Você pode me matar com essa arma, mas seu filho também será morto. Nervoso como está, pode até mesmo acertar o garoto ao invés de mim.

Aquilo era verdade. O pequeno Benito era mantido preso entre o braço forte e gorducho do bispo, bem na frente dele. Um tiro mal dado poderia certamente acertar o menino.

Percebendo a hesitação de Dante, o bispo ordenou.

– Jogue a arma no chão, Dante. Na minha direção. Agora, estou mandando.

Dante, sem saber o porquê, obedeceu ao homem. O nervoso era tanto que não lhe permitia raciocinar direito. O bispo Mauriac

Hermant foi até o local onde caiu a arma, apanhou-a, jogou o punhal fora e substituiu-o pela arma.

– Não foi assim que eu planejei, mas dessa forma será bem melhor. Um tiro no garoto e depois em você parecerá a todos que o pai matou o filho num momento de desespero e depois se matou. Estava tomado pelo demônio, o mesmo que dominou sua esposa e o fez dizer aquelas injúrias contra a minha pessoa e a de meus colegas de trabalho.

– O senhor não tem coração? Consideração pelo seu semelhante?

Mauriac Hermant riu com deboche e disse:

– Consideração? Por que haveria de ter? Por acaso Deus teve consideração pela minha pessoa? Não! Se tivesse tido, não teria permitido que eu e meus companheiros crescessem como crescemos. Não nos teria feito do avesso.

"Deus deu a vocês o direito à felicidade conjugal, o direito à felicidade de ser pai, mãe, de construir uma família... Para nós, no entanto, nos deu as trevas. Isso não está certo, nunca esteve. Não é justo que Ele privilegie uns mais que os outros. Que Ele nos tenha condenado a viver dentro de mosteiros e casas paroquiais para encobrir os desejos da carne que apunhalam nossa alma. Você não sabe o que é desejar o que não é certo ser desejado. O que a nossa própria igreja condena. É uma tortura, um inferno."

– Meu Deus – exclamou Dante. – Percebo agora que, na verdade, não tenho ódio de vocês, tenho é pena, muita pena.

– De que nos vale sua pena? De nada, eu lhe digo. De nada. Ela não pode salvá-lo da morte, nem Deus! Eu triunfei sobre você, Dante Scianna, sobre todos, mais uma vez. Viverei até o fim da minha vida, regozijando-me do prazer de ter estragado a felicidade de vocês como a de muitas outras famílias, colocando-as no mesmo inferno que a vida me colocou desde que nasci.

O bispo voltou a arma na direção do pequeno Benito e disse, arreganhando os lábios, transpirando de excitação:

– Primeiro ele, Dante. Para que você sofra como poucos.

E, voltando-se para o menino, completou:

– Mande lembranças a Deus, caso Ele realmente exista, meu garoto.

Uma gargalhada matreira encobriu a última sílaba e, sem mais delongas, o bispo apertou o gatilho.

– Não! – gritou Dante, desesperado.

Nada, porém, aconteceu. A arma não disparou. O bispo tornou a puxar o gatilho novamente e mais uma vez nada aconteceu. Enquanto ele tentava disparar a arma, o pequeno Benito se soltou de seus braços, apanhou ligeiro o punhal que havia sido jogado no chão e se juntou ao pai.

Foi quando pai e filho se abraçaram que Dante se lembrou que havia tirado as balas do revólver para impedir que ele próprio, num momento de loucura e desatino, usasse a arma contra aquele por quem nutria tanto ódio: o próprio bispo Mauriac Hermant.

Seu bom senso salvara a ele e ao próprio filho da morte. Fora mais que o bom senso que o levara a tomar aquela atitude, os conselhos de Hara também eram responsáveis por ele haver tirado as balas do revólver. Benditos conselhos, bendita Hara.

O bispo, tomado de revolta e desespero, atirou a arma para o lado e correu na direção em que havia deixado seu cavalo preso a uma árvore, subiu no animal e berrou para que ele partisse, ligeiro. No entanto, o cavalo, que estava exausto, sedento e faminto havia horas, porque o próprio bispo não se importou em alimentá-lo tampouco em dar-lhe de beber, foi sucumbido pela exaustão e caiu morto em seguida.

O animal caiu com tudo sobre a perna direita do bispo, prensando-a contra o chão e fraturando os ossos. O bispo gemia de dor, uma dor horrível e agonizante. Dante e o filho olhavam para a cena estarrecidos, em choque e com pena.

Mauriac Hermant tentava desesperadamente sair debaixo do animal morto, mas, por mais que tentasse, seus esforços eram em vão. Os minutos se arrastaram lentamente.

Dante pegou seu cavalo, subiu nele com o filho e, ao passar pelo bispo agonizando de dor e desespero, disse:

– Vou levar meu filho até em casa e volto para apanhá-lo com a carruagem.

Ele deu uma pausa antes de completar:

– Que bênção foi para o senhor aquela arma estar sem bala, não? Caso tivesse matado a mim e ao meu filho como tanto quis, não haveria ninguém para socorrê-lo agora. Duvido muito que alguém viesse procurar o senhor por essas bandas. Ainda que viesse, seria tarde demais quando aqui chegasse. Foi, de fato, uma bênção para o senhor aquela arma ter falhado.

O bispo ouvia aquelas palavras agonizando de dor e agora também parecendo agonizar de ódio. Dante partiu e, assim que pôde, retornou àquele lugar ermo e afastado na companhia de seu cocheiro e da carruagem. Meia hora depois, os dois homens conseguiram tirar o bispo debaixo do animal morto e pô-lo no veículo. A seguir, levaram-no à cidade para que o médico pudesse prestar-lhe os devidos socorros. Durante todo o trajeto, o bispo não dirigiu uma palavra sequer a Dante. Manteve-se o tempo todo gemendo e agonizando de dor e, provavelmente, também de revolta.

Tudo o que Dante disse para o médico e as demais pessoas que perguntaram sobre o acontecido foi que encontrara o bispo caído ao chão, preso sobre o seu cavalo, que morrera repentinamente enquanto cavalgava. Ele sabia que o bispo poderia desmenti-lo, inventar qualquer absurdo para incriminá-lo, dizer que ele provocara sua queda por propósitos assassinos, mas Dante se apegou a Deus sob qualquer circunstância, ao glorioso Pai Celestial que o havia feito tirar as balas de seu revólver dias antes e, com isso, impedido uma tragédia. Como ele esperava, o bispo confirmou sua história.

Um mês depois

Dante ia deixando a prefeitura, quando o padre Maurílio Poussin chegou e pediu a ele para conversarem em particular. Dante aceitou no mesmo instante e voltou para o seu gabinete acompanhado do padre. Assim que o lugar serenou, o padre Maurílio disse:

– Eu respeito muito o senhor. Tenho-lhe muita consideração e, por isso, tenho um pedido muito sério a lhe fazer. Sei que o senhor ficou revoltado com a igreja por tudo que aconteceu ao seu menino, à sua esposa, à amiga de sua esposa... Não é para menos, eu também me revoltei. Mas quero lhe pedir que não rotule a igreja de imoral. Não creia que a imoralidade e a perversão que vão dentro do coração de muitos que se tornam porta-vozes de Deus são os pilares que sustentam a nossa igreja. Não tome a igreja pelos homens que se aproveitam dela em benefício próprio para disseminar o mal e a ignorância.

"Que Deus seja ouvido e louvado pela luz da sabedoria que brota no coração da alma humana que está ligada realmente ao Criador."

Dante gostou do que ouviu.

– Suas palavras são muito sabias, padre. Vou procurar me lembrar delas.

Maurílio Poussin assentiu com um olhar bondoso e completou:

– O senhor deve estar sabendo que, devido ao acidente com o bispo Mauriac Hermant, sou eu quem agora rezo as missas, não? Pois bem, gostaria muito de vê-lo fazendo parte delas. Será para mim uma grande honra.

Dante refletiu por instantes. Por fim, disse, simplesmente:

– Estarei lá, padre.

– Obrigado. E juntos vamos lutar para que não haja mais, pelo menos nesta cidade, pessoas condenadas a queimar na fogueira pela Inquisição.

– Pode contar comigo, padre.

Maurílio Poussin levantou-se e agradeceu:

– Obrigado por haver me recebido.

As mãos dos dois homens haviam se juntado para trocar um aperto de mão, quando Dante perguntou:

– Padre, o senhor deve ter algum conhecimento a respeito da religião oriental e da indiana, não? Pois bem, será que o processo de reencarnação não existe de fato?

– Eu, como padre, devo lhe responder que não, que isso não tem o menor cabimento. No entanto, eu, como ser humano, que pensa e sente, digo-lhe que o processo da reencarnação pode realmente existir, sim. Afinal, como saber qual o gosto, o perfume dos beijos antes de beijar, como dizer o que um ia dizer para o outro muito antes de falar? Isso só pode acontecer porque ambos são velhos conhecidos de outras vidas e se encontraram outra vez nessa vida atual.

"Se a igreja me ouvir falando isso, serei queimado por heresia. Mas a verdade é que, dentro da igreja, há muita gente que pensa como eu, mas não fala, para não complicar sua vida. Muitas pessoas também acreditam em reencarnação, não porque leram em algum lugar a respeito, mas porque, dentro delas, algo diz que ela existe.

"Eu, particularmente, acho a teoria da nossa igreja fatalista, seca e drástica. Ela diz indiretamente que quem morreu, morreu. Não existe nada além da vida. Mas as pessoas não percebem isso porque estão programadas a aceitar o que a igreja diz sem questionar.

"No entanto, a ideia de reencarnação nos é muito mais ligada a Deus que qualquer outra teoria a respeito, pois ela nos dá justiça, justiça de todas as formas. Permite-nos reencontrar quem tanto amamos, viver o que tanto queremos.

"Tal teoria nos mostra que vale a pena nos esforçarmos para aprender algo, desenvolver um dom na vida, porque tudo isso será resgatado numa vida futura...

"Estou quase certo de que os fundadores da nossa igreja sabiam a respeito do processo de reencarnação, mas optaram por omitir esse conhecimento por temer que as pessoas perdessem o interesse pela vida, chegando até a se matar, na esperança de que sua vida futura fosse melhor. Agiram assim por precaução. No futuro, tenho certeza de que isso será descoberto pelo homem."

– Obrigado, padre. Suas palavras me confortam. Quero muito rever minha esposa, viver com ela tudo o que não pude viver.

– Eu também quero ter uma outra oportunidade para poder viver aquilo que não pude viver ao lado de uma pessoa que foi, e ainda é, muito importante para mim.

Os dois homens se despediram.

Na manhã ensolarada do domingo seguinte, quando os sinos da igreja batiam forte, anunciando para toda a cidade que a missa estava para começar, uma carruagem trazendo Dante e o filho para assistirem à missa chegou ao local. Dante logo percebeu, assim como muitos da população, que a missa comandada pelo padre Maurílio Poussin soava diferente aos seus ouvidos, transmitia mais conforto e paz que as ministradas pelo bispo Mauriac Hermant.

Essa reencarnação em questão terminou para todos aqueles que foram descritos nesse período da história de forma muito diferente do que cada um sonhou viver para si.

Dante nunca mais se casou. Dedicou sua vida inteira ao trabalho, na luta a favor dos direitos do cidadão, esforçando-se em ajudar os mais necessitados. Foi uma luta vitoriosa que lhe concedeu muitos méritos e elogios ao longo da vida.

Benito casou-se ao atingir a idade adulta, teve um casal de filhos e foi muito feliz ao lado da esposa até o seu desencarne.

Hara, a criada, viveu na casa de Dante até o fim de sua vida, dedicando-se a ele e a Benito como uma mãe se dedica a seus filhos.

Nunca mais houve mulheres e homens, ao menos naquela região da Europa, acusados de bruxaria e, consequentemente, condenados a serem queimados vivos numa fogueira.

No entanto, na Europa, a Inquisição continuou matando todos aqueles que eram acusados de bruxaria ou heresia. Matava-se até mesmo quem não tinha ligação alguma com a prática. Matava-se por interesses pessoais e financeiros.

O padre Harold Vieira foi encontrado morto certo dia na casa dos padres. Havia se enforcado e deixado uma nota, onde confessava tudo o que fizera contra a jovem Juliete Vartaniam. A nota foi entregue às autoridades por Maurílio Poussin.

O bispo Mauriac Hermant nunca mais voltou a andar, pediu transferência às autoridades da igreja e mudou-se da pequena cidade onde passou longos anos de sua vida aterrorizando almas e molestando crianças.

Benito teve uma visão diferente sobre a vida, uma visão espírita, graças ao bom convívio com Hara. Manteve dentro de si o desejo intenso de, um dia, em algum lugar, numa vida futura, unir novamente seu pai a sua mãe, para que ambos pudessem superar a tragédia que os havia separado e viver aquilo que a ignorância e o fanatismo religioso lhes privou de viver. Era um desejo intenso, voraz, da alma.

Com o tempo, as reencarnações foram acontecendo, conforme se fez necessário à evolução de cada um dos envolvidos nesta história.

Houve, portanto, uma outra reencarnação entre a que acabamos de narrar, que se deu durante o século XVI na Europa, e a que estamos relatando para o leitor desde o início deste livro.

Nessa reencarnação, intermediária, digamos assim, Miscia Nolan pôde ter uma vida mais satisfatória, ainda que tivesse repentinos ataques de pânico diante do fogo de qualquer espécie. Conheceu Maurílio Poussin, que também reencarnou nessa época, com quem se engraçou desde o primeiro momento. Namoraram, casaram-se e foram muito felizes. Uma felicidade merecida.

Dante reencarnou como Guilhermo Corsalette numa família composta de pessoas com quem vivera anteriormente, pessoas que tanto amava, como acontece com a maioria de nós, na medida do possível. No entanto, passou essa vida inteira buscando uma mulher que seu íntimo dizia existir e queria encontrar (o espírito que, na vida anterior, recebera o nome de Valeska), porém sem nunca encontrá-la. Morreu jovem, sem filhos.

O espírito que conhecemos com o nome de Valeska afastou-se de Dante nessa reencarnação em questão por trauma, um trauma que ela não conseguiu superar, por não ter também maturidade espiritual.

Nessa vida, ela reencarnou como homem, um homem que queria amar, mas tinha muito medo de amar, por isso nunca se entregava de verdade a amor algum. Tinha um receio inexplicável de se ferir no amor, receio de que a pessoa amada pudesse lhe fazer algo de mal, como ela vivera em sua reencarnação anterior.

Foi uma reencarnação muito difícil para esse espírito, suavizada apenas pelo tempo em que Benito reencarnou ao seu lado e procurou, de todos os modos, amparar seu espírito e viver uma parte daquilo que não pudera viver ao lado daquela que fora sua mãe numa outra reencarnação.

O medo de amar, de se ferir no amor, afasta espíritos que se amam ao longo das vidas? Sim, e esse é um dos grandes desafios a ser vencido por meio das reencarnações.

Por isso, muitos reencarnados têm a nítida sensação de que há alguém que eles vão encontrar e amar (o que muitos chamam de alma gêmea). No entanto, esse encontro não acontece para muitos, por um medo relacionado a algum trauma de vida passada.

O medo de amar faz com que muitas pessoas se casem, mas não se sintam inteiras na relação, levando muitas vezes o amor à ruína. É preciso procurar romper esse medo de amar por meio de terapia, meditação, cursos e livros de autoconhecimento e ajuda espiritual. Amar com medo é amar pela metade. É amor covarde.

Muitas pessoas se perguntam: "Por que tenho medo disso ou daquilo? De onde vêm esses medos? Da infância? No entanto, por meio de terapia, meditação ou regressão, muitas pessoas não encontram indícios na infância. De onde vêm esses medos, então? Eles vêm de traumas, choques, desatinos cometidos por imaturidade espiritual em vidas passadas, geralmente aquela que antecede a reencarnação atual.

Todavia, aquilo que precisa ser resolvido e reparado jamais perde sua força. Nem que leve muitas reencarnações, um dia tudo se esclarece, é vencido, superado e transcendido. É assim porque faz parte do destino, um destino traçado por nós mesmos ao longo da vida, um destino de que ninguém pode se desviar, que nos levará à felicidade tão almejada pela alma e, consequentemente, por Deus.

Voltemos, agora, à narrativa dos fatos que cercaram os integrantes de nossa história, a vida em que Dante Scianna reencarnou como Álvaro De Lucca, Valeska Scianna, como Heloise Cézanne De Lucca, Miscia Nolan, como Esperanza, e Maurílio Poussin, como Cassiano Patelli, seu marido novamente nessa vida atual.

Quanto a Benito e os demais personagens de destaque nesse trecho da nossa história, bem, eles serão revelados logo mais.

Capítulo 14

Esperanza tomou um minuto de silêncio, depois voltou-se para Heloise e disse:

– Volte para ele, Mimi.

Sua sugestão pegou Heloise de surpresa. Levou cerca de um minuto até que ela emitisse uma resposta labial:

– Meu marido nunca me perdoaria, Esperanza.

– Vai perdoar-lhe, se compreender o que a levou a fazer o que fez, Mimi. É capaz de compreender, mesmo que não compreenda.

– Já se passaram tantos anos, Esperanza... É melhor deixar tudo como está. Além do mais, ele, a uma hora dessas, já deve estar amando uma outra mulher.

– Se me recordo bem, seu marido, quando encontrou você como Hannah Balzac, ainda se mostrava totalmente apaixonado pela esposa falecida, ou seja, você. Isso mostra que, mesmo depois de todos esses anos, ele ainda a ama, ele ainda a quer de volta. E mais, que ele, de certa forma, sabe e compreende o que você fez.

– Eu sei, mas...

– Mas o quê, Mimi? Seu marido a ama, não se esqueceu de você jamais. Mesmo depois de ser levado a pensar que você estava morta, ele ainda a ama. E acredito, particularmente, que você, no íntimo, almejou que seu marido a reencontrasse, desvendasse a farsa, lhe perdoasse e voltasse para você. Qualquer um que tomar conhecimento de sua história verá, no fundo dos seus olhos, que o amor que uniu você ao seu marido ainda está aí, dentro de você, vibrando intensamente em seu coração.

– Você tem razão, Esperanza, toda razão, eu ainda amo meu marido como sempre o amei desde a primeira vez em que o vi. Talvez você não acredite em amor à primeira vista, mas o nosso amor aconteceu assim.

– Acredito sim, por que não haveria de acreditar? Amor à primeira vista aconteceu comigo e Cassiano, meu marido, e acontece com muitos casais, e estou quase certa de que, quando ele acontece, é devido ao fato de o homem e a mulher serem velhos conhecidos de outra vida, apaixonados que se reencontram no agora para continuarem vivendo o amor que nasceu outrora.

"Como explicar a forte sensação que ambos têm de já se conhecerem, conhecerem até mesmo os gestos, o gosto, o perfume preferido um do outro? Prever o que outro estava prestes a dizer? Isso só pode ser conexão espiritual, um reencontro merecido de almas que muito se apaixonaram uma pela outra e anseiam viver uma nova vida a mando do amor.

"E por que Deus concede a esses casais que se amam uma nova chance para amar, uma nova oportunidade para viverem uma ou mais vidas ao lado um do outro? Porque a união de duas pessoas que se amam, o convívio delas, gera uma energia magnífica que sustenta a vida e a mantém em equilíbrio.

"Somos feitos de energia, você bem sabe. Por trás de tudo que compõe a vida, há energia. E quanto mais essa energia for feita de amor forte e verdadeiro, melhor será para todos nós."

– Você diz tantas coisas bonitas, Esperanza, tantas coisas que fazem sentido.

– Você também começará a dizer coisas bonitas e profundas, que fazem total sentido, se consultar sua alma.

– Só não entendo uma coisa, Esperanza. Se você sabe que a igreja matou tantas pessoas durante a Inquisição, errou gravemente, por que você ainda a frequenta?

– Minha querida, todos merecem uma nova chance. Principalmente, quando permitem rever seus conceitos, mudar, melhorar, reparar seus erros. A igreja tem procurado se redimir de seus atos ignorantes...

– Todos merecem uma segunda chance... – murmurou Heloise, pensativa.

– E não? Você se uniu a seu marido nessa vida porque a vocês foi concedida uma nova chance para poderem viver o que lhes foi roubado, de certo modo, pela maldade alheia numa vida passada.

Heloise franziu a testa, parecendo analisar o que fora dito. Esperanza prendeu os cabelos atrás da orelha e sorriu, um sorriso exultante, e disse:

– E então, não acha que deve se dar mais uma chance, uma chance para você e seu marido ficarem juntos e finalmente em paz? Tenho certeza de que ele será capaz de lhe perdoar pelo que fez. Amar é perdoar.

Heloise apressou-se em dizer:

– O problema não se restringe somente ao fato de eu ter fingido que morri para fugir dele, Esperanza. Há outro fator tão terrível quanto este, algo até mesmo pior. Se ele souber, será incapaz de me perdoar.

– Será mesmo?

– Tenho absoluta certeza.

– O que houve de tão grave, além de você ter fingido que havia morrido, que pode perturbá-lo tanto?

– Eu não posso falar. É um segredo que vou ter de levar comigo para o outro lado da vida. Não compromete somente a mim, compromete a outros.

– Saiba que, mesmo os segredos que são levados para o lado de lá da vida, um dia, acabam revelados, pois suas verdades o tempo não apaga.

– Que seja assim... Mas nada me fará revelar esse segredo nessa vida.

– Nada?

– Nada, absolutamente nada.

– Não esteja tão certa disso, Mimi, você não faz ideia de como a vida é capaz de dar voltas para que segredos sejam revelados.

Esperanza esticou as pernas, espreguiçou-se e disse:

– É melhor eu ir preparar o jantar para nós. Cassiano, daqui a pouco, chega do trabalho e, como sempre, morto de fome.

Esperanza fixou o olhar na amiga e disse com sinceridade:

– Fique tranquila, Mimi. Guardarei seu segredo. Mas lembre-se de que a vida não guarda segredos por muito tempo.

Os olhos de Heloise piscaram, ligeiramente perturbados. Assim que a amiga deixou o aposento, Heloise se viu novamente rodeada de pensamentos confusos.

Esperanza, por sua vez, ficou pensando a respeito do que Heloise fizera que pudesse ser mais grave do que ter fingido sua morte para fugir do marido.

Seria o que ela estava pensando, sim, só podia ser... Se fosse mesmo, que Deus iluminasse o coração e a cabeça de Heloise para que aquela trágica história não se tornasse ainda mais trágica.

Àquela noite, quando ela e o marido se viram a sós, no quarto do casal, prontos para dormirem, Cassiano perguntou à esposa:

– O que há, você me parece preocupada com alguma coisa?

– E estou realmente. Com Hannah – respondeu Esperanza.

– O que há com ela dessa vez?

– Descobri, como já suspeitava, que os desafios dela nessa vida são bastante árduos.

– Os desafios de Hannah são, certamente, o que a libertarão de qualquer passado mal cicatrizado. Nenhum desafio nosso é maior do que aquele que podemos superar e transcender.

– Eu sei... No entanto, acho que se ela ouvisse meus conselhos facilitaria as coisas para ela e para os demais envolvidos em sua história.

– Talvez ela mude de ideia.

– Espero que sim, para o seu bem e para o bem de...

Esperanza não completou a frase, um riso triste escapou-lhe dos lábios e ela então comentou:

– Todos nós queremos, de certa forma, fugir dos desafios que a vida nos traz, que o destino, enfim, reservou para nós. No entanto, estou bastante certa de que só encarando os nossos desafios e procurando superá-los e transcendê-los é que podemos realmente mudar o nosso destino para melhor, sempre.

Cassiano concordou e deu um beijo na testa da esposa. A seguir, perguntou:

– Há pouco você disse que se Hannah ouvisse seus conselhos ela facilitaria as coisas para ela e para outras pessoas. A quem você se refere exatamente?

– A uma pessoa muito querida por nós.

– É quem estou pensando?

– Ela mesma.

– É bom então pedirmos ajuda espiritual para os envolvidos nessa história.

– Sem dúvida, meu amor. Para que as coisas não se compliquem ainda mais do que já estão.

O casal apaixonado, unido em uma nova reencarnação pelo amor e pela vida, passou a orar no minuto seguinte por Heloise, vulga Hannah Balzac.

Quando Cassiano adormeceu, Esperanza ficou admirando com seus olhos bondosos e cheios de encanto o marido. Como era bom estar mais uma vez ao lado dele ao longo da vida.

– Quando penso em nós dois... No nosso encontro – comentou ela, baixinho. – No modo como a vida encontrou para nos unir nessa vida em questão, eu sempre me emociono. Foi tão mágico. A prova definitiva de que o nosso destino estava escrito nas estrelas. Por isso que se diz que quando Deus risca ninguém rabisca. O que é para ser, será. O que é, é, o que não é, não é. Nós éramos para ser.

Esperanza sentiu seu peito se incendiar de alegria e emoção, vitoriosa por poder viver o amor na sua mais bonita forma, completa, serena e sincera. Uma dádiva que todos podem alcançar.

O encontro dos dois nessa vida em questão se deu novamente como se o destino tivesse planejado tudo, nos mínimos detalhes. Cassiano estava triste, amargurado pelas injustiças que se espalhavam pela Europa, num daqueles dias em que queremos entregar os pontos por haver perdido a fé em nós mesmos, no ser humano e na vida.

Esperanza andava alegremente pelas margens do Senna, contente consigo mesma e com a vida, quando avistou o rapaz cabisbaixo.

Disposta a alegrá-lo, ela foi até ele para saber o porquê de tamanha tristeza. Ele lhe deu as devidas explicações. Enquanto falava, Esperanza teve a certeza bater dentro dela de que aquele moço a sua frente haveria de ser seu marido. Uma certeza que parecia gritar dentro dela. Foi o que se pode chamar de amor à primeira vista.

Quando ele sorriu pela primeira vez, Esperanza disse:

– Isso mesmo, Cassiano, sorria. Sorria sempre, não permita que a tristeza, a dor, a mágoa e o rancor roubem da sua face esse sorriso bonito. Ainda que tenha mil motivos para evitá-lo, lute por ele, para que ele viva sempre a brilhar na sua face, pois um sorriso bonito vale ouro, faz as pessoas mais felizes e essa felicidade é capaz de fazer o mundo melhor.

Aquelas palavras pareceram tão familiares para Esperanza como muitas já ditas ao longo de sua vida. Palavras, opiniões que lhe saltavam à boca como que por vontade própria, formuladas por uma força superior, acreditava ela. Afinal, ela, por ela, não julgava ser capaz de dizer tais coisas, com tanta profundidade. Era nessas horas que Esperanza comprovava mais uma vez que já tivera outras vidas, pois, afinal, como saber falar sobre assuntos que não conhecia nessa vida em questão?

Sim, falamos coisas que nos surpreendem. Explicamos coisas que não temos base para explicar. Frases que nos soam familiares aos nossos ouvidos, frases que, na verdade, são ditas com base em conhecimento adquirido em vidas passadas. Algo surpreendente e revelador.

O amor daquele casal, que teve início na reencarnação em quem Esperanza foi Miscia Nolan e Cassiano Patelli foi o padre Maurílio Poussin, alcançou realmente o triunfo na reencarnação em que ela recebeu o nome de Marguerite e ele, Pierre De Laurentiz, no final do século dezessete.

Pierre foi um homem que, durante os primeiros anos de existência naquela reencarnação, vivia em busca de si mesmo e de um significado maior para a sua existência. Seria capaz de escalar o topo do Everest, caso fosse preciso, para descobrir o seu significado dentro do cosmos. Mas nada lhe deu as respostas que ele tanto procurou ao longo da vida do que a mulher por quem se apaixonou, Marguerite Stempleski, com quem se casou e teve seus filhos adorados e que mais tarde chamou de senhora do seu destino.

O encontro dos dois naquela vida foi o que muitos chamam de obra do destino. Um amor que estava escrito nas estrelas.

A paixão se derramou sobre os dois como os raios do sol se derramam sobre o mar ao amanhecer, doce e serenamente, para brilhar mais, iluminar mais, tornar tudo mais bonito.

Pierre De Laurentiz (Cassiano Patelli) era um homem nessa época que também lutava pelos direitos humanos.

No primeiro encontro do casal, Pierre demonstrou sua insatisfação com os problemas mundanos. Disse:

– Há muita ignorância espalhada pelo mundo, e a ignorância é a causa de toda a maldade que nos atormenta. Temos de lutar para que a ignorância que assola a humanidade tenha fim. Com seu fim, a carnificina que ela provoca também terá fim.

Ela concordou com um leve balançar de cabeça. Assim nasceu a união dos dois, ou melhor, renasceu o amor que Miscia Nolan e o padre Maurílio Poussin haviam começado na reencarnação anterior e que fora impedido de se concretizar na sua grandeza e plenitude pelos desatinos cometidos pela Inquisição.

Quando chegou a hora dos dois se separarem pela morte naquela vida em questão, Pierre disse para a esposa amada:

– A morte não pode ser o fim. Deve ser apenas uma breve pausa no exercício de viver, uma pausa para que possamos renovar o espírito e o corpo físico. Logo, logo tudo retoma seu curso natural... A vida só pode ser assim, pois só assim há justiça para aqueles que morrem injustamente, que perdem a decência de viver ao lado de seu grande amor, de sua família por causa da maldade alheia.

Marguerite concordou, dizendo:

– Algo dentro de mim, que certamente vem de minha alma, me diz que a vida concede a todos justiça divina porque Deus é justo.

Aquelas palavras lhes eram de certo modo familiares, em algum lugar do tempo e espaço eles já haviam dito ou ouvido aquilo. Se não fora naquela vida em questão, só poderia ter sido numa outra reencarnação, num dos muitos encontros que tiveram nela.

Tais encontros lhes deram a sensação de serem velhos conhecidos, dois velhos apaixonados de uma vida de outrora. E como era bom ter essa sensação.

O que mais emocionou Marguerite foi o modo como Pierre finalizou seu raciocínio:

– Que a vida me conceda a graça de reencarnar ao seu lado mais uma vez. E se não for pedir muito, até mesmo eternamente.

A esposa respondeu emocionada:

– A vida há de nos conceder essa graça porque minha alma diz que a paixão atravessa vidas. Que de tudo o que se vive aqui, a paixão e o amor são as únicas coisas que realmente se leva consigo para o outro lado da vida. Por isso é certo dizer que a paixão vale mais que qualquer peso em ouro, que qualquer diamante, que a pedra mais preciosa que possa existir no planeta, porque ela nos acompanha para onde quer que vamos, enquanto que o ouro, a prata e os bens materiais não.

Ele sorriu, encantado com suas palavras, e beijou-lhe o dorso da mão e depois seu rosto. Minutos depois, Pierre desencarnava da forma mais natural e suave possível.

Terminava ali uma grande história de amor até que o tempo e o espaço lhes permitissem se unir novamente.

E foi na vida em que Marguerite reencarnou como Esperanza e Pierre como Cassiano Patelli que tudo recomeçou. Ou melhor, prosseguiu de onde havia parado. Cheios de amor e entusiasmo pela vida.

Diante da história de Esperanza (Miscia) e Cassiano (Maurílio Poussin), percebe-se por que não lembramos quem fomos em vidas passadas com pormenores: para evitar, certamente, os desagrados passados, as crueldades vividas, as tristezas sentidas.

E o tempo passou...

Anos de revoluções e saudades transcorreram por entre lágrimas, ora em meio a um sentimento gritante de culpa, ora em meio a remorso, ora em meio àquilo que mais profundo existe dentro de nós, do qual ninguém pode se separar jamais: o amor.

Durante esses mesmos anos, Álvaro acabou chegando à conclusão de que tudo aquilo que ele havia suposto a respeito da morte da esposa querida não passara de um delírio seu, fruto da vontade louca de querer que a esposa estivesse viva.

A realidade de sua morte fora tão dolorida para ele que o único modo que ele encontrou para aliviar a dor que ela lhe causou foi se entregar à fantasia, à doce ilusão de que Heloise havia simulado sua morte para fugir dele por medo do que ela o via fazer, em pesadelos.

Mesmo aqueles que chegaram a acreditar que ele estivesse certo na sua suposição, tais como Aymeric e Mirelle, acabaram, com o tempo, chegando à conclusão de que tudo o que pensaram não passara de um apanhado de coincidências e delírio.

Somente a vida, da qual ninguém pode esconder nada, sabia que tudo que fora suposto por Álvaro era a mais pura verdade. Heloise havia realmente forjado a sua morte e se encontrava viva, agora com o nome de Hannah Balzac, noutro país, como uma pintora adquirindo cada vez mais destaque no mundo da arte.

Capítulo 15

Europa, 1832

Dezoito anos depois da suposta morte de Heloise C. De Lucca.

Álvaro De Lucca caminhava por uma das mais belas avenidas de Paris, apreciando a paisagem ao seu redor. Embora tivesse quarenta anos completos, sua aparência ainda era jovial. Aparentava ter, no mínimo, uns cinco anos a menos que sua idade real. Se não fosse o cavanhaque, algo que ele deixara crescer nos últimos anos, o qual nunca pensou usar, ele provavelmente aparentaria menos idade.

Álvaro estava, como sempre, elegante: bem vestido, sapatos lustrados, cabelos aparados e divididos, a cabeça coberta por uma elegante cartola, algo muito típico do século dezenove.

Quem olhasse com atenção para os seus olhos, veria por trás das lentes do *pincenê**, um par de olhos tristes e melancólicos, herança da trágica situação que vivera no passado, algo que decidiu nunca mais comentar com alguém. Foi a única forma que encontrou de se distanciar daquilo que o machucou, e ainda o machucava toda vez que trazia o assunto à tona.

Agora, ele era apenas Álvaro De Lucca, indivíduo de família rica, bem posicionado financeiramente. Residia à Rua dos Pássaros, número 881, na cidade de Valezia, para onde se mudou em 1823 e de onde nunca mais saiu.

Seus pais haviam falecido nesse período, seus irmãos, mudado para outras cidades, um para outro país. O mesmo aconteceu à família de Heloise, com a qual perdera contato havia muito tempo. Nem mesmo com Aymeric ele mantivera contato nos últimos anos. Enzo era ainda o único elo que Álvaro mantinha com o passado,

---

(Pincenê ou Pince-nez foi um modelo de óculos usado nos século XV até o início do século XX, cuja estrutura era desprovida de hastes. Sua fixação era feita apenas fixando-o sobre o nariz.(N. do A.)

com aquele período negro de sua vida. Os dois, no entanto, não falavam mais a respeito do assunto, a pedido do próprio Álvaro.

Enzo ainda guardava no coração os sentimentos que sempre tivera por Heloise. Acreditava que haveria de se encontrar com ela após a morte, no lugar para onde os espíritos dos mortos vão. E, quem sabe, lá declararia a ela todo o seu amor.

Outras mulheres entraram na vida de Álvaro e Enzo durante esses anos, mas nenhuma conseguiu ocupar o lugar de Heloise no coração de ambos. O envolvimento com elas durava apenas alguns meses, em certos casos, não passava de algumas semanas.

É lógico que a solidão queria ser afastada de seus corações. Todos querem se libertar dela e nada melhor que um novo amor para fazer com que a solidão vá embora. Infelizmente, os novos amores não tinham força suficiente para afugentar a solidão de suas vidas.

Um dia, conversando com Enzo a respeito, Álvaro comentou:

– Nada supera o primeiro grande amor, Enzo.

Enzo baixou os olhos diante do comentário. Não havia como contestar a afirmação. Ele, mais do que ninguém, sabia o quanto aquilo era verdade.

– Meu destino é viver na solidão até os últimos dias de minha vida – acrescentou Álvaro, com tristeza. – Sinto-me como um homem que abandonou um porto chamado solidão, seguiu pelos mares da esperança e acabou aportando novamente num novo porto do outro lado do oceano, que também é porto da solidão. Da solidão e da saudade.

Restou a Enzo esboçar apenas um sinal de compreensão para o amigo.

Álvaro encontrava-se em Paris para tratar de negócios. Aproveitara a viagem também para relaxar um pouco, ver paisagens bonitas e interessantes. Nenhum lugar na Europa podia propiciar a alguém tantas novidades como a bela Paris.

Era uma noite linda de luar. O céu estava cheio de estrelas brilhantes ao redor de uma lua crescente luminescente, quase prata. Álvaro encontrava-se no melhor e mais famoso teatro de Paris para assistir a companhia mais famosas de balé da época. O local estava, como sempre, lotado. Havia tanto pessoas da sociedade como também da ala mais pobre. O balé era realmente um grande espetáculo, quem já o vira o considerava imperdível.

Para Álvaro, aquilo era novo, nunca vira algo do gênero, se vira, apagara de sua memória.

Álvaro estava sentado num dos formosos e elegantes camarotes que havia no térreo do teatro, no que ficava mais perto do palco. Enquanto o espetáculo não começava, ele admirava o lugar. Era uma construção lindamente desenhada pelas mãos de arquitetos virtuosos.

A seguir, Álvaro pôs-se a admirar o rosto das pessoas que compunham a plateia. De longe, pareciam todos iguais, de perto, velhos conhecidos. Isso fez Álvaro se perguntar mais uma vez: por que muitas pessoas, de perto, parecem velhas conhecidas suas?

Ah, como ele queria obter a resposta para essa pergunta e tantas outras que surgiram ao longo de sua vida.

Os músicos tomaram suas posições, era sinal de que o espetáculo iria começar. O silêncio caiu sobre a plateia e os primeiros acordes começaram a ser executados sob a regência do maestro.

As cortinas se abriram e o espetáculo teve início. Uma bela jovem ocupou o palco, bailando na ponta dos pés de forma admirável, deixando Álvaro impressionado com a sua capacidade de equilibrar o corpo sob eles e mover-se pelo lugar como se fosse uma pluma a ser levada pelo vento.

Ao fim do seu ato, a plateia foi ao delírio. Palmas e mais palmas ecoaram de forma retumbante. A seguir, o palco foi ocupado por um casal de bailarinos. O ato tirou mais uma vez suspiros da plateia. O jovem bailarino erguia a jovem como se ela tivesse a leveza de uma pena e da forma mais delicada que se pode fazer tal gesto.

Álvaro estava maravilhado, assim como os demais, com o que se descortinava diante de seus olhos.

Foi durante o sexto ato, composto por diversas bailarinas, que uma delas, em especial, prendeu sua atenção. Era uma jovem de graciosidade indescritível e de uma feminilidade encantadora. Álvaro estava impressionado.

– Como ela é encantadora – murmurou, crente de que todos ali tinham a mesma opinião que a dele.

Álvaro gostou do interesse que a jovem despertou nele, um interesse que havia muito não sentia por mulher alguma.

Então, subitamente, algo desagradável aconteceu. A bela bailarina desequilibrou-se e foi ao chão. Álvaro, sem se dar conta, saltou da poltrona, condoído pelo que havia acontecido à moça.

Sua abrupta erguida chamou a atenção da bailarina, que se encontrava, naquele instante, recompondo-se da queda, a menos de três metros de onde Álvaro se encontrava sentado. Houve um espasmo quando os olhos dela colidiram com os dele.

A moça, por fim, levantou-se e deu sequência ao seu ato como se nada houvesse acontecido. No entanto, sua perna bambeou por diversas vezes, na certa por haver torcido o tornozelo durante a queda. Coube à jovem, então, retirar-se discretamente do palco, antes que se machucasse mais.

A atenção da plateia logo se viu presa às demais bailarinas, que continuavam bailando ao som da pequena orquestra de violinos.

Álvaro, no entanto, não conseguiu mais assistir ao espetáculo com o mesmo interesse e tranquilidade do início. Estava com pena, muita pena da jovem. Queria imensamente saber se ela estava bem. Deveria estar certamente decepcionada consigo mesma pelo que havia lhe acontecido

Foi pensando na jovem que torcera o pé que Álvaro De Lucca deixou o teatro. Ela deveria estar certamente triste, muito triste, por ter sido obrigada a abandonar o espetáculo.

Álvaro seguia em busca de uma carruagem de aluguel, quando seus olhos avistaram a pequena ruela que levava aos fundos do teatro. Por lá, entravam e saíam os integrantes de peças e apresentações que aconteciam no local. Uma ideia fez com que ele se dirigisse para o lugar onde encontrou uma porta, bateu e aguardou. Segundos depois, a janelinha localizada na porta em questão se abriu e um senhor de meia-idade, de rosto rechonchudo, com um olhar perspicaz, apareceu ali. Era, certamente, o porteiro.

– Desculpe-me por incomodá-lo, meu senhor – falou Álvaro, sem rodeios –, mas gostaria muito de falar com a jovem que torceu o pé durante o espetáculo.

– Jovem que torceu o pé? – admirou-se o porteiro, recuando o rosto da janela e enviesando o cenho. Era bastante seco na maneira de falar. – O senhor deve ter sonhado, nenhuma das bailarinas de nossa companhia cometeria uma tolice dessas.

– Foi sem querer, meu senhor. Imprevistos acontecem, o senhor bem sabe.

– Não na nossa companhia.

– Sei, no entanto, será que o senhor poderia perguntar a alguém a respeito do acidente? Estou certo de que as demais bailarinas lhe confirmarão o que digo e lhe dirão quem foi que sofreu esse acidente.

– Por que o senhor quer tanto saber quem foi?

– Porque tive pena, muita pena da jovem bailarina pelo acontecido. Queria lhe dizer algumas palavras de conforto.

O homem fechou ainda mais o cenho. Rosnou alguma coisa inaudível entre os dentes e fechou a janelinha com impacto. Álvaro ficou às moscas por quase cinco minutos, só então o velho rabugento reapareceu e disse:

– A moça já foi embora.

– Eu gostaria muito de lhe fazer uma visita.

O homem tornou a olhar bem para Álvaro com admiração e desdém. Estava prestes a fechar a janela, quando Álvaro ergueu a voz e repetiu:

– Eu gostaria muito...

Mas Álvaro não foi além disso, pois o impaciente funcionário do teatro interrompeu-o de forma grosseira:

– Eu posso estar velho, mas não estou surdo, meu senhor.

– Desculpe-me.

Álvaro baixou os olhos, envergonhado por seu gesto. O homem, parecendo mais impaciente do que nunca, disse a seguir:

– Não temos permissão para dar o endereço de nenhuma das jovens que fazem parte da companhia de balé.

– Eu compreendo a precaução dos senhores, mas eu sou um homem de bem.

O porteiro riu até expor sua gengiva sobressaltada.

– Todos dizem isso – comentou, com ironia.

Álvaro sentiu-se desconcertado diante das palavras do velho. O porteiro, querendo dar fim àquele diálogo, na sua opinião, incômodo, disse:

– Escuta aqui, cavalheiro, a jovem deve voltar para cá assim que melhorar. Se quiser mesmo falar com ela, fique de olho no espetáculo para saber quando ela estará de volta.

– Não sou daqui, meu senhor. Estou na cidade só de passagem, a trabalho, não devo voltar aqui por meses. Talvez anos...

O homem fez cara a seguir de quem diz "e o que eu tenho a ver com isso?"

– Por que o interesse na menina? – perguntou em seguida.

– Eu...

– Conheço muito bem tipos como o senhor.

– O senhor não me compreendeu...

– O senhor deveria ter vergonha de fazer uma coisa dessas. Deve ser certamente casado e aproveita suas viagens de negócio para se aventurar com mulheres, especialmente as mais jovens e inocentes.

– Não sou casado, meu senhor, sou viúvo.

– Essa desculpa eu nunca tinha ouvido. Parabéns, o senhor foi criativo.

– Falo sério...

– Eu não tenho mais tempo para perder com o senhor, com licença.

Sem mais, o impaciente porteiro fechou a janela com toda força na cara de Álvaro.

Álvaro, por sua vez, permaneceu ali, cabisbaixo e contrariado. Sem ver escolha, achou melhor partir. Foi só quando deu as costas para a porta dos fundos do teatro que ele notou a presença de uma mulher parada ali.

A mulher tinha cabelos platinados, olhos muito grandes, azul-ferrete. Eles tinham um reflexo vago e frio.

– Desculpe-me pela intromissão – disse ela –, mas não pude deixar de ouvir a conversa do senhor com o ranzinza do velho Manfredo.

Álvaro sorriu de leve para ela. A mulher acrescentou:

– Se o senhor quiser, eu posso conseguir o endereço da tal jovem para o senhor.

A sugestão provocou grande alegria em Álvaro.

– Eu gostaria muito – exclamou, empolgado.

A mulher sorriu e completou:

– Eu gostaria muito de lhe prestar esse favor de graça, mas é que a vida anda tão difícil...

Álvaro compreendeu imediatamente aonde a estranha queria chegar, por isso foi logo dizendo:

– Eu lhe dou uma gorjeta, não se preocupe.

– Quanto exatamente? Quero saber para ver se compensa.

– Quanto quer receber pelo favor?

A mulher refletiu por instantes, por fim disse um valor.

– Está bem – respondeu Álvaro de prontidão.

A mulher espantou-se com a rapidez com que Álvaro concordou em pagar a quantia que ela exigira por seus serviços. Acabou se arrependendo por não ter pedido mais, pois se ele concordara em pagar-lhe aquela soma, que a seu ver já era alta, pagaria bem mais, sem titubear.

– Amanhã esteja aqui – disse a mulher, por fim. – Amanhã, nesse mesmo horário, eu lhe darei a informação que tanto quer saber.

Álvaro assentiu, fez uma mesura com a cartola e se retirou.

– Não se esqueça do dinheiro – reforçou ela, segundos depois.

– Não esquecerei – respondeu ele, com sinceridade.

Álvaro seguia em direção a uma carruagem de aluguel, quando decidiu voltar a pé para o hotel, certo de que a caminhada lhe faria bem às emoções.

Durante todo o trajeto a pé, Álvaro não conseguiu tirar a jovem bailarina da cabeça. Ficou rememorando com grande interesse seu bailado gracioso que tanto o encantou. Estava surpreso mais uma vez consigo mesmo por se ver tão interessado numa mulher. Havia tempos que não tinha tanto interesse por uma, tampouco um desejo intenso de revê-la, de trocar com ela pelo menos algumas palavras... A vida era realmente cheia de surpresas. Quem diria que ele, um dia, estaria caminhando a pé pelas belas ruas de Paris, pensando numa jovem bailarina que tinha quase a metade da sua idade?

Na noite do dia seguinte, no horário combinado, Álvaro estava no beco que dava acesso às portas do fundo do teatro. A tal mulher já se encontrava lá, aguardando por ele, quando ele aí chegou.

– E então, conseguiu? – perguntou ele, sem esconder a ansiedade.

A mulher fez certo suspense. Por fim, disse:

– Trouxe o dinheiro?

– Aqui – respondeu Álvaro, tirando do bolso a quantia prometida.

Os olhos da estranha arregalaram-se diante das notas.

– Aqui está – disse ela, entregando a ele um pedaço de papel com uma mão e com a outra pegando o dinheiro que lhe cabia.

Álvaro admirou-se ao ver a mulher segurando as notas a apenas um palmo diante dos olhos, como se elas fossem um deus. Sem mais palavras, a mulher se retirou.

– O nome da jovem – perguntou Álvaro – você não me disse o nome dela.

A mulher parou, voltou-se para ele, riu de forma esquisita e respondeu:

– Está no papel, meu senhor. Leia-o.

Álvaro voltou os olhos para o pedaço de papel e leu: Esmeralda Gutierrez. Rue Saint Denis, n° 908.

Álvaro sentiu-se mais aliviado.

❧

Álvaro, que nos últimos anos acordava sem ver motivo algum em especial para isso, despertou no dia seguinte sentindo-se mais empolgado com a vida. Tomou o café da manhã com tranquilidade, servindo-se de tudo que fora posto sobre a mesa do refeitório do hotel, como havia muito não fazia.

Procurou fazer tudo o que lhe cabia pela manhã, para deixar a tarde livre para visitar a jovem bailarina.

Por volta do meio-dia, ele se dirigiu a um restaurante na Rue du Faubourg Saint-Honoré junto com a Av. Montagne para almoçar. Foi então que algumas nuvens pretas no céu deixaram-no preocupado. A primeira pergunta que fez para o garçom, assim que ele chegou a sua mesa para atendê-lo, foi:

– O cavalheiro acha que vai chover?

O garçom voltou os olhos para a janela antes de responder:

– Pelo visto sim, meu senhor. Haverá, pelo menos, um chuvisqueiro.

Diante do desapontamento na face do freguês, o moço tratou logo de explicar:

– Mas será um chuvisqueiro passageiro, *monsieur*. Não se preocupe.

Álvaro procurou sorrir.

– Aqui está o menu, senhor.

– Obrigado.

O almoço transcorreu sem maiores pormenores. Antes de partir, Álvaro perguntou:

– Há alguma floricultura por aqui, digo, próximo daqui?

– Há sim, senhor, não só uma, como várias. Não será difícil para o senhor localizá-las.

– Obrigado.

Álvaro chegou à calçada com passos concentrados, repetindo para si mesmo:

– Flores... Não há nada melhor que um buquê de flores para alegrar uma mulher...

Não demorou muito para que avistasse uma floricultura do outro lado da rua. Atravessou a grande avenida e se dirigiu até ela. Era uma floricultura de aparência bonita, com espécies variadas. Entrou e dirigiu-se ao balcão.

– Pois não? – disse uma mulher sorridente.

– Boa tarde, gostaria de um buquê de flores.

– Um buquê? Que flores o senhor quer?

– O que a senhora sugere?

A atendente refletiu. Álvaro procurou ajudá-la:

– Ela é jovem... bem jovem... Quais flores as jovens preferem?

– Deixe-me ver – respondeu a mulher, sorrindo.

Voltando-se para a ajudante que se encontrava do outro lado da floricultura, arrumando umas flores num vaso, perguntou:

– Ise, qual flor uma jovem prefere?

E, voltando-se para Álvaro, a vendedora acrescentou, num cochicho:

– Ninguém melhor do que uma jovem para responder, não é mesmo?

Álvaro sorriu. Ouviu-se então a voz da jovem ecoar do fundo da loja:

– Bem... dona Andora, eu, particularmente, gosto muito das... Deixe-me ver...

A voz da jovem, leve e bonita, despertou a atenção de Álvaro, fazendo-o voltar-se em sua direção. Quando seus olhos avistaram a funcionária, seu coração vibrou. Ele mal podia acreditar que diante dele estava a bailarina que ele tanto queria encontrar. O tempo pareceu parar naquele instante.

Capítulo 16

Quando Álvaro saiu do transe que o manteve imóvel e boquiaberto por quase dois minutos, ele disse de forma involuntária.

– Você...

A jovem baixou os olhos sem graça. Andora saiu de trás do balcão e comentou com entusiasmo:

– Vocês já se conhecem?

A pergunta demorou quase um minuto para ser respondida.

– Sim... Não...

A resposta foi dada pelos dois quase que simultaneamente.

– Sim ou não? – indagou a mulher, enviesando o olhar.

– Sim e não – respondeu a jovem com precisão.

A mulher fez um muxoxo. Contudo, tratou logo de se recompor, ao lembrar-se que aqueles não eram os modos de tratar um freguês. Diante da estranha palidez que cobria o rosto de Álvaro naquele momento, ela perguntou:

– O senhor está bem?

– Sim, estou.

– E quanto às flores?

– As flores...

– Sim, as flores...

– Mas ela não me disse qual é sua flor preferida.

A mulher de sorriso simpático voltou-se para a funcionária e fez uma careta.

– B-bem, minha flor preferida é... vamos ver... – gaguejou a moça.

– Que buquê de flores a senhorita gostaria de ganhar, se esse buquê estivesse sendo comprado para a senhorita? – indagou Álvaro.

– Ora, meu senhor...

– Por favor...

A jovem refletiu por instantes por fim disse:

– Um buquê de lírios.

– Pois é esse então que quero comprar.

– Boa escolha – exclamou Andora, achando o freguês cada vez mais estranho. – Vou prepará-lo nesse mesmo instante.

– Ah, sim – concordou Álvaro, sem tirar os olhos da jovem vendedora.

Ele deu uns três, quatro passos à frente e perguntou:

– Como está o seu pé?

A pergunta deixou as duas mulheres admiradas. Álvaro achou por bem explicar-se:

– Eu estava no teatro aquela noite, assistindo à apresentação, quando... bem, a senhorita sabe.

– Sim, é verdade, eu me lembro agora. Lembro-me até de que o senhor se levantou da cadeira para ver o que havia me acontecido.

– Sim.

Os dois ficaram em silêncio até que Álvaro perguntasse:

– E então, seu pé melhorou?

A jovem sorriu sem graça e respondeu:

– Melhorou sim, mas terei de ficar ausente das apresentações por mais algumas semanas até que ele esteja realmente bom.

– É uma pena. Você é uma das mais maravilhosas bailarinas da companhia.

– Bondade sua.

– É verdade, acredite.

Andora, que prestava atenção à conversa, intrometeu-se:

– Wanise tem dificuldades para aceitar elogios.

A jovem corou.

– É mesmo?

A jovem não respondeu, apenas baixou os olhos, encabulada.

– É verdade, sim. Wanise tem mesmo dificuldades para aceitar elogios. Já falei com ela a respeito. Todo elogio é bem-vindo.

– Pois saiba que o meu elogio é sincero, estou quase certo de que todos os mais que recebe são também sinceros. Você é formidável como bailarina.

– Eu lhe disse, Wanise, eu lhe disse – agitou-se Andora.

A jovem tornou-se ainda mais rubra. Andora comentou entre risos:

– Veja só, avermelhou-se de vergonha.

– Wanise – murmurou Álvaro com estranheza.

– Sim, Wanise, o nome dela é Wanise. Qual é mesmo o seu sobrenome, querida?

– Vanine.

– Isso mesmo. Wanise Vanini.

Álvaro, agora inquieto, tirou o papel onde a estranha havia anotado o nome e o endereço da jovem e o releu.

– Que estranho, pensei que seu nome fosse Esmeralda Gutierrez.

– Oh, não – acudiu Andora. – O nome dela é mesmo Wanise, nome diferente, não? Pouco comum, quero dizer.

– Sem dúvida.

A mulher, olhando agora discretamente de esguelha para Álvaro, perguntou:

– Por que achou que o nome de Wanise fosse Esmeralda?

– Porque quis saber o nome da jovem que havia torcido o pé durante a apresentação e foi esse o nome que me deram.

– Qual é mesmo o nome? – agora era Wanise quem perguntava.

– Esmeralda Gutierrez.

– Que estranho, não há nenhuma bailarina com esse nome na companhia.

– Então ela mentiu.

– Ela quem?

– A mulher que me passou a informação. E eu, tolo, acreditei. Se não tivesse entrado aqui, não teria chegado a você nunca.

– Ninguém desvia o destino, meu caro – comentou Andora.

– O que foi que disse?

– Disse que ninguém desvia o destino.

Wanise repetiu baixinho para si mesma a frase, parecendo saborear cada palavra. Depois, perguntou:

– Por que queria me encontrar, senhor?

– Para saber como estava passando. Fiquei com pena de você, pelo que lhe aconteceu.

– Obrigada por sua preocupação.

Houve uma pausa até que a jovem Wanise dissesse:

– Confesso que achei curioso vê-lo ali no teatro àquela noite... Achei coincidência demais, sabe...

– Coincidência?! – surpreendeu-se Álvaro.

– Sim – respondeu Wanise, com delicadeza. – Pois já havia visto o senhor na tarde daquele mesmo dia.

– Oh, meu Deus, é verdade, agora lembro...

Ela concordou com um leve sorriso. Ele comentou:

– É por isso que eu tinha a sensação de já tê-la visto em algum lugar. Você foi a garota cujo chapéu foi tirado por uma rajada de vento.

– Sim. E você apanhou-o no ar antes que caísse no rio. Não chegamos a dizer nada além de um 'obrigado'. É que eu estava com pressa, desculpe-me. Atrasada para chegar ao teatro.

Andora fez uma careta engraçada, sorriu e disse:

– Deixe-me ver se eu entendi direito, quer dizer que vocês se viram na tarde do dia em que Wanise torceu o pé e se viram novamente à noite, durante a apresentação do teatro?

– Foi isso mesmo – confirmou Álvaro, querendo compreender aonde a mulher queria chegar com tanto alvoroço.

Andora acrescentou:

– Então o senhor quis encontrar Wanise, pediu o nome dela no teatro e passaram o nome de uma outra moça e um endereço que o levaria a lugar nenhum. Aí o senhor passou por aqui, por acaso, para comprar flores e encontrou, sem querer, quem estava procurando?

Ele corou enquanto concordava com a cabeça.

– Quantas coincidências, não? É como disse há pouco: ninguém desvia o destino. O que é para ser, será. Só falta o senhor me dizer que esse buquê de flores que o senhor está comprando era para levar para Wanise no endereço que lhe passaram.

A mulher terminou a frase e entregou o buquê para Álvaro. Álvaro agradeceu e disse:

– Respondendo à sua pergunta: sim. O buquê era realmente para levar para Wanise.

Álvaro foi até a jovem e estendeu para ela o buquê.

– Para a senhorita.

Wanise mal podia acreditar no que se passava. Os olhos de Andora encheram-se de água. A mulher estava surpresa e, ao mesmo tempo, comovida, mas ao perceber que Wanise permanecia estática, olhando para o buquê que lhe era estendido pelo gentil cavalheiro sem pegá-lo, ela repreendeu a moça no mesmo instante.

– Wanise, pegue as flores, querida.

O berro da patroa trouxe Wanise de volta à realidade.

– Não precisava – disse a jovem, pegando o buquê. – O senhor é muito gentil.

– Queria alegrá-la durante a sua convalescença – disse Álvaro, procurando disfarçar seu embaraço. – E por falar a respeito, a senhorita não deveria estar em casa se convalescendo do que lhe aconteceu?

– Não foi tão grave assim, meu senhor, além do mais, preciso do trabalho.

– Compreendo.

Ao perceber que até então não havia se apresentado, Álvaro disse:

– Meu nome é Álvaro De Lucca. Chame-me de Álvaro, simplesmente, assim me sentirei melhor.

As duas mulheres sorriram enternecidas.

– Se eu puder fazer alguma coisa pela senhorita?

– Eu agradeço muito, mas...

Andora achou por bem intrometer-se mais uma vez na conversa. Sugeriu:

– Wanise, por que você não dá uma pausa no trabalho agora para poder conversar um bocadinho com o simpático cavalheiro? Você ainda não almoçou, querida. Por que vocês não almoçam juntos?

Álvaro pensou em dizer que já havia almoçado, mas calou-se. Disse apenas:

– É uma ótima ideia.

– Bem, eu...

– Wanise, vá – insistiu Andora, pegando a jovem pelo punho e arrastando-a delicadamente para frente do balcão. Depois, foi até a chapeleira e de lá pegou o chapéu da menina. – Eu me viro por aqui, enquanto estiver fora. Seu chapéu, querida. Agora vão. Divirtam-se.

Só faltou a mulher empurrar os dois para fora da loja.

– Ela é divertida – comentou Álvaro, assim que ganhou a calçada.

– Sim, ela é divertida – concordou Wanise, tentando se sentir à vontade na companhia de Álvaro.

– O que sugere? – perguntou ele a seguir.

– Eu costumo comer alguma coisinha... – respondeu ela, fugindo dos olhos dele.

– Hoje, o almoço fica por minha conta. Pode escolher o restaurante que preferir.

– Mas os daqui da avenida são todos tão caros.

– Não tem problema. Hoje você é minha convidada.

Minutos depois, os dois se encontravam sentados à mesa de um bonito e sofisticado restaurante, um dos mais elegantes e conceituados da avenida Montagne. Após pedirem os pratos, Álvaro voltou-se para a moça e perguntou:

– Diga-me, estou curioso. Como foi que a senhorita se interessou pelo balé?

– É uma paixão que vem desde menina.

– Influência de sua mãe, suponho.

– Não, em absoluto. Mamãe nunca se interessou por balé. Eu sempre gostei de movimentar meu corpo, descobrir seus limites. E nada nos faz descobrir essas capacidades físicas, a não ser o balé.

– Eu nunca havia assistido a um balé de verdade, digo, profissional. É encantador.

– É, não é?

– É como um sonho...

– Ou um pesadelo, como aconteceu comigo naquela noite. Foi horrível, eu me senti péssima.

– Eu faço ideia. Mas logo você estará totalmente recuperada e voltará a ocupar o seu lugar na companhia.

– Deus queira que sim.

As perguntas de Álvaro a seguir foram: como ela entrara na companhia, se os ensaios eram cansativos, quanto tempo uma bailarina precisa para chegar à perfeição que ela chegara. As respostas foram dadas por Wanise Vanini de forma alegre e natural. Depois, Álvaro quis saber de sua família e de como ela se sentia morando numa cidade tão encantadora como Paris, que oferecia o que há de melhor no mundo em termos de arte.

Wanise estava tão entretida com o bate-papo que nem percebeu que seu acompanhante mal tocara no prato. Após uma breve pausa, Wanise disse:

– E o senhor? Falei tanto de mim e o senhor falou tão pouco do senhor.

– Não sou mesmo muito de falar da minha pessoa. De uns anos para cá, prefiro ouvir mais as pessoas do que fazer com que elas me ouçam.

– Algo deve ter acontecido de desagradável para que o senhor deixasse de falar do senhor, não?

– Sim. Meu passado.

Wanise ponderou antes de perguntar:

– O que há em seu passado que o desagrada tanto?

– Para que falar do passado, se o presente nos recebe com tanta alegria, não é mesmo?

– Tem razão.

– Um dia, um dia quem sabe, falo um pouco sobre o meu passado para você.

– Foi uma mulher, não foi? Quem marcou tão tristemente o passado do senhor, não?

– Sim e, ao mesmo tempo, não. Prefiro culpar a vida por tudo que aconteceu no passado e encarregá-la de se ocupar com ele.

Ela olhou para ele com olhos de pena. Diante de seu olhar, ele procurou alegrá-la.

– Voltemos ao presente e façamos dele um lugar seguro.

A sobremesa chegou e Wanise se serviu dela com grande vontade. Após a sobremesa, a moça se agitou:

– Preciso voltar para o trabalho, pobre Andora, não sei como ela está se virando sem mim.

– Pedirei a conta e partiremos.

Minutos depois, os dois seguiram pela calçada de volta para a floricultura.

– O senhor foi muito gentil comigo. Ninguém, em toda a minha vida, me ofereceu uma refeição tão saborosa como aquela, ainda mais num restaurante tão lindo quanto aquele.

– A senhorita merece. Merece até muito mais.

Os dois pararam em frente à loja. Álvaro afrouxou o colarinho, limpou a garganta para clarear a voz e disse:

– Gostaria muito de poder revê-la. Se a senhorita permitir, é claro.

Ela pareceu, por instantes, incerta quanto ao que responder. Por fim, disse:

– Onde? Quando?

– Onde e quando a senhorita quiser. Posso acompanhá-la de volta para a casa hoje, se não se importa?

– Hoje? Não sei se devo...

– Por favor.

– Está bem, meu expediente termina às seis horas.

– Estarei aqui esperando pela senhorita.

Ela sorriu, agradecida, e entrou na floricultura. Álvaro sorriu para si mesmo e seguiu seu caminho, brincando, sem se dar conta, com a bengala, objeto usado pelos homens há quase três séculos.

Assim que Wanise entrou na loja, Andora foi logo perguntando:

– E daí, como foi?

Wanise corou.

– Vamos, diga logo, não me mate de curiosidade!

– Ele é um cavalheiro muito simpático.

– Se é, e está louquinho por você, Wanise.

– A senhora acha?

– Tenho certeza. Reflita sobre tudo que ele foi capaz de fazer para encontrá-la. Só um homem apaixonado é capaz de fazer o que ele fez para encontrar uma mulher. Isso é coisa do destino, o destino quer unir vocês.

– A senhora...

– É óbvio que quer.

– Mas ele é tão mais velho do que eu.

– Idade não é problema, meu bem, se fosse, a vida não teria unido vocês dois.

– Ele me pediu para me acompanhar até minha casa hoje depois do trabalho.

– Espero que você tenha aceitado.

– Aceitei, mas não sei se devia.

– Devia sim.

– Mas ele é um estranho.

– Todos nós, antes de nos tornamos conhecidos e amigos, já fomos estranhos um para os outros, Wanise.

– Ainda assim...

– Não se preocupe com ele, minha querida, reconheço de longe um homem de boa índole e caráter. Eu jamais a estimularia a sair com um homem que pudesse lhe fazer alguma coisa de mal.

Andora mudou o tom a seguir:

– Eu não só sei reconhecer um homem de boa índole e bom caráter como sei reconhecer um homem endinheirado. E esse cavalheiro é, acredite-me, muito endinheirado, Wanise. Você tirou a sorte grande.

– Isso pouco me importa, dona Andora.

– Mas ajuda.

Houve uma breve pausa até que a jovem dissesse:

– Estava pensando no que senti ao lado dele. Foi uma sensação boa, de aconchego, amparo.

– Você sentiu tudo o que uma mulher precisa sentir ao lado de um homem, Wanise. T-u-d-o!

– É como se nos conhecêssemos de longa data.

– Todos nós somos velhos conhecidos, minha querida, conhecidos de outras vidas.

A moça olhou a patroa com curiosidade. Andora acrescentou:

– Aproveite a chance que a vida está lhe dando, Wanise. Aproveite, porque você a merece. Se não merecesse, não teria unido você a esse cavalheiro.

– Para mim, pouco importa que ele seja bem de vida, o que importa é que ele me ame e eu a ele. É isso que eu sempre sonhei para mim.

– Querida, isso é o que toda mulher... E os homens também... Pelo menos os de bom caráter e boa índole, sonham para si.

ꟾ Capítulo 17 ꟾ

Fazia semanas desde que Álvaro conhecera Wanise Vanini. Ele, agora, se encontrava diante de Enzo Fávero para lhe contar a grande novidade.

– Levou anos, Enzo, longos anos, mas eu, finalmente, encontrei alguém por quem meu coração bateu mais forte.

– É mesmo?

– Sim. Só tem um porém, meu caro amigo, ela é bem mais jovem do que eu.

– Isso não é problema, se vocês se amam...

– Foi o que pensei, Enzo. Exatamente o que pensei.

– Fico feliz por você, Álvaro. Estava mais do que na hora de você encontrar um novo amor, de dar-se a chance de viver ao lado de uma mulher novamente.

– Foi o que pensei, Enzo. Na verdade, foi o que Wanise Vanini me fez pensar.

– Wan...

– Wanise Vanini, esse é o nome dela.

– Que nome diferente, não?

– Sim. Diferente como ela.

– O que sabe dela?

– Tudo.

– Seu pai morreu há três anos, era separado da mãe e vivia na Suíça com uma outra mulher que dizia ser viúva, na companhia do filho que ela teve no seu primeiro casamento e do filho que os dois tiveram juntos.

"Wanise não sabe dizer ao certo se o pai se casou com a segunda esposa ou não. Suspeita que eles tenham apenas vivido juntos, algo tido como natural no país onde passaram a viver.

"Wanise vive com a mãe, Mabelle Vanini, em Paris. É uma mulher muito distinta, que tive a oportunidade de conhecer desde o primeiro dia em que acompanhei Wanise até sua casa. Ambas não possuem quase nenhum recurso financeiro tanto que ela trabalha numa floricultura para ajudar no seu sustento e dança na companhia de balé "La fille mal gardée".

– "La fille mal gardée" já ouvi falar. Esse balé vem sendo apresentado desde 1789. É um balé bem famoso, não?

– Sim. E ela baila, meu amigo, muito bem. É realmente uma criatura virtuosa. Uma jovem excepcional.

– Quero muito conhecê-la.

– Você irá, Enzo, você irá. Pretendo me casar com ela o mais rápido possível.

– Casar? Já?! Não acha que está se precipitando?

– Precipitando, eu? Meu bom amigo, eu passei quase vinte anos da minha vida sem me apaixonar. Agora que me sinto pronto para recomeçar a minha vida, você diz que estou me precipitando. Não, meu caro Enzo, não há precipitação alguma da minha parte. O que há é só amor. Amor, o mesmo que senti no passado por Heloise, amor que eu jamais suspeitei que pudesse sentir outra vez em toda a minha vida.

– Fico feliz por você, Álvaro, muito feliz, ninguém merece ser mais feliz do que você.

– E eu serei, Enzo, serei muito feliz.

Um sorriso contemplativo transpareceu no rosto dos dois cavalheiros. Minutos depois, Álvaro reforçou o que já havia dito:

– Você pode estar certo de que, dessa vez, o que estou sentindo é amor, amor de verdade, Enzo. Vou me casar com Wanise por amor. Somente por amor.

"Sabe, eu estava cansado de viver de passado, Enzo. Viver de passado esgota uma pessoa. Graças ao bom Deus, esse cansaço chegou ao fim. Seus últimos resquícios se diluirão assim que me casar novamente."

Enzo tornou a sorrir, contemplativo, para o amigo. Álvaro tornou-se sério a seguir. Olhando fundo para o amigo, perguntou:

– E quanto a você, meu caro?

– Eu? – espantou-se Enzo. – O que tem eu?

– Você é da mesma idade que eu, passou a vida toda dizendo que um dia iria se casar e esse dia nunca chegou.

– Eu disse isso?

– Disse, ao menos para mim.

Enzo sorriu sem graça.

– Não acha que está na hora de se assentar na vida amorosa? Encontrar uma mulher e se casar e ter filhos?

– Eu, assim como você, Álvaro, fiquei preso a um grande amor do passado. Amei perdidamente uma mulher e nunca me esqueci dela.

Álvaro se mostrou surpreso com a revelação.

– Você nunca me falou a respeito. O que houve? Por que não ficaram juntos?

– Poderíamos ter ficado se...

– Se?

– Se ela não gostasse de outro, Álvaro.

– Eu sinto muito, meu amigo.

Enzo agradeceu as condolências. Fez-se uma breve pausa até que Álvaro, com certa empolgação, perguntasse:

– Diga-me que pelo menos você disse a ela que a amava... Disse, não disse? Declarou o seu amor a ela, não?

Enzo Fávero corou até a raiz dos cabelos. Suas palavras não conseguiram se juntar para emitir uma reposta.

– Onde anda ela, Enzo? Você ainda a vê?

– Não, Álvaro, não há vejo já faz muitos anos. Ela morreu muito jovem.

– Que coincidência, não? Nós dois gostarmos de mulheres que morreram jovens.

– Sim, Álvaro. Uma tremenda coincidência.

Nova pausa até que Álvaro perguntasse:

– O que faria se descobrisse que ela não morreu como você pensava, Enzo? Que essa mulher que tanto amou está viva e, de repente, não mais que de repente, cruzasse seu caminho?

– Ora, que pergunta, Álvaro.

– A resposta.

– Eu não sei.

Os dois se calaram novamente. A pergunta seguinte partiu de Enzo:

– Eu sei que você não gosta que falemos a respeito. Há tanto tempo, anos acredito eu, que nunca mais tocamos no assunto, mas você, por acaso, ainda pensa que Heloise realmente tramou sua morte para... você sabe...

– Hoje não acredito mais nisso, Enzo. Acredito mesmo que toda aquela hipótese de Heloise ter forjado sua morte não passou de um delírio provocado pelas muitas coincidências que cercavam os fatos. No entanto, se Heloise fez o que fez, se está viva em algum lugar, para mim já não importa mais, há muito que não importa mais. Deixe-a seguir o caminho que ela escolheu para seguir. Eu seguirei o meu ao lado de Wanise Vanini. Hoje, quero ser feliz.

Álvaro enlaçou o amigo pelas costas e, apertando-o fundo, disse, com empolgação:

– Por isso, meu caro Enzo, não nos prendamos mais ao passado, não mais agora quando o presente se mostra tão interessante e cheio de promessas de felicidade.

– Você tem razão.

– E você, meu caro, trate de arranjar uma mulher para se casar, pare de viver de passado, abra o seu coração para um novo amor. Você merece ser feliz. Ter filhos... Eu ainda quero ter os meus... Pelo menos os dois com que tanto sonhei.

– O seu entusiasmo me contagia, Álvaro.

– E é mesmo para contagiá-lo, meu caro. Para que o estimule a se desprender de uma vez por todas do passado.

– Será que podemos nos desprender do passado realmente cem por cento?

– Se nos esforçarmos para que isso aconteça, creio que sim. Querer é poder.

– Só no amor que o ditado não funciona...

– Não?

– Não. Você pode querer muito uma mulher, mas, se ela não o quiser, poder nenhum lhe será concedido.

Álvaro tornou a dar um abraço carinhoso no amigo e disse:

– Chega de filosofar, peguemos taças e um bom vinho para celebrar um novo começo de vida. As feridas estão prestes a se cicatrizar.

Álvaro abriu uma garrafa de vinho, encheu duas taças da bebida e entregou uma para o amigo. Erguendo a sua para o alto, falou em tom vibrante:

– Um brinde a nós, por estarmos vivos, por termos sobrevivido aos percalços da vida.

Enzo imitou seu gesto e o brinde se fez. Havia um brilho no olhar de Enzo Fávero, um brilho esquisito, mas Álvaro estava tão feliz e radiante que não percebeu. Haveria motivo para percebê-lo? Talvez não, o tempo diria...

Heloise estava sentada de frente para uma mesa bem arrumada para tomar o café da tarde. Estava reflexiva, rememorando as palavras que sua grande amiga Esperanza havia lhe dito.

"Minha querida, todos merecem uma nova chance. Principalmente quando permitem rever seus conceitos, mudar, melhorar, reparar seus erros... Você se uniu a seu marido nessa vida porque a vocês foi concedida uma nova chance para poderem viver o que lhes foi roubado, de certo modo, pela maldade alheia numa vida passada. E então, não acha que deve se dar mais uma chance, uma chance para você e seu marido ficarem juntos e, finalmente, em paz? Tenho certeza de que ele será capaz de lhe perdoar pelo que fez. Amar é perdoar."

Estaria Esperanza certa? Deveria ela procurar Álvaro e pedir-lhe uma nova chance? Pedir-lhe desculpas por tudo o que lhe fez? Dizer-lhe o quanto ela ainda o amava? Seria arriscado fazer isso?

O garçom trouxe uma chaleira cheia de chá fumegante e, depois de pedir-lhe licença, pôs sobre a sua mesa. Assim que o rapaz se foi, as palavras de Esperanza voltaram a ecoar na mente de Heloise.

"E então, não acha que deve se dar mais uma chance, uma chance para você e seu marido ficarem juntos e, finalmente, em paz? Tenho certeza de que ele será capaz de lhe perdoar pelo que fez. Amar é perdoar."

Ela se sentia mais uma vez perdida, sem saber que rumo tomar na vida.

Travava-se um duelo entre seu lado emocional e seu lado racional. O emocional dizia-lhe "Procure Álvaro, já, agora, peça-lhe perdão, explique os motivos que a levaram a fazer o que fez.

Álvaro a ama." O racional falava: "Pense no choque que ele vai levar. Ele vai se revoltar, principalmente, em relação àquilo que você escondeu dele a sete chaves."

Semanas depois, chegava uma carta de Mabelle, outra mulher que se tornou grande amiga de Heloise Cézanne, vulga Hannah Balzac.

Querida Mimi:

Como vão as coisas por aí? Espero que tudo esteja correndo às mil maravilhas, como você esperava, como você merece que aconteça na sua vida. Achei audacioso da sua parte aceitar o convite para expor seus quadros em Portugal. Cheguei a pensar que você, como das outras vezes, acabaria deixando passar mais essa grande oportunidade, mas, por sorte, você aceitou, maravilha! Depois dizem que as pessoas não mudam ao longo da vida, mudam sim... Você é a prova disso. Parabéns!

Eu e Esperanza sempre dissemos que seus quadros, um dia, valeriam muito, não dissemos? Você discordava de nós, dizendo que eles não valiam nada mais que alguns trocados, mas... mais um ponto para nós duas, nossa intuição, como sempre, estava certa.

Há uma grande novidade, querida. Uma surpreendente e maravilhosa novidade. Espero que esteja sentada quando estiver lendo esse trecho da carta, para que não vá ao chão. Desmaie de emoção! Comoção!

A grande novidade é que Wanise está amando. Amando de verdade. Não é maravilhoso? Esse dia chega para todos, ainda que seja aos quarenta, cinquenta anos de idade... Para Wanise chegou, na minha opinião, na hora certa. Gosto mais da vida quando ela nos presenteia na hora certa. Estou quase certa de que você também pensa assim.

Bem, o nome do príncipe por quem Wanise está apaixonada, ou melhor, amando (não é paixão, disso estou certa, é amor mesmo. Sei disso pelo olhar dela, pelo modo que ela fala dele, tudo enfim...) O nome do felizardo é Álvaro.

Heloise sentiu um arrepio ao ler o nome. Deu uma pausa considerável na leitura, antes de continuar:

É isso mesmo que você leu, querida, o nome dele é Álvaro. Que coincidência, não? Quando soube do nome, disse para mim mesma: "só quero ver a face de Heloise quando souber que o nome do homem por quem Wanise está encantada é Álvaro." (Risos).

Os dois se conheceram de forma bastante curiosa.

Ele caminhava às margens do Sena e Wanise seguia pelo mesmo local em direção ao teatro onde se apresentaria àquela noite. Então, subitamente, uma rajada de vento tirou o chapéu da cabeça dela e o cavalheiro apanhou-o no ar, antes que caísse no rio. Ela lhe agradeceu e partiu apressada.

À noite, ele foi ao teatro assistir à companhia de balé, ficou surpreso ao revê-la no palco. Dois dias depois, entrou numa floricultura para comprar-lhe umas flores e, pasme, a floricultura era a mesma onde Wanise está trabalhando. Com tanta coincidência, só nos resta chegar a uma conclusão: "o destino os quer juntos. E, quando o destino risca, ninguém rabisca."

Os dois querem se casar em breve. Por isso lhe escrevo para deixá-la a par. Não demore muito por aí senão perderá o casamento de nossa querida e amada Wanise.

Ninguém mais do que ela merece ser feliz ao lado de um homem que a ame de verdade.

Felix está roçando os meus tornozelos enquanto escrevo esta carta, soltando miados de indignação por não estar lhe dando a devida atenção, pode? Não é incrível como os gatos são ciumentos? Ciumentos e possessivos.

Estou desconfiada de que ele está flertando com a gata do vizinho. Tanto ele quanto ela se deitam no beiral da janela e passam horas se admirando. É tão bom saber que existe amor até mesmo no reino animal, que o amor está em tudo e em todos por igual.

Falando de gatos de estimação, Jonas e Mildred estão deitados no sofá olhando, volta e meia, para mim, vigiando, como sempre, meus movimentos. Pode? (Risos).

Estou com muita saudade de você, minha querida, nem preciso dizer o quanto você faz falta na nossa vida. Por isso, volte logo. Sinto que esse vai ser um grande ano, um ano repleto de alegrias, vitórias e conquistas. As conquistas já começaram por você, veja onde você se encontra agora. Não é maravilhoso ter seu trabalho reconhecido pelas pessoas? O reconhecimento faz com que nos sintamos mais valorizados.

Ah, antes que me esqueça, Francesca passou por aqui para vê-la. Está também com muitas saudades. É espantoso como ela, na idade em que está, locomove-se como uma jovem de vinte e poucos anos, não? Isso só pode ser feitiço, bruxaria, magia negra ou qualquer coisa do gênero. Estou quase certa de que ela noutra vida se envolveu com bruxaria, pois só quem adquiriu prática com isso pode saber como manter uma mulher na idade dela com o vigor de uma adolescente.

Por falar em vidas passadas, estou certa, mais do que certa, de que Wanise e Álvaro são velhos conhecidos de outra reencarnação. Essa ideia me ocorreu assim que os vi lado a lado. Os dois formam um belo casal, você verá assim que voltar.

Volte logo, minha querida, e de preferência endinheirada, para você se dar uma vida mais digna, a vida que todos nós merecemos.

Com carinho

Mabelle Vanini

Heloise fechou a carta com o nome de Álvaro ecoando em sua cabeça.

– Que coincidência – murmurou, inquieta.

Voltou a sua lembrança o que Esperanza lhe contou certa vez:

Numa família e, muitas vezes, nos amigos mais próximos, os nomes se repetem. Se você pegar os nomes dos familiares de um marido e comparar com os da esposa, encontrará nomes iguais ou muito semelhantes bem como datas de aniversário iguais. No grupo de amigos, também observará a mesma coisa. Surpreendente, não?

Mais surpreendente é perceber, por meio da árvore genealógica de uma família, por meio dos sobrenomes dos casados, que esses sobrenomes já apareceram em antepassados. Isso nos faz perguntar: não serão as uniões do passado as mesmas que se unem no agora? Surpreendente, não?

– Sim – comentou Heloise consigo mesma – deveras surpreendente.

Seus pensamentos voltaram-se, então, para Wanise. Seu coração batia feliz por ela, agora, por saber que o amor havia chegado para ela de forma bonita e natural, de forma apaixonante.

Pensando no amor, seus pensamentos voltaram a ser ocupados pela ideia que há tempos vinha se manifestando no seu interior: a de procurar Álvaro, o seu Álvaro, e pedir-lhe uma segunda chance para ser feliz ao lado dele.

A pergunta que ecoou a seguir na mente de Heloise deixou-a estremecida:

Seria tarde demais para isso? Seria? Sim, seria. Álvaro já deveria estar casado havia muito tempo. Era melhor esquecer tudo o que dissesse respeito a uma reconciliação com ele, deixar o passado no seu devido lugar e viver apenas o presente, o que ele podia lhe dar.

Data marcada

Heloise acabava de entrar na casa onde vivia com Mabelle e Wanise Vanini. A jovem, ao vê-la, pôs no chão o que carregava nas mãos e correu ao seu encontro:

– Mimi! – exclamou, com alegria.

As duas se abraçaram fortemente.

– Que saudades! – murmurou Heloise, em meio ao abraço.

– Eu também estava morrendo de saudades, Mimi.

Heloise afastou-se da jovem, dizendo:

– Deixe-me ver você.

Olhou-a de cima abaixo e sorriu:

– Você está muito mais bonita, o amor está lhe fazendo muito bem.

– Então Mabelle já lhe contou. Queria fazer-lhe surpresa.

– Você conhece Mabelle. Seria a morte para ela ter de guardar esse segredo por tanto tempo.

– Seria, sem dúvida.

As duas calaram-se e ficaram a se admirar por instantes.

– Você precisa conhecê-lo, Mimi. Ele é um encanto.

– Estou ansiosa por conhecê-lo, muito ansiosa.

– Mabelle disse, não disse, que já marcamos a data do nosso casamento, não?

– Comentou *en passant*. Não acha que é cedo demais para isso?

– Não, Mimi, não acho. Gosto dele, gosto muito dele mesmo. Ele desperta coisas boas em mim quando fica ao meu lado. Ele faz com que eu me sinta como uma flor sendo despertada pela primavera. Mimi, ele é a primavera na minha vida. Uma primavera constante.

– E quanto à companhia de balé?

– Vou ter de abandoná-la por um tempo.

– Mas você gosta tanto de lá, batalhou tanto para chegar aonde chegou.

– Eu sei. Essa é a maior preocupação por parte dele. Não quer estragar meus planos em hipótese alguma, por isso insiste que moremos aqui em Paris.

– Ele não é daqui?

– Não.

– De onde é?

– Não sei bem ao certo.

– Não sabe. Quer se casar com um homem de cuja vida mal sabe.

– É tanta coisa, Mimi, tanta novidade, tanta informação, é muito para a minha cabeça. Perdoe-me por esse lapso, mas, assim que possível, perguntarei a ele novamente de qual cidade ele é.

Houve uma pausa expressiva até que Wanise perguntasse:

– E quanto às exposições de quadros? Como foi?

– Uma maravilha.

– Que bom, que bom, Mimi.

A jovem sorriu com ternura e acrescentou:

– Agora preciso ir. Combinamos de nos encontrar em frente ao Sena para irmos a Île de la Cité, à praça Parvis, *visitar* a catedral de Notre-Dame. Depois, jantaremos na Champs-Élysées. Hoje faz três meses que eu e Álvaro nos conhecemos, ou melhor, que o destino nos uniu. Vamos comemorar.

– Que bom, felicidades para vocês!

Wanise disse obrigada, deu um beijo em Heloise e saiu correndo para o seu quarto para se preparar para o banho, seguida por Jonas e Mildred.

– Jonas, Mildred – exclamou Heloise, ao reparar nos gatos. – Como estão passando meus fofos?

Os gatos, como que compreendendo a pergunta, soltaram um miado.

Heloise permaneceu na sala diante da janela que dava para o canto direito da casa, onde Félix, o gato, permanecia quase o dia todo flertando com a gata do vizinho. Ao vê-la se aproximar, o gato miou. Ela acariciou sua cabeça e procurou esvazias sua mente, tomada agora, novamente, por pensamentos confusos.

Wanise estava linda quando voltou à sala.

– O que achou, Mimi?

Heloise observou-a e um sorriso bonito tomou-lhe o rosto.

– Está linda! – exclamou, com satisfação.

– Estou, não estou? Acha que ele vai gostar?

– Não só ele como todos os homens que cruzarem o seu caminho.

Wanise sorriu. Foi até Heloise e a beijou carinhosamente no rosto.

– Preciso ir, senão vou chegar atrasada.

– Vá, querida. Vá.

Heloise acompanhou a jovem até a calçada, onde ela tomou uma linda carruagem puxada por dois vigorosos e reluzentes cavalos. Só voltou para dentro da casa quando o veículo saiu do seu campo de visão. Havia uma profunda ruga barrando-lhe a testa, quando ela se trancou na casa.

Minutos depois, Mabelle entrava pela porta da frente do sobrado onde vivia. Ao ver Heloise, correu ao seu encontro, abraçou-a e beijou-a calorosamente. Heloise, no minuto seguinte, deixou seu corpo cair no sofá e exclamou:

– Ufa, estou exausta!

Prestando maior atenção à amiga, Mabelle perguntou:

– O que há? Qual a razão por trás dessa ruga barrando-lhe a testa?

A resposta de Heloise não foi imediata. Levou algum tempo para que ela respondesse e, quando fez, foi num tom furtivo.

– Não sei dizer-lhe ao certo...

– Não? Como não? O que a preocupa?

Heloise tomou alguns minutos para responder, parecia estar escolhendo com cuidado quais palavras deveria usar para explicar à amiga o que a atormentava.

– Algo me incomodando, como um pingo d'água que cai no meio da noite silenciosa.

– É Wanise, não é? É ela quem está deixando você preocupada, não?

– É sim. Há pouco perguntei a ela de onde é o tal rapaz que a corteja e ela não soube me responder. Onde já se viu não saber? Como pode ela ter marcado um casamento assim tão rápido sem saber detalhes do rapaz com que ela vai se casar? Isso não é certo, não é seguro.

– Wanise sempre foi um pouco aérea para esse tipo de informação, você sabe.

Heloise bufou. Mabelle acrescentou:

– A propósito, Álvaro não é um rapaz.

Heloise voltou-se para a amiga num raio.

– Não é um rapaz? Como assim, não é um rapaz? Explique-se melhor.

Mabelle limpou a garganta e disse:

– Álvaro é um homem maduro, de cerca de quarenta anos, Mimi.

– Quarenta anos?!

– Sim. Não quis contar-lhe antes porque eu sabia que você não iria gostar.

– E não gostei mesmo, Mabelle. Onde já se viu Wanise se casar com um homem que tem idade para ser pai dela?!

– Eu tinha certeza de que você iria ficar uma fera quando soubesse desse pormenor.

– E fiquei mesmo, não é para menos.

– Acalme-se. Ele a ama, ela o ama. Onde há amor, não importam pormenores como a idade, por exemplo.

Heloise, subitamente, levou a mão à boca, enquanto seus olhos se arregalavam de uma forma assustadora.

– O que foi dessa vez? – perguntou Mabelle, estranhando a reação da amiga.

– Você já viu esse homem, não viu, Mabelle?

– Sim, vi. Já disse a você por carta que o vi.

– Como ele é. Descreva-o para mim, detalhadamente, por favor.

– Ora, trata-se de um homem muito bem apessoado. Ligeiramente alto, cabelo preto com bastantes fios grisalhos. Usa um belo cavanhaque que contrasta muito bem com as costeletas longas e bem amparadas. Veste-se impecavelmente bem e... é isso... Ah, usa um *pincenê*. Sem ele, duvido que enxergue alguma coisa nitidamente. Por que isso agora?

O olhar de Heloise respondeu por ela. Mabelle acrescentou:

– Você não está pensando que...

– Estou pensando exatamente isso.

– Impossível... Seria coincidência demais.

– O mundo parece ser cercado de coincidências, Mabelle. É você mesma quem diz.

– Verdade. Ainda assim duvido que o Álvaro de Wanise seja o seu Álvaro.

– E se for?

– E se for?

– Estarei perdida.

– Acalme-se, querida. Não soframos por antecipação. Não tiremos conclusões apressadas.

As horas se estenderam de forma dolorosa para Heloise. Disposta a ver, ainda que de longe, o homem com que Wanise estava prestes a se casar, quando ele viesse trazê-la de volta para a casa, Heloise permaneceu sentada junto à janela da casa.

Dito e feito. Álvaro acompanhou a noiva até sua casa aquela noite como de hábito. Assim que Heloise ouviu o barulho da carruagem parando em frente a casa, ela cuidadosamente espiou por entre as cortinas da janela.

Seu coração por pouco não parou ao ver que se tratava dele mesmo, do seu Álvaro, o homem que ela tanto amou e ainda amava, quem ainda era, por lei, seu marido.

Antes de Wanise entrar na casa, Álvaro tomou-lhe a mão e a beijou. Os dois tornaram a acenar um para o outro antes de ela atravessar a porta da casa.

– Wanise! – exclamou Mabelle, assim que a viu chegar.

– Mabelle! – exclamou a jovem, indo ao encontro da mulher esparramada no sofá. As duas trocaram beijos e caricias.

– Como foi a noite?

– Foi muito bem, eu e....

Wanise parou de falar assim que avistou Heloise descendo a escada.

– Mimi! – agitou-se ela.

Heloise estava séria, nunca ninguém ali a vira tão séria como ela se encontrava naquele momento.

– O que houve, Mimi?

– Mabelle, poderia nos deixar a sós? Quero falar com Wanise em particular.

A mulher fez uma careta maternal e disse:

– Está bem.

Assim que a amiga se retirou, Heloise foi direto ao assunto.

– Você não deve se casar com esse homem, Wanise.

– Não?! Como não?! Antes de eu sair, você estava tão empolgada com o nosso casamento. O que houve, o que mudou nas últimas horas?

– Até então eu não sabia que ele tinha o dobro da sua idade.

– Ah, foi isso, então? Qual o problema?

– O problema é que ele tem idade para ser seu pai.

– O que importa, nós nos amamos. E esse amor supera uma bobagem dessas, Mimi.

– Você está enganada.

O tom de voz de Heloise assustou a jovem.

– Eu nunca vi você assim, Mimi. Você também nunca falou assim tão rispidamente comigo como agora. Você deve estar cansada da viagem. Durma bem essa noite, amanhã conversamos. Boa-noite.

Heloise permaneceu em pé, mordendo os lábios até feri-los. Assim que Mabelle voltou à sala, ela foi logo perguntando:

– O que deu em você, Hannah?

– É ele, Mabelle. O homem com quem Wanise vai se casar é Álvaro, meu marido.

– Não pode ser?

– É.

– Agora entendo o porquê de você haver ficado desse jeito.

– Esse casamento não pode acontecer, Mabelle. Não pode!

– E como você pode impedir que ele não aconteça, Mimi? A não ser que procure seu marido e lhe diga toda a verdade.

– Eu jamais farei isso, Mabelle. Nunca!

– Não acha egoísta da sua parte? Se você não pretende voltar para o seu marido, por que não o deixa se casar com Wanise e serem felizes? Para que estragar a felicidade dos dois se você pretende continuar onde está...

Parecia que Heloise ia explodir. Conteve-se para não gritar. Por fim, disse em tom de desabafo:

– Acontece que Wanise é minha filha! Minha filha, Mabelle, esqueceu?!

– Eu sei.

– Como acha que estou me sentindo diante dessa situação?!

Mabelle ponderou por instantes, por fim abrandou a voz e disse:

– Heloise, responda-me com sinceridade. Você ainda ama esse homem? Se o ama, procure-o, esponha-lhe os fatos. Ele há de perdoar-lhe por ter feito o que fez e por ter ficado grávida de um outro homem logo depois de ter fingido sua morte.

– Você se engana, Mabelle. Conheço Álvaro muito bem. Ele nunca há de me perdoar. Especialmente por isso.

– As pessoas mudam ao longo dos anos, Heloise.

– As pessoas parecem mudar, Mabelle, mas as mudanças não passam de aparências.

– Você tem que decidir: procurar Álvaro e lhe dizer a verdade e, quem sabe assim, poder se reconciliar com ele, ou continuar omitindo dele a verdade e deixar que ele seja feliz ao lado de Wanise.

"Uma de vocês vai sair perdendo nessa história. Uma de vocês sairá ferida dessa história. Cabe a você decidir qual de vocês duas será ferida. A resposta está em suas mãos, Mimi."

Heloise sentou-se na pontinha do sofá e escondeu o rosto entre as mãos, num gesto desesperador. Mabelle pôs a mão no ombro da amiga e, com tato, disse:

– Repito o que disse: se você não pretende voltar para o seu marido, não é justo que estrague a felicidade de sua filha e a dele.

Reflita a respeito. Você tem bom senso, muito bom senso, que eu sei, e chegue a uma conclusão o mais rápido possível, pois o casamento dos dois está logo aí.

"De qualquer forma, se você preferir continuar omitindo dele a verdade, é melhor tomar um chá de sumiço. Cedo ou tarde, Wanise vai querer apresentar você a ele e contar-lhe que você é a sua verdadeira mãe."

Heloise prensou as duas mãos contra o rosto, enquanto dizia:

– Isso não podia ter acontecido, Mabelle. Não podia.

– O destino quis assim.

– Que se lasque o destino. Eu já estou farta dele. Farta!

– Infelizmente ou felizmente... *Ninguém desvia o destino.*

Capítulo 18

Heloise estava mais uma vez diante da filha para lhe falar:

– Wanise, preciso falar novamente com você.

– Sim, pode falar, Mimi. Estou à sua disposição.

– É sobre seu noivo.

– De novo?

– É preciso.

– Diga, o que é dessa vez?

– Você não pode se casar com ele, Wanise.

– Dê-me um bom motivo para eu não me casar com ele, Mimi?

– Além de ele ser bem mais velho que você, ele não me passa confiança.

– Não seja injusta, Mimi, você nem sequer o conhece.

– É uma questão de intuição, Wanise.

– Pois dessa vez sua intuição está errada, Mimi. Muito errada. Se é que alguma vez esteve certa.

– Sempre esteve certa.

– Espere conhecê-lo pessoalmente, depois você pode dar a sua opinião.

– Eu não quero conhecê-lo pessoalmente, Wanise.

– Por que não?

– Porque simplesmente não quero.

A jovem sentou-se na cadeira e bufou. A seguir, rompeu-se num desabafo:

– Durante toda vida, eu aceitei as esquisitices da senhora, sem fazer qualquer objeção ou pergunta. A senhora me pediu sempre para dizer aos outros que minha mãe era Mabelle e eu fiz o que a senhora me pediu. Nunca compreendi o porquê, a senhora tampouco me explicou seus motivos para levar adiante essa mentira. Eu apenas acatei o que me pediu, sem questioná-la.

"Conto a todos que meu pai mora na Dinamarca, teve um filho com sua segunda esposa, como a senhora sempre me pediu para contar para qualquer um que me perguntasse a respeito dele. Até para Álvaro eu contei essa mentira.

"Sinto orgulho de dizer que Mabelle é minha mãe, pois a estimo como uma mãe, como se ela fosse minha segunda mãe e a senhora sabe muito bem disso. No entanto, gostaria muito de falar sobre a senhora quando me perguntam. Falar sem restrições, como todo filho gosta de falar de seus pais.

"Pois bem, aceitei tudo o que me pediu sem contestar, para mim pouco importa quem foi meu pai, mas agora não vou aceitar que a senhora ou qualquer outra pessoa se intrometa na minha vida e, principalmente, se interponha entre mim e Álvaro. Não vou aceitar em hipótese alguma, Mimi.

"Não é direito ter minha felicidade estragada porque a senhora não simpatiza com o homem que me ama sem nunca ter sequer sido apresentada a ele. Serei eu quem vou viver com ele, não a senhora. Portanto, ele não precisa agradar à senhora cem por cento. Desculpe a franqueza, Mimi, mas a senhora está errada em relação ao que me pede."

– Você vai se arrepender, Wanise. Ouça bem o que eu lhe digo. Você vai se arrepender.

– Eu vou mais é ser feliz, Mimi, ou melhor, mamãe. Hei de ser muito feliz e a senhora, um dia, ainda vai me pedir desculpas por ter duvidado da sinceridade de Álvaro para comigo. A senhora está ressabiada porque está, na verdade, assustada com a ideia de me ver casada. Mas esse dia haveria de chegar, mamãe. Talvez tenha apenas chegado muito antes do que a senhora esperou, mas o que se há de fazer, a vida é assim mesmo, o amor não tem data para chegar, chega sem aviso. Quando nos damos por nós, já estamos apaixonados, não é mesmo?

A moça se pôs de pé.

– Eu preciso ir para o trabalho – acrescentou.

Wanise já atravessava a porta da casa, quando se voltou para Heloise e sugeriu:

– Que tal marcamos o encontro de vocês dois para o fim da tarde, mamãe?

– Não!

– Cedo ou tarde, a senhora vai ter de encontrá-lo. Esse encontro não poderá ser adiado por muito mais tempo.

Wanise sorriu para a mãe e acrescentou:

– Até à tarde, mamãe.

Em seguida, fechou a porta e partiu. Heloise sentiu mais uma vez o chão sumir debaixo de seus pés.

Mabelle estava mais uma vez de frente para a amiga, tentando contornar a situação delicada em que ela se encontrava.

– Você precisa aceitar os rumos que a vida tomou, Mimi. Será melhor para você, para todos nós.

– Nunca!

– O que deu em você agora, Mimi, teimosia nunca foi o seu forte.

– Repito o que disse para você: esse casamento não pode acontecer.

– Mas vai acontecer.

– Não vai. Nem que eu tenha de prender Wanise em algum canto do planeta para impedi-la de se casar com esse homem.

– Você não fará isso. Eu não vou permitir.

A voz de Heloise foi sombria ao perguntar:

– Você está se opondo a mim?

– Vou me opor sim, Mimi. Wanise é para mim como uma filha, uma filha adorada. E eu, ainda que seja uma mãe postiça, quero a felicidade dela como toda mãe quer a felicidade de seus filhos. Não vou aceitar que você estrague a felicidade dela por um capricho seu. Não vou não! Wanise não merece. Álvaro também não merece.

– Eu pensei que você fosse minha amiga.

– E sou.

– Não me parece mais.

– Sempre fui e continuarei a ser, Mimi.

– Então me ajude! Pelo amor de Deus, me ajude!

– Não, Mimi. Dessa vez, não! Ou você procura Álvaro e conversa com ele a respeito de tudo o que aconteceu, decida de uma vez o que quer fazer da sua vida com ele, ou não lhe diga nada e permita que ele seja feliz ao lado de Wanise.

"Se optar por lhe dizer a verdade e ele achar por bem voltar para você, é porque ainda a ama, ótimo, você também merece ser feliz ao lado dele. Se ele não quiser voltar para você, preferir se casar com sua filha, ótimo também, garantimos a felicidade dela. Como já a preveni, não há como terminar essa história sem que uma de vocês duas sofra.

"Qual de vocês duas irá sofrer, como já foi dito por mim, isso cabe a você decidir. A resposta continua em suas mãos.

"Quem diria, hein, que mãe e filha se apaixonariam pelo mesmo homem? Isso só serve para me fazer crer mais uma vez que a vida é realmente engraçada. Está sempre disposta a caçoar de nós, colocando as pessoas nas situações mais embaraçosas... Mas, como diz Esperanza, há sempre uma razão para que isso aconteça. A vida não dá ponto sem nó.

"Talvez fosse melhor você conversar com Esperanza. Pedir-lhe uma opinião quanto ao que deve fazer."

– É, talvez você tenha razão.

Houve uma pausa ligeira até que Mabelle perguntasse:

– Quer que eu vá chamá-la para vir aqui conversar com você ou prefere que eu a leve até lá?

– É melhor eu ir até ela. Pode deixar que irei sozinha.

Enquanto isso, Álvaro jantava com Wanise num luxuoso restaurante numa das avenidas mais belas de Paris.

– Você me parece preocupada, o que há? – perguntou ele, quando achou conveniente.

– É minha tia Mimi – explicou Wanise, com certa reserva. – Ela não está muito contente com o nosso casamento.

– Ora, por quê?

– Acha que sou muito nova para você.

– E eu muito velho para você.

– Sim.

– Eu sabia que alguém, cedo ou tarde, iria se incomodar com esse pormenor e acabar se opondo à nossa união.

– Tenho certeza de que, assim que você e minha tia se conhecerem, ela mudará de opinião.

– Você acha mesmo?

– Espero que sim.

– É importante para você que ela aceite o nosso casamento?

– Sim.

– Você deve gostar muito dela...

– Gosto mesmo. É como uma mãe para mim.

O tom de Wanise tornou-se mais sério a seguir.

– Álvaro...

– Diga, o que há?

– Será que não podemos adiantar a data do nosso casamento?

– Adiantar?

– Sim. O quanto antes. Sentir-me-ia mais tranqüila, se assim fosse. Assim, quando alguém me perguntasse a respeito ou criticasse a nossa união, eu diria: "agora é tarde, já estamos casados."

– Eu faço o que você quiser, Wanise.

– Jura?

– Sim. O que você quiser.

– Então, vamos adiantar o nosso casamento para daqui a dois dias. O que acha?

– Feito.

Horas depois, Heloise regressava para sua casa. Assim que entrou, Mabelle perguntou a ela:

– Conversou com Esperanza?

– Conversei.

– E daí? A que conclusão chegaram?

– A nenhuma. Nossa conversa só serviu para deixar a minha cabeça ainda mais embaralhada do que já estava.

– E agora?

– E agora eu estou me sentindo mais perdida do que amendoim em boca de banguelo.

Heloise deu uma pausa porque sua mente se tornou um caos. Mabelle aproveitou para dizer:

– Você terá de ir à Bélgica fazer mais uma exposição, não?

– Sim. Infelizmente.

– É bom que vá para que assim possa refletir melhor sobre a situação. Levará ainda um mês para que o casamento de Wanise e Álvaro aconteça. Nesse período, você poderá refletir melhor, não há motivos para tomar uma decisão tão rapidamente.

– É, talvez você tenha razão.

– Eu sempre tenho razão.

Heloise fez um gesto de risonha acolhida e disse:

– É melhor eu partir ainda hoje para a Bélgica. Assim, terei uma boa desculpa para adiar o meu encontro com Álvaro. Receio que Wanise não sossegará enquanto não me apresentar a ele.

Mabelle voltou os olhos para a janela e comentou:

– Por falar nos dois, eles acabam de chegar.

– Sério?! – alarmou-se Heloise. – Preciso me esconder.

– Vá para o seu quarto.

– Não. Wanise subirá até lá e insistirá para que eu desça. É melhor eu sair de casa pela porta dos fundos e voltar para cá somente quando a carruagem não estiver mais estacionada em frente a nossa casa.

– Então vá, que eles já estão subindo o lance de escadas que leva à porta.

Heloise saiu apressada da sala, alcançou a porta do fundo e por lá passou. Seu coração batia acelerado, suas mãos tremiam. Parecia à beira de uma síncope.

Ela ficou de longe, num lugar onde não pudesse ser vista, vigiando a casa para saber quando Álvaro partisse. Levou quase duas horas para que isso acontecesse. Sob a luz fraca da vela acesa no poste misturada à luz do luar, Heloise pôde ver, dessa vez com mais detalhes, quem Álvaro se tornara aos quarenta anos de idade. Seu coração bateu mais forte, da mesma forma que bateu quando ele tocou sua mão pela primeira vez. Ela ainda o amava, amava-o de paixão.

As palavras de Mabelle voltaram a ecoar na sua mente:

"Você tem que decidir: procurar Álvaro e lhe dizer a verdade e, quem sabe assim, poder se reconciliar com ele, ou continuar omitindo dele a verdade e deixar que ele seja feliz ao lado de Wanise.

"Uma de vocês vai sair perdendo nessa história. Uma de vocês sairá ferida dessa história. Cabe a você decidir qual de vocês duas será ferida. A resposta está em suas mãos, Mimi."

– Você está errada, Mabelle – murmurou Heloise para si mesma. – Essa história terminará com as duas sofrendo, um sofrimento que cairá sobre nós como um punhal.

Assim que Heloise entrou na casa, encontrou Wanise esperando por ela.

– Onde a senhora estava, Mimi? – perguntou a moça, jogando um olhar desconfiado sobre a mãe.

– Fui até a casa de dona Leopoldina.

– Que pena, trouxe Álvaro para a senhora conhecê-lo.

– É mesmo?

Heloise e Mabelle se entreolharam. Wanise acrescentou:

– Uma pena que a senhora não estava aqui. Mas amanhã a senhora não me escapa. Não saia de casa porque trarei Álvaro até aqui para que a senhora o conheça de uma vez por todas.

As duas mulheres tornaram a se entreolhar.

A noite seguiu para Heloise de forma caótica. Acordava a cada quinze, vinte minutos, respirando aflita. Então, ela se punha a orar, pois essa era a única forma de combater aquilo que tanto a atormentava.

Heloise partiu para a Bélgica na manhã do dia seguinte, logo após o café, com a doce ilusão de fugir do que o destino reservara para ela. Mas até onde pode alguém fugir do destino? O destino que no íntimo sua alma anseia por realizar.

Capítulo 19

A viagem de Heloise foi tão caótica quanto as noites que vinha passando recentemente. Havia uma angústia dominando o seu peito, querendo ser arrancada dali à força. Era algo capaz de deixá-la com falta de ar.

Nem bem ela se ajeitou no hotel, foi levada para a galeria onde seus quadros iriam ser expostos. Até o marchand* notou o esforço que Heloise estava fazendo para parecer natural.

– Está tudo bem com você? – perguntou o marchand. – Você me parece tão distante, tão agoniada.

Heloise ia responder, quando algo dentro dela pediu para que ela deixasse o local, apanhasse suas coisas no hotel e voltasse o quanto antes para Paris. E foi o que ela fez. Quanto ao porquê de ela estar tomando aquela atitude, ela prometeu dar as devidas explicações um dia quando estivesse em melhores condições psicológicas para isso.

A aflição acompanhou Heloise pela viagem toda de volta para Paris. Havia uma ansiedade desesperadora apunhalando o seu coração. E a terrível sensação de que não haveria tempo para ela reparar o mal que fizera e o mal maior que estava prestes a acontecer.

Heloise encontrou o sobrado germinado onde vivia com Mabelle e Wanise, vazio. O fato só serviu para piorar a sensação cada vez mais crescente de um perigo iminente.

Sem delongas, Heloise deixou a casa e foi até a vizinha. Diante dela, perguntou:

– Desculpe a amolação, mas a senhora sabe onde Mabelle foi?

**Marchand(e)* é um termo de origem francesa que designa o profissional que representa um artista e faz o intermédio comercial entre suas obras de arte e o mercado, as instituições públicas e privadas, museus e compradores.

– Para o casamento, Hannah.

– Casamento? Casamento de quem?

– Da filha. É hoje.

– Não senhora, está marcado para daqui a quatro semanas.

– A menina mudou a data.

– Mudou a data?

– Sim, ao menos foi o que a senhora Mabelle me contou. A jovem Wanise achou melhor antecipar o casamento... Ela não me disse bem ao certo o porquê...

– A senhora deve estar enganada.

– Não estou não. Se quer confirmar o que digo, vá até o cartório, é para lá que elas foram.

A mulher interrompeu-se para ajeitar seu decote, depois perguntou:

– É verdade que o futuro marido de Wanise tem quase o dobro da idade dela?

Heloise não respondeu à pergunta, saiu apressada, sem sequer se despedir da mulher. Entrou na casa voando, pegou sua bolsa e partiu em busca de uma carruagem.

– Até o cartório, por favor. O mais rápido possível. É urgente – disse ela, num fôlego só, para o cocheiro.

Heloise mal respirava tamanha aflição. Minutos depois, a carruagem puxada por dois cavalos vigorosos parava em frente ao cartório da cidade. Heloise estava trêmula e abatida, com a impressão de que iria desmaiar a qualquer momento, quando deixou o veículo.

Vanville, cocheiro de confiança de Álvaro há quase vinte anos, ao vê-la andando cambaleante, correu para ajudá-la.

– Com licença, madame. A senhora está bem? – perguntou. – Quer que eu a ampare até a porta.

Quando os olhos dele encontraram os dela, Vanville estremeceu.

– Meu Deus – murmurou, estupefato.

– Ajude-me a entrar, por favor...

– Sim senhora – respondeu o criado, trêmulo.

Assim que os dois se encontraram dentro do cartório, ela pediu ao gentil criado:

– Chame seu patrão, Vanville, por favor. Diga a ele para me encontrar aqui, por obséquio. Só não diga que sou eu quem espera por ele, por favor.

– Sim, madame.

O criado foi até a sala onde se encontravam Álvaro, Wanise e Mabelle. Pediu licença para falar com o patrão e passou o recado no seu ouvido. Álvaro achou estranho o pedido de seu fiel empregado, mas não manifestou sua estranheza. Apenas pediu licença às duas mulheres e deixou o recinto.

– Não devo me demorar – disse ele. – Volto já.

Álvaro seguiu o criado até a sala em questão. O criado voltou-se para ele e disse:

– Ali está ela, meu senhor, a mulher que quer lhe falar.

– Obrigado, Vanville.

– De nada, senhor.

Heloise encontrava-se no fundo da sala, virada de costas para Álvaro. Ele voltou-se para ela e disse:

– Pois não?

Seus olhos mal podiam acreditar, quando Heloise se voltou, ficando frente a frente com ele. Sua respiração cessou. O tempo pareceu cessar.

Capítulo 20

Heloise tinha os olhos injetados de sangue, o que mais impressionou e assustou Álvaro.

– V-você?!

Foi a única palavra que saltou à boca daquele homem em choque com a realidade.

Heloise tirou as luvas, enquanto mantinha sobre o marido, parado a poucos metros de distância dela, um olhar arguto.

Álvaro fez que não com a cabeça, devagar. Seus olhos estavam assustados. Em pânico, na verdade. Revelavam mais que qualquer palavra.

– Hannah Balzac – murmurou ele, atônito.

Ela negou com a cabeça.

– Não, Álvaro, não sou Hannah Balzac, sou apenas Heloise Cézanne.

Ele avaliou o rosto dela por instantes, antes de dizer:

– Então, você está viva, viva como eu sempre supus.

– Sim, Álvaro.

– Aquela mulher que conheci na Grécia, Hannah Balzac, era você, não era?

– Sim. Eu mesma.

O marido aprofundou seu olhar severo sobre a esposa.

– Por que, Heloise, por que fez tudo isso comigo?

Heloise procurou se manter firme, não queria, em hipótese alguma, demonstrar medo, mas seu esforço não foi o suficiente. Contra sua vontade, estremeceu. Ainda que trêmula, ela falou:

– Fiz o que fiz por amor, Álvaro, somente por amor.

– Amor? – ironizou Álvaro.

– Sim. Por amor...

Álvaro continuou imóvel durante quase um minuto antes de dizer:

– Você destruiu a minha vida. Acabou comigo.

– Eu só quis protegê-lo.

– Que modo estúpido de proteger quem se ama, não?

– Foi a única forma que encontrei. Tive tanto medo. Medo de que os meus pesadelos se tornassem reais. Era você que estava neles, Álvaro. Você me prendendo num sótão, impedindo-me de ver meu filho, acabando comigo, levando-me à morte. Era você, entende, agora? Você era o monstro que me perseguia nos meus pesadelos e nas minhas visões.

Ao ver sua própria imagem refletida nas pupilas negras do marido, que se contraíram lentamente, Heloise estremeceu.

– Você acha que eu faria alguma coisa de mau contra você, Heloise? Justo eu que a amava tanto.

– As pessoas se transformam, Álvaro. Quantos e quantos homens e mulheres que aparentavam ser tranquilos perderam o controle um dia e acabaram cometendo crimes bárbaros? Quantos?

– Por que você não me disse que era eu quem aparecia nos sonhos e visões que a perturbavam tanto?

– Porque você riria de mim. Você me acharia louca por pensar que você seria capaz de fazer alguma coisa contra mim.

Ele balançou a cabeça inconformado. Ela continuou:

– Hoje sei porque esses pesadelos me atormentavam tanto, é algo que descobri muitos anos depois, algo que talvez possa interessá-lo, tem a ver com o passado, com uma vida passada, para ser mais precisa. Uma vida onde vivemos e nos amamos e fomos separados por uma tragédia. As visões e pesadelos não eram fruto de uma premonição como pensei a princípio e sim lembranças dessa vida. Algo que talvez seja importante você tomar conhecimento, mas agora...

– Agora você voltou, justo agora, Heloise, por quê?

O silêncio caiu sobre os dois a seguir como um ar asfixiante. Álvaro tornou a perguntar:

– Heloise, por quê? Por que me procurou só agora? Vinte anos depois?

– Não tive escolha, Álvaro.

– Não teve escolha? Como assim, não teve escolha? Eu revirei a Europa a sua procura desde o momento em que suspeitei da sua farsa. Mas você se escondeu de mim como um rato se esconde nos bueiros de uma cidade. Eu esperei meses, anos a fio para encontrá-la até que cansei de esperar.

– Eu sinto muito.

Ela baixou os olhos.

– Espero que sinta realmente.

Quando ela levantou o rosto, exibia uma expressão de profundo abatimento. Os olhos do marido, no entanto, exibiam uma expressão de profundo desapontamento. Sem afastar os olhos dos de Heloise, Álvaro De Lucca tornou a perguntar:

– Por que voltou agora, Heloise? Por que justamente agora que eu finalmente consegui abrir meu coração para uma mulher, uma mulher que me deu coragem e estímulo para recomeçar a vida ao lado dela... Por que voltou só agora?

– Exatamente por esse motivo, Álvaro. Você não pode se casar.

Negando com a cabeça, ele afirmou com um ar feroz:

– Posso, sim. Para todo mundo você está morta, Heloise, morta. Sou viúvo há vinte longos anos.

– Você não pode.

– Nada vai me impedir de me casar com Wanise. Nem você que tanto amei.

– Você não pode se casar com essa moça, não deve...

– Vou me casar com ela, Heloise, queira você queira ou não e serei muito feliz ao lado dela.

– Não vai ser feliz, não vai.

– Vou sim. Está por acaso amaldiçoando o meu casamento?

– Não. Eu jamais faria isso. Eu quero a sua felicidade, eu juro.

– A minha felicidade é ao lado da jovem que está aguardando por mim na sala ao lado.

– Não é.

– É!

Ele suspirou pesadamente, franziu os lábios em desaprovação e, por fim, disse:

– Você chegou tarde demais, Heloise.

Heloise precisou de um momento para transformar seus pensamentos em palavras. No final, disse, simplesmente:

– Ela é minha filha, Álvaro...

Álvaro espantou-se com a dor repentina e aguda que aquela simples revelação lhe causou. Tão forte foi a sensação que ele levou a mão ao peito como se pudesse atravessá-lo e confortar seu órgão vital.

– Sim, Álvaro, Wanise é minha filha. Toda aquela história que ela conta a respeito dos pais é uma mentira que eu pedi a ela para contar, para impedir que você chegasse até nós.

Os olhos dele estavam perplexos, tomados de horror. Seus lábios, agora roxos e trêmulos, moveram-se sem nada dizer. O choque se espalhou por todo o seu corpo como se fosse uma onda.

Ele lançou-lhe um último olhar pesado, deu-lhe as costas e seguiu para a porta que dava acesso à sala.

– Álvaro. Por favor, escute-me! – berrou Heloise.

Álvaro ignorou suas palavras.

Ele parou no meio do corredor, bem no momento em que Wanise saía da outra sala para seguir rumo ao local onde seria realizada a cerimônia.

– Álvaro, está tudo bem? – perguntou a moça, diante da expressão aterrorizante que deformava a face do homem com quem estava prestes a se casar.

Foi nesse momento que a moça avistou a mãe entrando no corredor a passos lentos. Quando seus olhos se encontraram com os dela, Wanise assustou-se ao vê-los vermelhos e lacrimejantes.

– Mamãe?! – exclamou ela, com um riso nervoso. – A senhora veio.

Diante das palavras da jovem, Álvaro estremeceu. Voltou-se para Wanise e perguntou:

– Então ela é mesmo sua mãe?

– Sim – respondeu ela, com certa alegria. – É uma longa história, mas tenho certeza de que você compreendera após eu lhe dar as devidas explicações.

Álvaro voltou novamente os olhos para Heloise, depois para Wanise por duas, três vezes. Então, afastou-se da moça e escorou seu corpo contra a parede.

– O que houve? – preocupou-se Wanise, afligindo-se.

– Eu nem sei por onde começar... – respondeu ele, com certa rispidez.

– Você está me assustando, Álvaro – alarmou-se Wanise. – Por acaso você desistiu do nosso casamento?

– Não! – respondeu ele, tentando se controlar. – Não foi isso. É algo sobre meu passado, um fantasma...

– Você não está bem, Álvaro. É melhor sentar-se um pouco.

– Você tem razão.

Ele sentou-se num banco que havia próximo dali. Wanise sentou-se ao lado dele e o confortou, passando carinhosamente a mão por sobre seu braço.

Meio minuto depois, Álvaro De Lucca rompia-se num desabafo:

– Quando tudo parecia ter tido fim, quando eu pensei que poderia dar um novo começo à minha vida, tudo cai por terra.

– Eu estarei com você para o que der e vier, meu amor – acudiu Wanise, lacrimosa.

Ele engoliu seco, sorriu para ela, levantou-se e enxugou suas lágrimas, e num tom decidido disse:

– Vamos, Wanise, a cerimônia nos espera.

Ela levantou-se, pegou na sua mão e sorriu. Estavam prestes a deixar o corredor, quando a voz de Heloise ecoou pelo recinto:

– Álvaro.

Ele travou os passos, Wanise também.

– Álvaro – tornou Heloise com voz trepidante. – Ela é sua filha, Álvaro. Wanise é sua filha!

Ambos voltaram-se, olhando aterrorizados para a mulher que acabara de pronunciar aquelas palavras que atravessaram seus ouvidos como dois punhais a riscar-lhes a pele.

Mabelle, que acabara de chegar ao lugar, ficou em choque diante de tamanha revelação.

ᘐ Capítulo 21 ᘏ

Nenhum dos presentes ali lembrava de ter experimentado um sentimento como aquele antes, uma mistura cruel de prazer e tristeza. Enquanto Álvaro balançava a cabeça em sinal de discordância, Heloise reforçou o que havia dito:

– É isso mesmo o que você ouviu, Álvaro – assegurou ela em tom grave. – Wanise é sua filha.

E, voltando-se para Wanise, Heloise completou:

– E esse é seu pai, Wanise, o pai que você tanto quis conhecer.

Os grandes olhos castanhos da jovem piscaram aflitos. Seu mundo mergulhou na desolação e no pânico. Houve um silêncio desconfortável até que Wanise dissesse:

– A senhora não pode estar falando sério. Não pode.

Heloise foi categórica:

– Eu nunca fui de abrir minha boca para falar inverdades.

Os olhos de Wanise tornaram-se duros e frios.

– Não, a senhora está fora do seu juízo perfeito, só pode. Está inventado uma barbaridade dessas só para impedir o meu casamento, o qual a senhora desde o primeiro momento não quis que acontecesse.

– Falo a verdade, Wanise.

– Não, não fala não – revidou ela, balançando a cabeça, negando com veemência. – A senhora só pode estar louca!

Álvaro, que até então estivera contraído pelo choque, despertou e segurou a jovem:

– Calma – pediu ele, com ternura.

A moça começou a chorar. Álvaro a consolou em seu peito.

– Por que esta fazendo isso comigo, Mimi? Por quê?! – perguntava Wanise, em meio ao pranto.

– É uma longa história, filha – respondeu Heloise. – Uma longa história.

Álvaro agora se rendia ao choro, o choro que não podia conter mais dentro de si. Agora eram pai, filha e mãe a chorar copiosamente. Mabelle assistia a tudo, trêmula e boquiaberta. Nada os preparara para viver um momento tão delicado quanto aquele. Foi Heloise quem rompeu o silêncio minutos depois:

– Quando eu parti, quando eu forjei a minha morte – explicou ela, lentamente, escolhendo cada palavra – eu não sabia que estava grávida. Descobri pouco tempo depois... Era tarde demais para voltar atrás, para reverter o que eu havia feito.

Álvaro apertou-se ainda mais à filha. Por fim, entregou-a para os braços de Mabelle.

– A mamãe, Mabelle – disse Wanise entre lágrimas. – Ela ficou louca. Está dizendo que Álvaro é meu pai.

– Calma, querida. Sente-se aqui, venha.

Mabelle procurava acalmar a jovem, deslizando a mão por sobre seus cabelos.

– Chore, querida, pode chorar, dê vazão ao choro, isso lhe fará muito bem.

Álvaro voltou-se, então, para Heloise, mirando nela aqueles olhos molhados e desabafou:

– Como você pôde esconder de mim a minha filha por vinte anos? Por vinte longos anos, Heloise, como? Se nós não tivéssemos nos encontrado, eu jamais saberia que ela existia. Meu Deus, como você foi sórdida. Mesquinha. Ordinária. Você destruiu o nosso amor. Tudo aquilo que podíamos ter vivido de bom na vida você destruiu.

– Não, Álvaro.

Ele cortou o que ela dizia, erguendo a voz num tom brusco:

– Eu nunca vou lhe perdoar pelo que me fez, pelo que fez a mim e à minha filha. Nunca!

Heloise amparou-se contra a parede. Seu rosto pendeu para baixo, seu mundo pareceu mergulhar mais uma vez no pânico e na dor.

Álvaro se manteve em pé, parado, olhando para o nada, respirando como se tivesse ficado por tempo demais submerso na água.

O silêncio intoxicante foi quebrado minutos depois por Mabelle.

– Vocês estão todos nervosos, não é para menos. Procuremos, antes de dizer mais alguma coisa ou de pensar mais alguma coisa, pensar em Deus. Elevemos nossos pensamentos até Ele para que Ele, na sua bondade infinita, ilumine nossa alma nesse instante tomado de choque e de dor.

O silêncio se fez presente mais uma vez entre eles e foi Mabelle novamente quem o rompeu minutos depois. Ela voltou-se para Wanise e disse:

– Querida.

A jovem manteve-se cabisbaixa, chorando, agoniada.

– Olhe para mim, meu bem, por favor.

A jovem, ainda que com muita dificuldade, olhou para a mulher. Mabelle pegou delicadamente no seu queixo e disse:

– Para tornar tudo isso menos difícil de ser encarado, você precisa ver o lado bom em toda essa história, meu amor. Você, finalmente, encontrou o pai que tanto queria conhecer. E ele é um homem maravilhoso, de um caráter sem igual.

Voltando-se para Álvaro, Mabelle acrescentou:

– E você, Álvaro, descobriu que tem uma filha linda, de coração e caráter maravilhoso semelhante ao do pai. Ainda que o tempo tenha distanciado vocês dois, a vida os reuniu, o que nos leva a perceber, com clareza infinita, que há, de fato, uma inteligência, uma força por trás das nossas vidas, uma força invisível, procurando nos ajudar quando é preciso. Essa força é Deus.

Álvaro voltou-se para ela, olhos vermelhos e lacrimejantes. Seu rosto, até então enviesado pelo choque e pela dor, deu os primeiros sinais de trégua.

– Tenho razão ou não tenho? – indagou Mabelle, com ternura.

Álvaro não respondeu, apenas debruçou seu olhar sobre a filha que tanto quisera ter com a mulher que amou desde o primeiro momento em que a viu: Heloise Cézanne. Que desde o primeiro instante lhe deu a sensação de conhecê-la de longa data. De saberem pormenores de um e de outro com precisão incrível.

No minuto seguinte, Mabelle procurou ajudar sua amada Wanise a se levantar.

– Isso, minha querida, levante-se, olhe para mim, isso, com aqueles olhos seus que sempre me encantaram.

Wanise acabou atendendo ao pedido daquela que tinha como sendo sua segunda mãe. Deu-lhe um sorriso triste e compreensivo.

– Isso, meu bem, olhe para mim – reforçou Mabelle, emocionada.

A mulher enxugou o rosto da jovem, riscado de tanto chorar, com um lenço e falou:

– Agora, olhe para o seu pai. Olhem um para o outro – aconselhou Mabelle. – Admirem-se. Sintam na alma a alegria de poderem estar juntos.

Os belos olhos de Álvaro, aqueles belos olhos marcados pela compaixão, estavam agora concentrados na filha, olhando para ela com encanto e admiração.

Seu queixo tremia, enquanto ele mordia os lábios, tentando conter o pranto que queria explodir mais uma vez do seu interior.

Álvaro começou então a ver Wanise sob um novo prisma, compreender agora a razão de ver nela um encanto que jamais vira em outra mulher. Desde o primeiro instante em que a viu, ele a sentiu com os olhos da alma, da alma que tudo vê e tudo sabe muito além do que a consciência julga saber.

Wanise procurou encará-lo. Ainda que com dificuldades, conseguiu. Quando os olhos de pai e filha se encontraram, uma onda de calor ecoou pelo interior de seus corpos, calor jamais sentido até então.

Um leve sorriso insinuou-se na face daquele homem bonito no minuto seguinte e o sorriso veio para ficar. Era um legítimo sorriso de satisfação, alegria e realização.

Lágrimas e mais lágrimas ainda escorriam dos olhos adoráveis de Wanise. Eram lágrimas agora de emoção.

Álvaro foi até ela, pegou no queixo da filha com delicadeza, admirou seus olhos e, por fim, disse:

– Eu sinto orgulho, muito orgulho de ser seu pai, Wanise. Você é uma jovem formidável, infinitamente formidável.

As palavras dele tiraram mais lágrimas dos olhos da moça. Então, subitamente, ela se jogou nos braços dele, abraçando-o forte e desesperadamente. Ele retribuía o abraço, procurando derramar sobre a filha o amor que reservara a vida toda para um filho que tanto quis ter e chegou a pensar que nunca teria.

Mabelle voltou-se, então, para Heloise, mas ela já não se encontrava mais na sala, havia saído sem que ninguém notasse.

Somente quando pai e filha se desvencilharam um do braço do outro é que Mabelle voltou a falar:

– É melhor irmos para casa comer alguma coisa, acompanhado por um chá saboroso e fumegante.

Só nesse momento é que Álvaro percebeu que Heloise não se encontrava mais presente no recinto.

– Heloise se foi – disse Mabelle, com certo pesar. – Só peço a vocês que não a julguem, não antes de saberem exatamente o que a levou fazer tudo o que fez.

Álvaro respirou fundo. Wanise perguntou a seguir:

– A senhora sabe a razão de mamãe ter feito tudo o que fez?

– Sei, mas não sou eu quem vai explicar para vocês, é uma outra pessoa. O nome dela é Esperanza.

– Tia Esperanza?

– Sim. Ela é a única que pode ajudá-los a compreender realmente tudo o que se passou.

Assim que os três ganharam a rua, Álvaro inspirou e comentou:

– Até o ar me parece agora diferente, mais puro e rarefeito.

Os três entraram na carruagem e partiram.

Esperanza recebeu a todos com uma alegria que parecia ser mais constante na sua vida que sua própria sombra. A seguir, Mabelle explicou a ela o que ocorrera havia pouco.

Esperanza reconheceu Álvaro no mesmo instante. Ele também se lembrou dela.

– Eu já esperava por isso, meus filhos – comentou a simpática mulher. – Eu sabia, sempre soube que, cedo ou tarde, a vida uniria vocês dois, porque ninguém desvia o destino. Ninguém.

"Os pesadelos e visões que atormentavam tanto sua esposa no passado eram com o senhor. Era o senhor e não um monstro que ela via levando-a à morte. Ela só dizia ser um monstro para não ofendê-lo. Daí a razão para Heloise ficar tão atormentada.

Não é para menos. Coloque-se na pele dela. Como se sentiria, se visse, repetidas vezes, o homem que tanto amava levando-o à morte? Seria péssimo, não?

“Heloise acreditou, como muitos acreditam, diante de visões e pesadelos que se repetem, que eles se tratavam de uma premonição. Um aviso do Além para que ela se precavesse e evitasse o que iria acontecer com ela no futuro. No entanto, tais visões e pesadelos nada mais eram que lembranças do que ela vivera ao lado do senhor numa vida passada.

“Isso acontece com muitas pessoas, elas têm visões e sonhos que pensam tratar-se de uma premonição, mas, na verdade, o que veem nada mais é do que cenas, fragmentos do que viveram em vidas passadas. Logicamente, isso deixa as pessoas muito confusas e, por isso, é preciso tomar conhecimento de que vivemos um processo de reencarnações. O espírito vem ao longo do tempo atravessando vidas com o propósito de evoluir.

“Pois bem, receosa de que os pesadelos e visões se tornassem realidade, Heloise pensou imensamente em fugir, não só para se proteger, mas para proteger o senhor, pois caso realmente tentasse alguma coisa contra ela, o senhor também sofreria consequências graves pelo ato. E Heloise o amava, o amava mais que tudo, ou melhor, ainda o ama, e foi por isso que ela fez o que fez. Para se proteger e protegê-lo. Se bem que, a meu ver, proteger o senhor era o que tinha mais importância para ela.

“Não foi Heloise quem planejou a farsa, foi um homem, de cujo nome não me recordo. E ela acabou aceitando sua sugestão. Estou quase certa de que esse homem tinha uma grande dívida para com Heloise, dívida que teve origem em uma vida passada, e sua ajuda foi a forma que ele, inconscientemente, encontrou para saldá-la. Ele deve ter lhe feito alguma coisa muito má no passado.

“Eu vivi com Heloise durante muitos anos, acompanhei de perto o seu drama. Eu, mais do que ninguém, sei o que ela passou. Não foi fácil. Acho que ela jamais fez ideia do que teria de passar concordando em fazer a farsa. Foi um choque para ela a realidade que se descortinou diante de seus olhos depois que ela se viu longe do senhor, tida como morta. Foi um choque ainda maior descobrir que estava grávida e não poder voltar atrás."

– Ela deveria ter me procurado – observou Álvaro.

– Ela era uma mulher apavorada. Seu maior medo era ir parar no hospital para doentes mentais. E sorte dela que não foi, pois teria perdido o bebê, não só por desgosto, mas pelo modo estúpido com que eles tratam os pacientes. O senhor não faz ideia do que ocorre por lá, especialmente naquele lugar onde o senhor pretendia interná-la na época. O médico diretor do hospital é um demônio. Sua intenção não era das melhores para com sua esposa. Acredite-me.

O remorso transpareceu imediatamente no rosto de Álvaro. Ele pareceu recuar na cadeira antes de perguntar:

– A senhora falou sobre uma vida passada, o que me levou a prender Heloise num quarto, levá-la indiretamente à morte?

– Estou quase certa de que tudo isso aconteceu durante a Inquisição, por volta do século dezesseis, quando bruxas, pagãos, judeus, entre outros, eram queimados vivos na fogueira por heresia. O senhor deve tê-la prendido no quarto por medo de que ela estivesse envolvida com bruxaria. Foi de certa forma o modo que o senhor encontrou para protegê-la, bem como seu filho, ou filhos que teve com ela na época.

– Curioso! – exclamou Álvaro, fitando Esperanza com espanto –, desde menino eu sempre tive muita pena daqueles que morreram nas mãos dos inquisidores, principalmente, das mulheres que foram queimadas vivas em fogueiras por terem sido consideradas heréticas.

– O senhor – prosseguiu Esperanza – deve ter certamente descoberto mais tarde, depois da morte de sua esposa naquela reencarnação, a podridão que existia por trás da Inquisição e se revoltou contra eles. É por isso que, desde menino, o senhor sente pena das pessoas envolvidas nesse período negro de nossa história. É por meio da pena, revolta, admiração com um período histórico que localizamos os lugares onde vivemos em outras reencarnações.

O rosto de Álvaro turvou-se a seguir. Ele suspirou fundo e expirou lentamente antes de comentar:

– Ainda assim não sei se acredito nisso tudo, para mim tudo isso não passa de uma tremenda coincidência.

– Não importa se o senhor acredita ou não no que lhe aconteceu bem como a sua esposa e seu filho, ou filhos, numa vida passada. Só não permita que o desamor brote em seu coração e continue separando você de sua esposa.

Álvaro olhou Esperanza com mais atenção. A mulher acrescentou:

– Heloise ainda o ama, nunca deixou de amá-lo e respeitá-lo.

E voltando-se para Wanise acrescentou:

– Ela também a ama muito, Wanise, você sabe disso.

Filha e pai se entreolharam. Álvaro perguntou a seguir:

– Quer dizer, então, que o que se faz noutra vida se reflete nessa vida atual?

– Sim. As recompensas pelo que se faz no passado, noutra vida, acompanham o espírito onde quer que ele reencarne. O mesmo vale para as consequências de seus atos maus e ignorantes.

"Há uma grande diferença no que diz respeito a atos maus e ignorantes. Os atos ignorantes são aqueles cometidos realmente por ignorância, por não se ter tido, na época, condições intelectuais para perceber que o que se pensava e fazia era errado, fruto de ignorância. Os atos cometidos por ignorância têm um peso mais brando na vida do espírito.

"Os atos maus têm um peso bem diferente. Os atos maus são aqueles que a pessoa tem consciência de que esses atos vão ferir o próximo ou a si mesmo, por tanto um quanto o outro em desalinho com a harmonia e, mesmo assim, os põe em prática. Esses atos são nocivos para o espírito e pesam de forma assustadora sobre sua evolução.

"Um bispo, por exemplo, que viveu durante a Inquisição, que se aproveitou dela para alcançar seus objetivos, fazer mal a pessoas com quem não simpatizava, estava cometendo um ato mau e não ignorante.

"Se ele sabia, no íntimo, que a Inquisição estava errada, que não era certo queimar pessoas na fogueira por bruxaria e, mesmo assim, insistia em querer mandá-las para a fogueira, também praticava um ato mau.

"No entanto, aquele que se viu obrigado a acatar ordens por imposição da lei da época, por imposição de seus superiores, tem um peso mais brando, pois o pobre coitado não tinha escolha: ou fazia seu trabalho, ou era demitido.

"Todavia, aquele que se rebelou contra o sistema da época e deu um jeito de suavizar ou ajudar os condenados injustamente suaviza o peso sobre o espírito.

"Por isso devemos procurar elevar nossos pensamentos a Deus, pedir-lhe lucidez e tudo que possa haver de melhor no universo para que possamos ver tudo com maior clareza e na clareza cometer menos bobagens, menos atos maus e ignorantes. Na lucidez, podemos refletir melhor sobre tudo e sobre todos. A lucidez é uma bênção, pois nada facilita mais a existência do que viver sob estado de lucidez.

"Isso explica por que é importante também para todos nós conversar com Deus. Tirar pelo menos um minuto do dia para perguntar a Ele:

"O que estou precisando aprender? Mostre-me!

"O que venho fazendo da minha vida é o melhor para mim? Revele-me!

"Os valores que possuo são os valores condizentes com a espiritualidade, o equilíbrio, a paz interior e exterior? Ilumine-me!

"Quanto mais uma pessoa se permite clarear suas ideias, tomar conhecimento do que é melhor para ela, o que há de melhor para a vida, melhor ela se dá com a vida. Menos atos ignorantes comete, menos atos maus realiza.

"Vale lembrar que Deus não julga ninguém. Somos nós que julgamos a nós próprios assim que recebemos de volta aquilo que fazemos para o próximo. Ao recebermos as conseqüências de nossos atos, podemos refletir melhor, sentir na alma e registrar também na alma se vale a pena sermos de uma determinada forma ou não.

"É o mesmo que estarmos dentro de uma piscina ou de um lago. Conforme movimentamos a mão debaixo da água, movimentamos a água, criamos uma pressão dentro dela. E essa pressão vai até a margem e volta para nós."

Esperanza tomou ar antes de completar:

– Foi por justiça que Deus criou o processo de reencarnação. Se Ele não concedesse às milhares de pessoas que morreram injustamente uma nova vida, não haveria justiça divina. Seria o mesmo que privilegiar uns e outros não. Os aprendizados da vida também de nada nos serviriam.

Esperanza fez uma breve pausa antes de acrescentar:

– Há pouco falei de um filho ou filhos que você e Heloise tiveram na outra vida. Não sei bem ao certo quantos foram, mas sei que um deles prometeu que haveria de unir o pai e a mãe um dia Além da vida e é exatamente o que você fez, Wanise, foi você quem uniu novamente seu pai à sua mãe.

Os olhos da jovem se encheram d'água. Com voz embargada Wanise perguntou:

– Como a senhora pode saber disso tudo?

– Um amigo espiritual me contou certo dia. Contou-me também que eu vivi na mesma época. E era amiga de Heloise e indiretamente do seu pai. Eu fui uma das muitas mulheres queimadas vivas na fogueira, impedida de viver uma vida gozando da alegre companhia dos filhos e do marido que eu poderia ter tido. Impedida, enfim, de viver meu grande amor.

"O homem por quem me apaixonei na época era padre. Tanto ele como eu sofremos por termos nos apaixonado um pelo outro e por termos sido separados por minha condenação.

"Soube, também, que meu irmão nessa época morreu jovem, na tentativa de me proteger. Com isso, perdeu a alegria de viver ao lado da esposa e dos filhos. Uma injustiça...

"Mas Deus, na sua infinita bondade, nos uniu novamente, todos numa vida futura, a que tivemos após aquela em que sofremos os horrores da Inquisição. Todos os meus entes queridos estão comigo nessa vida atual também, cada um procurando ajudar o outro a evoluir onde for preciso. É assim com todos.

"Segundo o meu amigo espiritual, o senhor, Heloise e Wanise também já viveram uma vida depois daquela cuja tragédia os separou. Mas nessa vida em questão, o medo, as consequências da vida anterior mantiveram-nos separados um do outro, com a sensação de que havia alguém para encontrar, mas esse encontro nunca podia ser realizado.

"Os traumas causam danos profundos à alma. É necessário muito trabalho espiritual para se libertar deles. É isso o que vocês terão de fazer agora para se libertar do que aconteceu até o dia de hoje na vida de vocês.

"Heloise talvez não mereça o perdão de vocês, mas a compreensão, sim."

Houve um minuto de silêncio e introspecção até que Wanise perguntasse:

– O que houve com esses padres e bispos que fizeram tanta maldade no passado?

– Eles reencarnaram, recebendo as consequências por seus atos. Não que elas sejam recebidas para judiar deles, não é essa a razão pela lei da vida se fazer assim. Elas vêm para o seu crescimento espiritual, porque o crescimento torna a todos mais felizes e felicidade é o que Deus quer para todos, porque quanto mais pessoas felizes existirem no planeta, melhor será o planeta; quanto mais espíritos aprenderem a ser felizes no universo, melhor será o universo. Felicidade e amor são sinônimos. Quem sabe amar sabe ser feliz. Quem não sabe amar tem dificuldades para ser feliz.

– A senhora, por acaso, encontrou com algum de seus algozes ao longo de sua vida? Reconheceu algum deles?

– Muitos. Qualquer um pode perceber quem teve contato consigo numa outra vida. Basta observar as sensações que aparecem quando se encontram diante das pessoas. Aquelas com quem criamos profundos laços de amizade e afeto provocam em nós uma sensação gostosa de paz e amor. Logo nos sentimos velhos conhecidos. Sabemos o gosto e o jeito delas por intuição, de forma natural.

"Aqueles com os quais não simpatizamos, que só de olhar sentimos algo estranho ecoar no nosso interior, uma onda fria e desagradável, com certeza, não nos foram simpáticos em contatos anteriores em vidas passadas.

Wanise fez sinal de compreensão. Esperanza prosseguiu:

– Ainda que alguém nos tenha feito muito mal, precisamos pedir a Deus que ilumine essa pessoa. Porque essa pessoa pode ser, muitas vezes, um espírito fraco, dominado por espíritos tão fracos quanto ele, que não se permitem reconhecer que estão errados quanto às atitudes que tomam, que sua visão de vida e comportamento é ignorante, estreita, limitada, mesquinha e anti próspera.

"São espíritos dignos de pena, ou melhor, de muita ajuda espiritual, para que possam se desapegar de instintos bestiais e parem, assim, de fazer mal ao próximo e a si mesmos.

"São, na verdade, espíritos muito infelizes com algo e por isso querem deixar seus semelhantes infelizes.

"Muitos desses espíritos até percebem que suas atitudes são desrespeitosas para consigo mesmo e para com o próximo e até mesmo para com Deus, mas não mudam uma vírgula porque lhes fere o ego. São espíritos vaidosos e egocêntricos, da pior forma que pode existir na face do universo.

"Daí a importância de pedir a Deus por suas almas, que lhes encaminhe lucidez. Não dá para fechar os olhos e fingir que eles não existem, existem, sim, e estão ao nosso redor, visíveis ou não, e toda proteção divina é bem-vinda para ambas as partes."

Todos se despediram. Antes de partir, Esperanza tornou a repetir para Álvaro:

– Heloise talvez não mereça o perdão de vocês, mas a compreensão, sim.

Álvaro acolheu o lembrete sem se manifestar. Pouco depois, enquanto a carruagem seguia para a casa de Wanise e Mabelle, Wanise voltou-se para o pai e perguntou:

– E agora, papai?

Não houve resposta por parte de Álvaro, ele apenas entrelaçou sua mão na da filha e apertou carinhosamente.

Ela sorriu singela e comovida. Álvaro, então, disse:

– Preciso de um tempo para refletir, Wanise.

– Tempo? Mais tempo?

O pai se espantou com a reação da filha. Os dois ficaram se olhando, olhos nos olhos, até ele dizer:

– Você tem razão, filha. Não é justo dar mais tempo ao tempo. Perder mais tempo. O que deve ser encarado, o que deve ser feito, o que deve ser transcendido, explicado, esclarecido, superado não deve ser retardado. Ninguém mais do que nós sabe o quanto isso é verdade.

– Você, então, falará com mamãe? Diga que sim, papai, por favor. Vocês não merecem mais sofrer pelo que ficou para trás.

– Você tem razão, filha. Toda razão.

– É tão bom ouvir meu pai me chamar de filha.

– E é tão bom ouvir minha filha chamar-me de pai.

Ele beijou a testa dela com carinho e sorriu. Ambos sorriram, cheios de afeto e amor.

Mabelle prestava atenção aos dois com os olhos cada vez mais lacrimejantes.

Abaixo a conexão entre os integrantes dessa história com os fatos vividos durante o período da Inquisição.

Álvaro De Lucca ....Dante Scianna
Heloise Césanne ....Valeska Botticelli Scianna
Wanise Vanini ....Benito Botticelli Scianna
Esperanza Patelli...Miscia Nollan
Cassiano Patelli...Maurílio Poussin (padre)
Mabelle...Hara Greco (criada dos Scianna)
Aymeric Cézanne............................... (Irmão querido de Valeska)
Mirelle..............................(Esposa querida de Aymeric noutra vida)
Lizandra (filha de Aymeric e Mirelle)...........(Filha querida do casal em outra reencarnação)
Alba Cézanne (mãe de Heloise)...........(Mãe de Valeska. Foi altamente a favor da Inquisição)
Hipólito Cézane (pai de Heloise).........(Pai de Valeska. Também a favor da Inquisição).
Enzo Fávero...(Pau mandado do bispo Mauriac Hermant. Teve chance de poupar muitas vidas e não fez, mesmo sabendo que deveria).
Abel Goldfarb...................................Inquisidor. Perseguiu muitas crianças. Arrependeu-se de seus atos cruéis e imorais anos antes de seu desencarne.

Yasmine (Uma das bailarinas de maior destaque da companhia de balé de Paris.)................................... Juliette Vartaniam (menina assassinada pelo padre Harold Vieira, durante a Inquisição)

Diretora da companía de balé................................Samara Rowland (Moça que foi acusada de ter matado a menina Juliette por meio da bruxaria e que morreu durante a tortura para que confessasse.)

Vanville (Cocheiro).........................Demetrio Giordani (amigo de Dante Scianna).

André D'Elia (Pintor)...............................Uma das almas que mais protegeu seus semelhantes durante o auge da carnificina provocada pela inquisição.

Mauriac Hermant (o bispo da cidade de Scianna durante o período da Inquisição) um dos muitos pacientes tido como doente mental tratado pela clínica do Doutor Furmanovitch. Seus tormentos, na verdade, são reflexos de outra vida. Ainda assim, foi tomado por louco pela família e pelo médico que o submeteu a toda espécie de experiência com choques para a cura da loucura.

Doutor Furmanovitch (dono da clínica para doentes mentais)...................................um dos carrascos da Inquisição cuja dor nem o amor foi capaz, até o momento, de fazê-lo mudar suas atitudes para com o próximo e para consigo mesmo.

ꕤ Capítulo 22 ꕤ

Wanise e Mabelle encontraram o sobrado onde viviam vazio, sem sinal algum de Heloise.

– Mabelle – exclamou Wanise, descendo a escada, aflita. – Mimi também não está na parte de cima do sobrado.

Mabelle, desconsolada, deixou seu corpo sentar-se no sofá.

– Pobrezinha – desabafou. – O baque com a realidade deve tê-la deixado ainda mais assustada e amedrontada.

Wanise sentou-se ao lado da mulher e massageou seu braço.

– Não deve estar sendo fácil para a mamãe – desabafou a jovem.

O silêncio tomou conta do lugar a seguir. Álvaro permaneceu calado por alguns instantes, procurando pôr seus pensamentos e seu coração, que desde toda descoberta parecia fora do compasso, em ordem. Por fim, perguntou:

– Para onde ela iria diante de uma situação dessas?

A pergunta pegou as duas mulheres de surpresa. Ele insistiu:

– Deve haver um lugar para onde ela iria diante de um imprevisto como este, não?

Mabelle e Wanise se entreolharam, pensativas. Mabelle perguntou a seguir:

– Um lugar especifico, você quer dizer?

– Sim.

– Não creio que haja esse lugar...

– Ela pode estar em qualquer lugar – opinou Wanise,

Álvaro crispou as mãos num gesto nervoso.

O silêncio dominou a sala novamente. Mas foi breve, logo Mabelle o rompeu dizendo:

– A morada dos anjos...

– Morada dos anjos? – espantou-se Wanise.

– Sim. É o lugar predileto de Heloise. O lugar a que ela sempre ia toda vez que se sentia triste e confusa... Sim, é claro, ela deve ter ido para lá... só pode.

– E onde é esse lugar, Mabelle? – agitou-se Wanise.

O desapontamento no rosto da mulher foi notável. Com pesar, ela respondeu:

– Infelizmente, não sei. Heloise nunca me disse onde ficava. Quando lhe perguntava, ela dizia que era um segredo seu. Seu esconderijo.

– Eu nunca ouvi falar de um lugar com esse nome pelas redondezas – lamentou Wanise, repassando em memória os nomes dos lugares que cercavam Paris.

– Talvez o lugar tenha outro nome – opinou Mabelle. – "Morada dos anjos" é um apelido que ela deu para o lugar.

– Talvez...

Quando as duas mulheres voltaram os olhos para Álvaro, seu rosto estava mais sereno e seus olhos brilhavam intensamente. Elas iam lhe perguntar alguma coisa, mas ele as interrompeu, dizendo:

– Preciso ir. Não se preocupem. Trarei Heloise comigo quando voltar.

Wanise levantou-se do sofá num salto:

– O senhor sabe onde fica a "morada dos anjos"?

– Sei sim. Pois fui eu mesmo quem, de certa forma, batizou o lugar com esse nome.

Sem mais delongas, Álvaro De Lucca deixou o sobrado germinado, tomou a carruagem e partiu.

Côte D' Azur, sul da França, início do verão de 1832

O Mar Mediterrâneo continuava na sua placidez de sempre, iluminando os olhos e o interior de todo aquele que parasse para admirá-lo.

Havia uma mulher de cabelos longos a se agitar com a leve brisa que vinha do mar. Seus olhos estavam concentrados no ponto em que o oceano se junta com o céu, tornando-se, praticamente, uma coisa só. Havia lágrimas a escorrer daqueles belos olhos marejados pela tristeza e pela melancolia. O coração dela também parecia chorar naquele momento e batia ora no ar, ora na terra, ora no mar, em qualquer lugar que não fosse seu peito, procurando amparo e compaixão que ela, na sua doce ilusão, acreditava ser impossível de se dar.

Voltou a sua lembrança uma frase:

Quem não ama demais não ama o bastante.(1)

A seguir outra:

Não há amor sem coragem e não há coragem sem amor.(2)

Outras vieram a seguir:

Pagai o mal com o bem, porque o amor é vitorioso no ataque e invulnerável na defesa.(3)

Bondade é amar as pessoas mais do que elas merecem.(4)

O amor e como fogo: para que dure, é preciso alimentá-lo.(5)

Heloise concordava com todas elas. A seguir, ela se ouviu dizendo:

Só mesmo o tempo pode revelar a eternidade das paixões...

Só mesmo o tempo pode acalentar dois corações apaixonados...

Só mesmo o tempo pode unir tudo o que se desuniu com o tempo...

Outras verdades, considerou-as, Heloise em silêncio.

Álvaro De Lucca seguia para o mesmo local onde a esposa se encontrava, caminhando a passos lentos e concentrados. Quando ele avistou a silhueta dela contra o sol que seguia naquele instante para o horizonte, seu coração acelerou mais um pouco.

Heloise pareceu não notar sua aproximação. Se notou, não quis mostrar que notara. Ficou prostrada na mesma posição, feito uma estátua.

Ele aproximou-se dela, parou a poucos metros de distância e disse seu nome, numa voz embargada:

– Heloise.

Ela não respondeu, permaneceu olhando fixamente para o Mediterrâneo. Álvaro, então, tirou a cartola, baixou os olhos e

---

(1) (Bussy Rabutin) (2) (Rollo May) (3) (Lao-Tsé) (4) (Joseph Joubert) (5) (La Rochefoucauld)

aguardou alguns minutos em silêncio. Um silêncio profundo, onde era possível ouvir até mesmo as ondas do mar estourando na praia, ao longe.

Por fim, ele ergueu a cabeça e voltou a olhar para ela, com os olhos cheios d'água. Uma vontade enorme de chorar dilacerava seu peito. No entanto, ele inspirou o ar para se controlar e poder dizer alguma coisa para ela, algo necessário e verdadeiro, que traduzisse o que realmente se passava em seu coração naquele instante.

– Era para o horizonte – disse ele, por fim, com certa trepidação na voz –, era para o horizonte que eu olhava toda vez que a saudade de você batia dentro de mim, Heloise.

Ela manteve-se calada, sem mover um músculo. Ele aguardou alguns segundos antes de acrescentar:

– Nesses vinte anos que nos separaram, eu estive de certa forma o tempo todo junto de você, pois meus pensamentos estavam sempre voltados para você.

Ele inspirou fundo, riu de emoção e completou:

– Cheguei muitas vezes a sentir o seu corpo em minhas mãos e ouvir você me pedindo para amá-la, amá-la, amá-la até nos cansarmos...

A força do pranto foi mais forte que Álvaro. No segundo seguinte, ele se derramava em lágrimas. Desabafou:

– Quem sou eu para condenar o que você fez? Não tenho direito. Eu errei no passado e estava prestes a errar outra vez nessa vida...

Ela finalmente voltou-se para ele, com o rosto também riscado de lágrimas, os lábios roxeados e trêmulos. Com grande esforço disse:

– Eu também errei...

– Todos erramos... – atalhou ele. – Quem não erra... todos erram, todos cometem equívocos, todos, Heloise, todos... Mas o importante é perceber que ainda há uma chance, ou melhor, há sempre chances para repararmos nossos erros, equívocos, mal entendidos...

"Jesus disse: 'Quem nunca cometeu pecado que atire a primeira pedra.'"

Ele encheu o peito de ar e a cor voltou a sua face. Álvaro De Lucca parecia um homem mais sereno agora, menos angustiado. Com certa alegria na voz, ele completou:

– Hoje, sou um homem realizado, Heloise. Porque sei que a justiça divina sempre triunfa no final. Que os amores perdidos se reencontram e podem ser vividos como merecem ser vividos. Que os grandes amores podem ser revividos. Que todos aqueles que amamos, que foram, são e serão importantes para nós estão ligados a nós pela eternidade. Que os laços familiares podem ser eternos. Que a vida se importa com nós e que existe para despertar o melhor de nós, nos levar à felicidade que tanto almejamos, que Deus reservou para nós.

Fez-se um breve silêncio até que ela dissesse:

– Era para cá que eu vinha sempre que a saudade de você se tornava insuportável. Vinha para cá porque era o seu lugar favorito. Estar aqui era, de certa forma, um modo de estar com você, ao seu lado, acolhendo minha cabeça em seu ombro macio como algodão, ouvindo-o declamar aquelas frases de amor que só você sabe declamar.

Ela não pôde continuar, pois o pranto calou-lhe a voz. Foi preciso grande esforço para prosseguir:

– Eu tentei matar Heloise, Álvaro, mas ela nunca morreu dentro de mim. Ninguém pode matar a si próprio, o máximo que pode tentar é fingir ser outra pessoa, mas jamais essa pessoa fingida substituirá quem você realmente é. Em essência, na alma. Eu quis matar Heloise dentro de mim para não sofrer a saudade que eu sentia de você. Mas hoje sei que o que o destino une, dificilmente o homem separa, pode até tentar, mas a eternidade os reúne novamente. Portanto, é certo dizer que o amor sempre vence no final.

Um nó na garganta a silenciou dessa vez. Ela, então, escondeu o rosto entre as mãos e ficou ali, pressionando-as contra a face umedecida pelas lágrimas. A voz de Álvaro, bonita e serena, voltou a se propagar pelo local:

– Vamos pôr um ponto final no que se passou, meu amor. Vamos recomeçar a nossa vida... a vida que sempre sonhamos viver ao lado um do outro... cheia de amor e afeto, sem limites, sem razão, eternamente apaixonados.

Ele esticou a mão para ela e disse:

– Venha.

O gesto prestimoso do marido fez Heloise se derramar ainda mais em lágrimas. Ele também chorava, enquanto sua mão permanecia estendida no ar, esperando a dela, aguardando ansiosamente por ela. Quando as duas mãos se tocaram, uma onda forte de calor ecoou pelo corpo do casal. Ele foi puxando-a com calma para junto dele e somente quando os dois rostos ficaram face a face, olhos nos olhos, é que ele a beijou com seus lábios quentes e repletos de amor.

– Eu a amo, Heloise... amo...

Ela estremeceu de emoção. Ele acariciou o rosto dela com ternura e completou:

– Acabou, Heloise. Finalmente, acabou. Vamos para a casa, com nossa filha, viver tudo aquilo com que tanto sonhamos. Uma casa em Paris, para Wanise continuar seu balé, para que possamos ampará-la no que for preciso.

"Nunca mais, meu amor. Nunca mais vamos ficar longe um do outro. Nem por mais 20, nem por 100, nem por 200 anos mais... Eu lhe prometo.

– Eu também lhe prometo.

Álvaro De Lucca mudou-se para Paris, para a casa que comprou para viver com Heloise e a filha. Wanise continuou fazendo parte da companhia de balé até se casar quatro anos depois dessa data com Matthew Kauffman (Aquele que foi seu marido na vida anterior). Os dois tiveram três filhos: um casal de gêmeos e uma menina, netos que encheram Álvaro e Heloise ainda mais de alegria e entusiasmo pela vida.

Esperanza e Cassiano tornaram-se grandes amigos do casal.

Mabelle foi morar com Wanise para ajudá-la a cuidar das crianças.

Heloise e Álvaro viveram até os oitenta e quatro anos, lúcidos. O passado que tanto os machucou foi deixado definitivamente para trás. Um desencarnou cerca de três meses de diferença do outro, como acontece com todo casal que, junto, torna-se um só ser. Foi uma travessia tranquila para o mundo espiritual.

Enzo Fávero jamais revelou a Heloise o seu amor por ela. Contentou-se com a felicidade que brotou em seu coração ao saber que ela estava viva e finalmente em paz ao lado do homem que amava.

Quantas e quantas pessoas guardam em segredo um grande amor ao longo de uma reencarnação? Muitas. E esse amor é levado velado para o outro lado da vida.

Mas de toda paixão e todo amor não consumado se tiram grandes aprendizados, o que nos permite dizer, então, que nenhum amor não correspondido é em vão, que nenhum amor é errado. Os sentimentos brotam dentro de nós por propósitos muito sábios, se observamos bem depois com os sentidos da alma.

Nada também carece de urgência, uma vez que a vida é eterna. O que não pudemos viver por uma questão de espaço e tempo certamente será vivido, pois não há semente lançada no universo que não floresça. Sementes que brotam do nosso coração.

Cada história tem seu momento certo para acontecer. Cada amor, cada lição, cada evolução, cada destino... Porque ninguém desvia o destino...

A inquisição foi um terror que assolou a humanidade por aproximadamente 300 anos.

Foi criada na Idade Média, século XIII, e dirigida pela Igreja Católica Romana. Atingiu a Alemanha, Espanha, França, Itália, Países Baixos, Escócia, Inglaterra, Áustria, Noruega, Suécia, Finlândia e até mesmo o Novo Mundo.

A inquisição julgava e condenava todos que eram tidos como praticantes de bruxaria, feitiçaria e magia-negra, por considerar essas práticas obras do demônio. Para a Igreja, bruxaria significava, na época, toda sorte de cura através de chás ou remédios feitos de ervas ou outras substâncias.

Eram condenados também todos aqueles que interpretassem as escrituras sagradas de forma contrária aos dogmas católicos, que não aceitassem os sacramentos da doutrina Romana, que criassem uma nova seita ou aderissem a uma seita já existente, que tivessem opiniões diferentes da igreja de Roma sobre um ou vários artigos de Fé e que duvidassem da fé Cristã.

Até mesmo sorrir foi considerado proibido durante a Inquisição. Manter-se sério era considerada a única forma de expressar a verdade e tudo que era importante e direito. Rir era visto como expressão do que era mau (pecado). Uma emanação do diabo. Se o bom cristão quisesse demonstrar seu arrependimento e a dor que sentia na expiação dos seus pecados, ele deveria também se conservar sério.

As histórias infantis medievais mostram muito bem essa realidade. Nelas se vê sempre a bruxa ou feiticeira, considerada má, rindo muito, soltando gargalhadas e, no final da história, sendo punida, ou seja, o riso sendo castigado. E se vê a mocinha tristonha, que sofreu bastante, no final sendo recompensada pelo seu sofrimento.

Já que os réus só poderiam ser condenados mediante confissão, como ditava a lei canônica, os inquisidores torturavam os acusados até eles confessarem. Muitos morriam durante as torturas.

Os acusados não podiam contar também com o benefício de um júri tampouco confrontar seus acusadores, aliás nem chegavam a saber quem os delatara.

Um dos métodos usados pelos carrascos para se obter a confissão era prender o acusado com suas mãos amarradas às costas, levantá-lo por uma corda que passava por uma roldana presa no teto da câmara de tortura e soltá-lo até se esborrachar no chão. Repetia-se isso por diversas vezes. Chegava-se a amarrar pesos nos pés das vítimas para aumentar o choque da queda.

Usava-se também o fogo para forçar os acusados a confessar. Passava-se uma camada de graxa sobre os pés da vítima que depois eram postos sobre carvão em brasa para que a graxa estalasse ao fogo.

Outro método de tortura era amarrar as mãos e os pés do prisioneiro com uma corda trançada para que essa penetrasse a carne e os tendões. Depois, abria-se a boca da vítima à força e despejava-se dentro dela água até que ela sufocasse ou confessasse.

A carne de muitos condenados era dilacerada e seus ossos quebrados pelos torturadores. Outros eram decapitados ou mortos de forma menos cruel antes de seus corpos serem reduzidos a cinzas em fornos.

O método mais popular foi o de queimar os condenados vivos em praças publicas em fogueira de madeira verde para prolongar a agonia dos condenados.

Os inquisidores apreciavam mais esse método porque podia ser assistido por uma grande camada da população das cidades, provocando medo e mostrando o poderio da Inquisição e da Igreja.

Os inquisidores, bem como os representantes da Igreja, deixavam claro para a população que não havia forma melhor de expurgar o demônio do corpo daqueles que eram tidos como bruxos, feiticeiros e hereges, do que a morte pelo fogo. Essa era também a melhor forma de expurgar o demônio do seio da sociedade e impedir que ele contaminasse a todos.

Durante o auge da Inquisição, a maioria dos bispos católicos, ao invés de salvar vidas, enviava centenas delas para a morte.

Ainda hoje, podemos ver, em muitos museus pelo mundo afora, os inúmeros instrumentos de torturas usados na Idade Média, provas reais do altíssimo nível a que chegou a crueldade humana durante a Inquisição. Nesse período, as pessoas abusaram de seu poder para ferir aqueles que não podiam se defender. Uma verdadeira barbárie.

Houve também muitos clérigos acusados de envolvimentos com práticas ocultas e estes acabaram punidos pela Inquisição.

Quem os delatava eram, muitas vezes, seus próprios colegas de *profissão* e, para condená-los à fogueira, chegavam a forjar provas suficientes para ligar um clérigo, ao demônio. Foi o caso do Frei Guillaume Adeline.

Como se não bastasse forjar provas, eles obrigavam o acusado a admitir, por meio da tortura, verdadeiros absurdos, tais como o de ter mantido relações sexuais com um súcubo, ter voado montado numa vassoura, ter beijado o ânus de um bode.

Foi um reinado de horror, no qual a tortura e o temor passaram a distorcer a verdade. Vizinhos acusavam-se mutuamente, cristãos denunciavam companheiros de religião, crianças testemunhavam contra os próprios pais, era família contra família, esposas delatavam maridos, camponeses voltavam-se contra seus senhores etc.

E a Igreja foi a principal responsável por essas mudanças na atitude das pessoas e na política oficial, resultando numa grande carnificina.

Muitos cientistas também foram perseguidos, censurados e até condenados por defenderem ideias contrárias à doutrina cristã. Um dos casos mais conhecidos foi do astrônomo italiano Galileu Galilei, que por pouco não morreu na fogueira por afirmar que o planeta Terra girava ao redor do Sol. A mesma sorte não teve o cientista italiano Giordano Bruno, que foi julgado e condenado à morte pelo tribunal.

Esse movimento se tornou tão poderoso que acabou despertando interesses políticos. Durante o século XV, o rei e a rainha da Espanha se aproveitaram dessa força para perseguir os nobres - com o objetivo de reduzir o poder da nobreza - e, principalmente, os judeus, torturá-los e matá-los para tomar-lhes seus bens.

O Grande Inquisidor chegou a desafiar reis, burgueses, nobres e outras importantes personalidades da sociedade da época.

O Juiz Heinrich Von Schulteis de Rhineland, no século XVII, chegou a cortar os pés de uma mulher e despejar óleo quente nas feridas abertas por considerar a tortura agradável aos olhos de Deus.

Diante de episódios como esse, fica mais do que óbvio deduzir quem eram verdadeiramente os indivíduos ligados ao demônio.

Uma vez que não era preciso revelar quem acusou uma pessoa de envolvimento com bruxaria ou qualquer outra prática condenada pela Inquisição, a Igreja passou a acusar qualquer pessoa de posses só para ter seus bens confiscados por ela.

Com falsas acusações, indulgências, pilhagens, saques, a Igreja tornou-se um Império Poderoso, tanto político quanto espiritual.

Os bispos da época chegaram a ser descritos como: "Pescadores de dinheiro e não de almas", com mil fraudes para esvaziar os bolsos dos pobres.

O clero passou a viver, nesse periodo, refestelando-se de luxo e gulodice, desrespeitando jejuns impostos pela própria Igreja, fazendo transações comerciais, jogando e caçando, tudo, enfim, que a Igreja desaprovava.

Os comandantes da Igreja, na época, chegaram a exigir dinheiro para realizar seus deveres oficiais: casamentos e funerais. Sem o pagamento adiantado, não havia nem uma coisa nem outra. Exigiam também uma doação para realizar uma comunhão. Até mesmo os doentes ficavam sem extrema-unção, se não pagassem por ela.

As famosas indulgências eram simplesmente uma renda extra.

A Igreja chegou a acusar a Ordem dos Cavaleiros Templários de toda a heresia possível, inclusive de homossexualismo, fingindo esquecer-se de que o clero era praticamente 100% homossexual.

O Arcebispo de Tours, homossexual notório, fora amante do seu antecessor e exigiu, na época, que o bispado vagado de Orleans fosse concedido ao seu amante.

Antes disso, em 1303, uma Ordem de Templários (ordem militar de monges formada durante as Cruzadas), que ganhara grande riqueza e proeminência através de doações de todos aqueles que se juntavam a ela e amealhou também tesouros trazidos da Terra Santa, foi inteiramente dizimada, vítima da avareza da Igreja e de Luiz IX, religioso fanático da França.

Em novembro de 1207, o Papa Inocêncio III escreveu ao Rei da França e a vários nobres do alto escalão francês, obrigando-os a suprimir os "hereges" em seus domínios pela força militar, em troca de variáveis recompensas, desde absolvição de seus pecados e vícios, liberação de pagamento de todo juro sobre suas dívidas, isenção da Jurisdição dos Tribunais Seculares e permissão para saquear, roubar, pilhar e expropriar propriedades. Sendo assim, surgiram batalhas e massacres, um após o outro, que a Igreja declarou como "Guerra Santa" em nome de Deus, mas de um Deus que somente a Igreja conhecia e de cuja proteção se beneficiava.

As pessoas não podia nem sequer pedir proteção a Deus, porque o Deus de que até então tinham conhecimento era o mesmo Deus de que a Igreja se utilizava para comandar a "Guerra Santa".

Quando a carnificina atingiu o auge nos domínios germânicos, em meados de 1600, povoados inteiros eram dizimados de uma só vez. Segundo alguns relatos, o inquisidor da Saxônia, Benedict Carpzov, assinou pessoalmente nada mais nada menos do que 20 mil penas de morte.

No Brasil, também houve Inquisição no período colonial, mas não com a mesma força que teve na Europa. Foram julgados, especialmente no Nordeste, alguns casos de heresias relacionadas ao comportamento dos brasileiros e alguns judeus que aqui moravam foram perseguidos.

Muitos homens e mulheres tidos como bruxos ou hereges chegaram a ser violadas sexualmente, molestadas e depois brutalmente assassinados. Os filhos destes, ainda que fossem crianças, também tiveram o mesmo fim.

A perseguição aos hereges e protestantes foi finalizada somente no início do século XIX.

Infelizmente, grande parte dos relatos desse período negro da história do mundo se perdeu ao longo do tempo e o número verdadeiro de todos aqueles que morreram assassinados pelos inquisidores nunca pode ser verdadeiramente apurado.

Estima-se, porém, que mais de um milhão de pessoas foram mortas durante o domínio da Inquisição por meio da força, da fogueira, da prensagem até a morte, do enforcamento e do esquartejamento, entre outros métodos.

Foi, sem dúvida alguma, uma experiência sombria, horrível e vergonhosa para a civilização e para o cristianismo.

Nos dias de hoje, a Igreja Católica é bem diferente do que era na Idade Média, não só por não possuir mais aquele grande poderio que tinha na época mas porque desaprova todo tipo de violência praticado, posiciona-se em favor da paz, liberdade religiosa e do respeito aos direitos dos cidadãos.

A autoridade máxima da Igreja, o papa, pronuncia-se contra as guerras, terrorismo e atos violentos. Aprova, também, a união das pessoas, principalmente dos países mais ricos, na luta contra a pobreza e a miséria.

Esta história transformada em livro vem para nos mostrar não somente o horror que foi a Inquisição para o mundo, os traumas que ela deixou na alma de muitas pessoas, como no caso de Heloise, mas também para mostrar que a vida, graças a Deus, literalmente, nos dá uma nova chance para viver tudo aquilo que não pudemos viver por causa da maldade alheia, fruto de ignorância e anseio pelo poder. A justiça divina se realiza em reencarnações futuras.

Que justiça haveria se não fosse concedido ao espírito o direito de renascer, reencarnar, para poder viver o que, de certo modo, lhe foi roubado pela maldade alheia, fruto dos níveis mais baixos de evolução? É na reencarnação que se pode resgatar o que nos foi tirado. É na reencarnação que se pode corrigir o que a ignorância nos causou. É sempre por meio das reencarnações que podemos encontrar o sentido da vida, nos encontrar e reencontrar dentro dela.

Tomar conhecimento de que o ser humano vive um processo de reencarnação é importante para que ele, caso se veja atormentado por visões fragmentadas de uma outra vida, possa compreender o que realmente se passa com ele e não acabe recorrendo a soluções absurdas, como a que Álvaro pretendia tomar em relação à Heloise e a que Heloise acabou tomando por falta total de compreensão dos fatos.

Ausência total de compreensão sobre as leis que regem a vida do espírito nesse cosmos nos priva de qualquer ajuda ao longo da vida. Conhecer a verdade é nos libertar. Como disse Jesus: "Conheça a verdade e ela te libertará".

É lógico que Heloise não tinha condições de saber que seus tormentos estavam relacionados a vidas passadas, pois, naquela época, início do século dezenove, nada se falava sobre espiritismo. O espiritismo só surgiu a partir de 1857. E estou certo de que despertou para o mundo nesse período porque o mundo necessitava dessa elevação da percepção, para que pudesse haver uma melhor compreensão dos fatos, fazendo com que o ser humano deixasse de tomar atitudes absurdas e sanguinárias como as vividas durante a Inquisição e escravidão negra e pudesse compreender tormentos como visões e pesadelos relacionados a vidas passadas.

Esses fragmentos de vidas passadas podem ser vistos por muitos de nós. Você próprio já deve ter tido essa experiência. Sonhos com lugares em que nunca esteve e que volta e meia se repetem e lhe causam a sensação de conhecer o lugar de longa data. Sonhos com pessoas conhecidas vestindo roupas de outra época e tendo outros nomes. Sonhos com você mesmo falando línguas que desconhece são certamente fragmentos de suas vidas passadas.

E, para encerrar, gostaria de chamar sua atenção para um fato muito importante com que volta e meia nos deparamos na vida: a necessidade que sentimos, muitas vezes, de fugir dos nossos problemas. E, para isso, muitas vezes cometemos loucuras, como fez Heloise, e agravamos ainda mais os problemas.

É preciso encarar os prblemas que nos afligem. Encarar é transcender, pois tudo aquilo que encaramos tende a se dissolver com mais facilidade e mais rapidez.

Se for um tormento, como visões e pesadelos, procuremos tomar conhecimento sobre as leis espirituais que regem o universo para saber se o que vemos e nos atemoriza tanto não está relacionado a uma vida passada. Se estiver, ajuda espiritual é a melhor solução para o caso.

Se o problema que nos aflige estiver relacionado a alguém que encarnou ao nosso lado, tomemos um tempo para ter uma conversa séria e serena com ela. Isso nos ajudará, e muito, a solucionar problemas que muitas vezes atravessam vidas. Repito: tudo o que se encara se soluciona com mais facilidade. Tudo de que se foge, piora.

Se o que nos atormenta tem realmente a ver com fatos vividos nessa vida atual, encarar o problema é ainda a melhor solução.

Por exemplo, soluciona-se tristeza, tirando um momento para si e se deixando observar o porquê de estar triste, qual a origem dessa tristeza e o que podemos fazer por ela.

No passado, isso era complicado, pois não havia conhecimento de técnicas para se ajudar. Mesmo que houvesse, eram consideradas heréticas.

Hoje não, há muitas alternativas para nos ajudar. Estão a nosso dispor, se procurarmos por elas.

Bendita seja a evolução dos tempos. É nessas horas que podemos reconhecer e agradecer o quanto é bom estarmos vivendo mais uma experiência na Terra no tempo atual, mais evoluído.

Com carinho,

Américo Simões Garrido Filho

Leia os outros romances de Barbara Editora
Livros que vão emocionar você!

Suas verdades o tempo não apaga

No Brasil, na época do Segundo Reinado, em meio às amarguras da escravidão, os filhos do casal Amorin, Breno e Thiago, atingem o ápice da adolescência. Para Thiago, o pai prefere Breno, o filho mais velho, a ele, e isso se transforma em revolta contra o pai e o irmão.

O desgosto com ambos leva Thiago para o Rio de Janeiro, onde ele conhece Melinda Florentis, moça rica, de família nobre e europeia. Essa união traz grandes surpresas para ambos e nos mostra que atraímos na vida tudo o que almejamos, porém tudo na medida certa para contribuir com nossa evolução espiritual. Tudo volta para nós conforme nossas ações, cada encontro nos traz estímulos e oportunidades que, se forem aproveitados, podem ajudar no nosso aprimoramento espiritual. O encontro com o amado mobiliza o nosso universo afetivo.

Esta é uma história emocionante para guardar para sempre no seu coração. Um dos livros mais elogiados pelos leitores.

A lágrima não é só de quem chora

Anne e eu estávamos sentados no balanço de madeira na varanda da casa que construí para abrigar minha família querida. Então, subitamente, Anne voltou-se para mim e perguntou:

– Quem você espera encontrar no céu quando lá chegar, Christopher?

– As pessoas que mais amo – respondi sem titubear.

– E quem você espera encontrar na Terra numa próxima reencarnação caso ela exista? – tornou ela.

A minha resposta foi mais uma vez direta:

– As pessoas que mais amo.

A Lágrima não é só de quem chora é um romance emocionante. Mostra que, quando o amor se declara, nem a morte separa.

Mulheres Fênix – Recomeçando a Vida

Em vez de ouvir o típico "eu te amo" de todo dia, Júlia ouviu: "eu quero me separar, nosso casamento acabou". A separação levou Júlia ao fundo do poço. Nem os filhos tão amados conseguiam fazê-la reagir. "Por que o *meu* casamento tinha de desmoronar? E agora, o que fazer da vida? Como voltar a ser feliz?"

Júlia queria obter as respostas para as mesmas perguntas que toda mulher casada faz ao se separar. E ela as obtém de forma sobrenatural. Assim, renasce das cinzas e volta a brilhar com todo o esplendor de uma mulher Fênix.

Nenhum amor é em vão (Verão de 2010)

Uma jovem inocente e pobre, nascida numa humilde fazenda do interior do Paraná, conhece, por acaso, o filho do novo dono de uma das fazendas mais prósperas da região. Um rapaz elegante, bonito, da alta sociedade, cercado de mulheres bonitas, estudadas e ricas.

Esse encontro vai mudar suas vidas, fazê-los aprender que **nenhum amor é em vão**. Todo amor que acontece, acontece porque é a única forma de nos conhecermos melhor, de nos perguntarmos o que realmente queremos da vida, que rumo queremos dar a ela, o que vale realmente brigar para conquistarmos na nossa existência.

Paixão Não se Apaga com a Dor

Essa é uma história repleta de segredos, suspense e descobertas!

Fala de uma paixão que transformou vidas, famílias e despertou tanto alegria quanto dor.

Uniu o mundo espiritual ao mundo terrestre, revelando que há mais mistérios entre o céu e a Terra do que julga a nossa vã filosofia. Há mais influência do mundo espiritual sobre o mundo terrestre do que pensamos.

Uma história que nos faz compreender que o amor possessivo nos cega e nos distancia da verdadeira essência do amor, pois o amor verdadeiro é capaz de nos orientar ao longo de nossas vidas e nos desprender de instintos negativos, que não permitem que compreendamos que **paixão não se apaga com a dor**. Liberta! Sem que fechemos as portas do coração nem as janelas da alma.

Um romance, enfim, surpreendente e inesquecível, para guardar para sempre na memória.

Só o coração pode entender (Verão de 2010)

Tudo preparado para uma grande festa de casamento, quando uma tragédia muda o plano dos personagens, o rumo de suas vidas e os enche de revolta. É preciso recomeçar. Retirar as pedras do caminho para prosseguir... Mas recomeçar por onde e com que forças? Então, quando menos se espera, as pedras do caminho tornam-se forças espirituais para ajudar quem precisa reerguer-se e reencontrar-se num mundo onde **só o coração pode entender**. É preciso escutá-lo, é preciso aprender a escutá-lo, é preciso tirar dele as impurezas deixadas pela revolta, para que seja audível, límpido e feliz como nunca foi...

Uma história contada com bom humor para aquecer o coração diante de turbulências afetivas. Mas uma história verdadeira, profunda, real que fala direto ao coração e nos revela que o coração sabe bem mais do que pensamos, que pode compreender muito mais do que julgamos, principalmente quando o assunto for amor e paixão.

Vidas que nos completam

Vidas que nos completam conta a história de Izabel, moça humilde, nascida numa fazenda do interior de Minas Gerais, propriedade de uma família muito rica, residente no Rio de Janeiro.

Com a morte de seus pais, Izabel é convidada por Olga Scarpini, proprietária da fazenda, para viver com a família na capital carioca. Izabel se empolga com o convite, pois vai poder ficar mais próxima de Guilhermina Scarpini, moça rica, pertencente à nata carioca, filha dos donos da fazenda, por quem nutre grande afeto.

No entanto, os planos são alterados assim que Olga Scarpini percebe que o filho está interessado por Izabel. Para afastá-la do rapaz, ela arruma uma desculpa e a manda para São Paulo.

Izabel, então, conhece Rodrigo Lessa, por quem se apaixona perdidamente, sem desconfiar que o rapaz é um velho conhecido de outra vida.

Uma história contemporânea e comovente para lembrar a todos o porquê de a vida nos unir àqueles que se tornam nossos amores, familiares e amigos... Porque toda união é necessária para que vidas se completem e conquistem o que é direito de todos: a felicidade.

Leia também

Deus nunca nos deixa só - A vida continua - A outra face do amor - Por entre as flores do perdão - Quando é inverno em nosso coração

Cadastre-se e mantenha-se informado sobre os novos lançamentos da Editora.

Promoção

Preencha seus dados nesta folha, depois destaque-a do livro, junte com as demais que encontrar nos livros ***Paixão não se apaga com a dor***, ***Só o coração pode entender***, ***Nenhum amor é em vão*** e ***Deus nunca nos deixa só*** e envie todas, devidamente preenchidas, ao endereço da Editora Bárbara e receba um lindo porta-retrato laqueado, na cor branca, inteiramente de graça. Uma cortesia da Bárbara Editora para você expor uma foto que marca um lindo momento de sua vida. Ou de alguém que você tanto ama.

Nome: ....

Endereço:..,

n°.. Bairro:...................................

Cidade:............................... Estado:............. CEP.......................

Fone:.. RG:..

E-mail:..

Página referente ao livro "*Ninguém desvia o destino*"

Cadastre-se e mantenha-se informado sobre os novos lançamentos da Editora.

Blog da Editora Bárbara: http://barbaraeditora.blogspot.com

www.barbaraeditora.com.br

Contato com **Américo Simões**:

americosimoes@estadao.com.br

No **Orkut**: Américo Simões

No **Facebook**: Américo Simões

Blog: http://americosimoes.blogspot.com

H

Para adquirir um dos livros ou obter informações sobre os próximos lançamentos da Editora Barbara, escreva para:

BARBARA EDITORA
Av. Dr. Altino Arantes, 742 – 93 B
Vila Clementino – São Paulo – SP
CEP 04042-003
(11) 5594 5385
E-mail: barbara_ed@estadao.com.br
www.barbaraeditora.com.br